———

唯物史观视域下的当代资本主义新变化研究丛书

唐正东/主编

国家出版基金项目
NATIONAL PUBLICATION FOUNDATION

数字资本时代的平台空间批判研究

杜 丹/著

江苏人民出版社

图书在版编目(CIP)数据

数字资本时代的平台空间批判研究 / 杜丹著. — 南京：江苏人民出版社，2024.1

(唯物史观视域下的当代资本主义新变化研究丛书 / 唐正东主编)

ISBN 978 - 7 - 214 - 28458 - 7

Ⅰ.①数… Ⅱ.①杜… Ⅲ.①网络公司-企业管理-研究 Ⅳ.①F490.6

中国国家版本馆 CIP 数据核字(2023)第 217399 号

书　　　名	数字资本时代的平台空间批判研究	
著　　　者	杜　丹	
责 任 编 辑	汪意云	
装 帧 设 计	林　夏	
责 任 监 制	王　娟	
出 版 发 行	江苏人民出版社	
地　　　址	南京市湖南路 1 号 A 楼，邮编：210009	
照　　　排	江苏凤凰制版有限公司	
印　　　刷	江苏凤凰盐城印刷有限公司	
开　　　本	652 毫米×960 毫米　1/16	
印　　　张	16　插页 6	
字　　　数	210 千字	
版　　　次	2024 年 1 月第 1 版	
印　　　次	2024 年 1 月第 1 次印刷	
标 准 书 号	ISBN 978 - 7 - 214 - 28458 - 7	
定　　　价	68.00 元(精装)	

(江苏人民出版社图书凡印装错误可向承印厂调换)

本丛书系南京大学文科卓越研究计划项目
"世界马克思主义思潮与马克思主义中国化研究"成果

————————

本书系西南大学中央高校基本科研业务费专项资金资助项目
"历史唯物主义视域下空间理论的最新发展研究"（SWU2109512）成果

总　序

从学术的角度推进对当代资本主义的研究，准确地把握其出现的各种变化和本质，深化对其发展规律的认识，是当下学界的一项重要任务。它不仅可以使我们从唯物史观的角度更加全面地剖析当代资本主义的本质，而且还可以从当代资本主义所无法摆脱的困境的维度来深化对资本逻辑本身的研究，从而对我们在新的实践语境中来驾驭资本关系提供有益的启示。

在当下的语境中，数据化生存已然是一种客观的事实。我们通过数据的中介而被联系在一起，作为平等和共享的数据包的一种要素而相互存在着，这要比当年通过货币的中介而使我们的社会关系不断延伸要来得更具质变性。我们通过数据的中介而使我们的主客体世界无限延长了，这已经不是一种手臂和脚的延长，而是世界本身的延长。这可能会使我们感叹一个新世界来临的可能性，但同时我们也要看到这个数据化的世界同样也有算法歧视、数据的资本化运作等难题。在马克思当年的货币化世界中，古典经济学家面对新出现的这个世界，很高兴地表示这是一个与封建时期的强权化社会秩序不同的、平等的自由交换的新世界，个人对他人的关系也从原先的依附关系变成了自由人之间的共生关系。但马克思却明白地告诉人们，资本主义货币化社会关系的本质不是一般的货币交换关系，而是以资本自我增殖的形式表现出来的特殊的货币关系。因此，它背后隐藏着的是与表面的自由平等关系不同的剥削与统治的关系。对这一点的强调并非为了让我们在当下的语境中照搬马克思当年的观点，而是敦促我们保持明确的方法论自觉。数据化世界的现实社会关系基础是一个很重要的理论维度，在私有制生产关系基础上的数据化世界很难摆脱资本对数据的控制。而要使数据化世界这个新要素能够真正服务于人们对美好生活的需要，就必须把它放在新生产关系的实践语境中。

资本逻辑批判一直是唯物史观视域下资本主义研究的一个重要领域。从资本关系出现的那一刻起，无止境的贫困以及无聊的劳动就一直是左派批判理论家关注的焦点。前者往往从交换或分配关系变革的角度，后者往往从基于人性的自由自觉的劳动的角度，来阐发自己的观点并提出克服上述困境的具体路径。对马克思恩格斯来说，上述阐释路径的最大问题在于拘泥于经济学的角度来谈论资本逻辑的本质。尽管从表面上看来，资本关系的确只是一种经济学上的关系，但如果真的只从经济学视域来探讨资本关系的本质，就很难得出正确的结论。亚当·斯密准确地看到了市场经济条件下商品交换的平等性，但他没看到的是资本主义市场经济条件下商品交换的吊诡性，即资本家在通过交换过程而得到劳动力商品之后，一定会在劳动力商品之使用价值的实现过程即资本主义生产过程中，迫使雇佣劳动生产出超过其自身价值的一个剩余价值。如果不越出资产阶级政治经济学的理论层面，如果不从唯物史观的视角进入生产关系的层面上来谈论资本关系，那是看不到上述这种吊诡性的。约翰·布雷、威廉·汤普逊等空想社会主义理论家之所以无法在克服不公平的分配关系上得出有说服力的结论，其原因正在于此。而在我看来，当代西方左派学界的一些学者尽管有较大的社会影响力，但他们解读资本逻辑的方法论却依然延续了从单纯经济学维度入手的解读思路。于是，资本关系的最大问题仍然是分配关系之不公平的问题，而不是资本主义生产关系的内在矛盾性问题。当我们面对他们所提出的各种诱人的替代方案时，我们要思考的其实不是这些方案是否完美，而是它们是否真能得以实现，是否真能推动现实社会关系的历史发展？

当代资本主义劳动过程的复杂化以及由此而带来的劳动主体、社会矛盾表现形式上的新变化，同样是我们在当代资本主义研究中要面对和重视的问题。劳动产品的形式从物质产品向知识产品的转变，使我们开始接受非物质劳动、生命政治的活动等新概念，并开始对劳动主体的转型问题感兴趣。从经验的层面上看，非物质劳动的确具有物质劳动所不具有的新特点，譬如，它更强调劳动者之间的协作性和共享性。但当有些国外学者说非物质劳动的这种新特点决定了它必然会开辟出人类社会关系的新未来时，我们需要思考的是：这种解读思路在方法论上是否存在着局限性？马克思当年面对机器体系的作用问题时，他感兴趣的不是机器的作用而是机器大工业对劳动过程的改变以及由此而对社会经济形态产生的影响。这不是因为马克思对工业过程有偏好，而是因为他是把机器放在资本主义生产过程的层面上来加以解读的。当我们今天面对当代资本主义的非物质劳动过程时，我们不仅要在生产的技术方式维度上关注非物质劳动的新特点，而且还要在生产的社会关系维度上来关注这种非物质劳动的具体表现形式。在资本主义生产关系条件下，非物质劳动的协作性和共享性到底会以什么样的形式表现出来？它还有可能以单独的形式来推动社会关系的发展吗？从本质上讲，对这一问题的思考，关系到我们能否正确理解唯物史观在方法论上的深刻性。

从现代性维度来剖析资本主义的特征，是学界很早就开启的一种学术努力，有从文化维度切入的，也有从经济学、政治学等维度切入的。从现代性的结构或元结构的角度来深化对这一问题的探讨，不失为一种可喜的理论努力。我们只有真正搞清楚了现代性的结构特征，才可能找到克服现代性之内在矛盾的科学路径。其实，不管是对现代性还是对现代化进程的研究，都有一个审视角度的问题。如果我们只是在文化的维度上把现代性解读为资本逻辑在文化层面的效应，那么，现代性批判的理论路径便只可能沿着文化的维度而展开。同样，如果我们只是从经济学和政治学的角度来谈论现代性问题，那么，现代性的结构当然就会被解读为市场和组织的相加。应该说，这些解读思路从某个角度来看都是有学术价值的，但当我们面对唯物史观对现代性问题的解读思路时，我们才能真正感受到方法论变革在此问题研究中的重要性。对唯物史观来说，社会实践是解读现代性问题的理论和实践基础。因此，那些看似独立的文化要素、经济要素和政治要素，其实都是现实的社会实践活动因其复杂性而展现出来的客观内容。从唯物史观角度来深化对这种复杂现代性的解读，可以让我们更加准确地把握当代资本主义现代性的内在矛盾及外在表现形式，同时也可以帮助我们正确地理解超越这种现代性的现实路径。对当代资本主义新变化的研究还可以从很多其他的角度来切入，在此就不详细展开了。此丛书是我们在这一领域所做的一项学术努力。我们希望通过对当代资本主义新变化研究的唯物史观视域的强调，来凸显一种方法论的自觉，以使我们能够从社会历史过程的角度来推进对此问题的研究。至于我们是否真的做到了这一点，还要请读到此丛书的专家学者们来评判，请大家批评指正。此丛书得到了南京大学文科卓越研究计划项目"世界马克思主义思潮与马克思主义中国化研究"的支持，在此表示感谢！

唐正东

2022 年 3 月 1 日于南京

目录

序　言

在被数字化技术裹挟的当代社会中，人们的日常生活呈现为如下场景：当清晨起床后，大部分人做的第一件事情是打开手机，查看是否有好友在社交平台上留言，是否有人给自己发的动态和视频进行点赞和评论，一边洗漱一边刷手机上各种 APP 上的推送；在手机点餐APP 或者小程序上提前下单，出门后在工作场所附近的早餐柜中领取自己的早餐，随即前往工作场所，开始了一天的行程；下班回到家中，在外卖 APP 上选购自己心仪的晚餐；打开手机上的视频播放 APP，选择一部电视剧或者电影投屏到电视上观看；最后在各种类型的平台环绕下，结束了一天的生活。上述场景在人们的日常生活中循环往复地上演着，正如由网飞（Netflix）出品的《监视资本主义：智能陷进》这部纪录片中引用的一句话："科技只要够先进，就会和魔术一模一样"[1]，似乎人们的物质生活和精神生活被各种高新技术的魔法所吸引。可见平台技术一方面给人们带来了极致的感官体验，另一方面却在悄无声息地改变着人们的生活方式、生存结构乃至自我意识。一旦人们开始接触电子设备，并打开社交软件进行一系列操作，平台会根据算法预测人们希望看到的视频，不断向人们推送与此相关的视频，甚至在这一过程中插入针对性的广告链接，最终以抓取人们注意力的方式

---

[1] 此处引文出自纪录片：《监视资本主义：智能陷阱》（The Social Dilemma），2020 年 9 月 10 日，见 https:// 3g. 163. com/ v/ video/ VELHV6G92. html。

来获得更多利润。最终每个人像一个提线木偶，被算法这一根根无形的线牵制着。关键问题在于，人们对于这种由算法所创造出来的确定性一无所知。而操控这一切的幕后黑手正是平台，平台利用这一点牢牢把握着人们的心理机制。这是影片中所有从 Google、Facebook 等平台公司之中辞职的科技工作者们所担忧的情况，同时是他们选择不再继续在这些公司工作的原因所在。影片所展示的内容并非危言耸听，也不是自欺欺人，而是关涉科技是否具有伦理，以及数字化如何影响人类社会未来发展的问题。正如肖莎娜·祖博夫（Shoshana Zuboff）所言："将建立繁荣共盛的人类未来当成首要目标，并以此作为信息文明的基石。如果数字化的未来是人类的家园，那必定得由我们亲手打造。"①

数字技术时代下，人们不仅生活在物理意义的空间之中，还生活在由平台所搭建的空间之中。虽然这种平台空间并非肉眼可见，但它是通过以下模式呈现出来，即化身为虚体的人们进入到平台界面，并在其中进行交往互动。平台空间首先是由数据所构造，其次借助一定的算法让数据高度聚集，最后使数据上的各个节点能够发生交换的空间。从本质上来说，平台空间是在数字资本的介入下形成的一种抽象的和互动的拓扑空间。具体而言，并非所有的数字空间都是平台空间，而所有的平台空间则为数字空间。因为互联网诞生的时候构造的是一种数字空间，这种数字空间是由以计算机为主的万维网所构建起来的，它的最初功能类似于快速处理繁复信息的一种网络工具，所以不能等同于平台空间。如若与都市进行类比的话，平台空间可以被视为一种数字都市化。相较于传统城市的布局是人力、金融和知识等各种资源

---

① [美] 肖莎娜·祖博夫：《监控资本主义时代（上卷）：基础与演进》，温泽元，林怡婷，陈思颖译，台北：时报文化 2020 年版，第 56 页。

的高度汇集，平台空间则是互联网集中的城市①。换言之，所有的点击、流量和资本最终都流进平台，经由算法处理后，再次以推送的方式呈现在各种通讯技术设备之中。因此，本书选择平台空间作为研究对象，主要是基于以下几方面的考量：

首先，数字资本时代是本书研究的具体语境。新一轮科技革命和产业革命方兴未艾，以各种数字支付软件为代表的数字化工具融入社会生活和经济发展之中，而资本的演化发展也迎来了一个新的时期，即数字资本时代。数字资本时代中最主要的技术支撑是大数据和平台算法，它们将一切事物进行数字化，从而使资本的实质从属蔓延至社会各个领域。由于网络通讯技术的创新式突破，以及相关的网络活动，导致了信息数量的激增，并引发了动态变化和实时更新的数据流。但当这些数据被各种大型平台所提取和控制时，平台作为一种新的商业模式出现。而由各种类型的平台所构造的平台空间，以及在此基础上形成的数字生态实则是有资本的介入，换言之，每一个平台背后都有一个资本所有者。本书批判的并非数字本身，而是数字技术、数据以及空间被资本所控制这一现象，进而批判数字资本对平台空间的侵入、占有和垄断。在分析数字资本时代这一具体语境时，防止陷入一种数字神秘主义或者未来主义。

其次，数字资本是理解平台空间的关键。作为资本发展的第三种样态，数字资本是继传统意义上的产业资本和金融资本之后的特殊资

① 可以说，平台之外的区域形成了一种数字化的乡村。它主要汇集了被平台遗忘的"剩余数据"，其中隐藏着新话语体系的可能性。（这部分内容的具体论述可参见蓝江《数字焦土和剩余数据——数字资本主义社会中现代的人生存》，载《求索》2023年第1期。）并且这种"剩余空间"打破了数字焦土所导致的虚体状态。"我们希望把一切事物都'数字化'，沉浸在一种幻觉之中，以为一切都会一如既往地延续下去"。（［美］乔纳森·克拉里：《焦土故事：全球资本主义最后的旅程》，马小龙译，北京：中国民主法制出版社2022年版，第62页。）在克拉里看来，随着社会的状况和环境的恶化，互联网使得人与人之间的交往变得虚无缥缈，不再扎根于真实的生命大地上。可见克拉里对于以平台为代表的数字技术和广泛运用后果表示担忧并提出批判，这为本书思考平台空间提供了另一种想象力视角。

本类型。具体来讲,"数字资本实际上就是由所有在互联网中的参与者的行为的痕迹数据组成的行动者网络,但是这种网络一经形成,就仿佛具有了一种独立于各个行动者之上的权力,这种权力的厉害之处不仅仅在于引导消费者的消费行为,而且可以直接作用于产业资本和金融资本,也就是说,大数据网络一旦转型为可以被占有和使用的权力,它就成为一种新的数字资本,这种数字资本正是今天资本主义的最新形态"①。一方面,数字资本的出现并不意味着产业资本和金融资本的消失,因为产业资本和金融资本在经济活动中仍然发挥基础的和重要的作用。另一方面,数字资本可以有效地引导产业资本和金融资本。它不仅为产业资本提供了销售平台,而且能有效规避金融投资的风险,进而实现金融资本的利益最大化。

就平台及其支撑性技术的发展而言,它创造了人与人之间结成更广泛联系的方式和界面。当对平台的使用被资本操控时,数字资本内生的双重意义得以显现。在对数字技术的使用过程中产生了一系列现象,典型特征是人们由于长期沉浸于平台推送的短视频所带来的欢愉和快感之中,出现了焦虑和精神虚无等症状。这是一种数字拜物教。从另一个角度来说,数字资本的高度集中导致了平台空间里的信息、知识和人才等社会资源的聚集,因为数字资本主要是凭借数据—流量来获取巨额利润。可见,所有的平台都归资本所有。由于资本本身扩展到了一个极限,导致诸如平台等数字技术仅仅是一种表面化和形式化的应用,而这种应用背后遮蔽了数字资本所带来的集中、剥削和垄断。在归根到底的意义上,数字资本依旧延续着资本的本质属性,"资本显然是关系,而且只能是生产关系"②。当平台产生的数据被资产化、

---

① 蓝江:《数字时代下的社会存在本体论》,载《人民论坛·学术前沿》2019 年第 14 期。注:本书对于数字资本的界定和阐释主要是基于蓝江教授的相关探讨,并且在后续正文的论述过程中依旧延续此说法。

②《马克思恩格斯全集》第 30 卷,中文第二版,人民出版社 1995 年版,第 510 页。

商品化和市场化进而被资本化的时候，说明了马克思主义所揭示的资本主义生产方式在数字资本时代的症候，即数字拜物教和数字异化已经发展到了边界，正是在这一临界时刻提出数字共产主义的展望。总之，在剖析数字资本的过程中，重点关注数字劳动和数字生产方式的界定，同时不能绕开资本主义的基本规律和政治经济学批判的基本方法。

最后，平台空间成为社会批判理论空间视角的创新成果。空间转向作为社会批判理论的分支路径阐释，最显著的成果包含米歇尔·福柯（Michel Foucault）的空间权力思想，亨利·列斐伏尔（Henri Lefebvre）的空间生产理论，以及受列斐伏尔思想影响的大卫·哈维（David Harvey）的历史地理唯物主义，爱德华·W. 索亚（Edward William Soja）的后现代地理学和曼纽尔·卡斯特（Manuel Castells）的信息流动空间等，这些成果都试图在空间和社会运行的互动中找寻空间最本质的内蕴。上述思想家们在剖析和探讨实体空间或者虚拟空间的过程中，虽然会涉及具体的实证案例，但他们没有对空间的本质问题达成共识，更无法形成一种明确的哲学立场。所以要想搜寻整个空间理论研究的历史演进逻辑，必须回溯到亚里士多德、欧几里得、笛卡尔、莱布尼茨、牛顿、康德、黑格尔、尼采、胡塞尔、海德格尔和莫里斯·梅洛-庞蒂（Maurice Merleau-Ponty）等哲学家们对空间的探索中。这种哲学思想史的梳理尤为重要，因为它不仅为社会批判理论提供了空间批判的内在根源，而且有助于辩证地厘清斑驳陆离的空间形态和纷繁复杂的城市化现象背后的本真结构和价值走向。

作为数字资本时代下的一种新空间形式，一方面，平台空间是一种空间的拓扑结构，它是从社会空间里抽象而来。这种平台空间的模型不是凭空想象，而是根据社会现实，将它运用到数学空间之中，并在其中进行占位。虽然平台空间的主要内容来自现实社会生活，但它并不存在于现实社会生活之中。另一方面，平台空间是一种不同于网络空间的新型空间存在，它主要借助数据进行构造。具体而言，互联网时代下人与人之间形成了平等交往，虽然偶尔存在着层差，但是没有出现高度集中化的趋势。如果说互联网是一种均质网络，那么平台空间包含的是高度集约化的网络。所有资源都集中在几个巨型平台之上，而其他小型平台若要生存只能依附于这些巨型平台，这类似于特大城市周边的卫星城市。每个历史时代有其具体的表征，平台空间成为数字资本时代下具备引领性的和主导性的发展方向。上述是平台空间的新颖和独特之处，需以一种批判的眼光来看待平台空间的相关研究，进而探讨伴随平台空间的构建而出现的现实转变和社会效应。本书关注的焦点是社会批判理论中空间视角的变化，其中平台空间成为空间资本主义批判理论的最新成果。不仅加深了对当代资本主义发展新趋势的认识，而且为包含生产力和技术等在内的未来社会生产方式提供了物质层面和精神层面的解放路径。

第一章

社会历史时期更迭过程中的空间嬗变

在空间现象中所能找到的世内存在者的存在规定性不是其首要的存在论规定性：既不是唯一首要的，也不是诸首要规定性之一。世界现象就更不是由空间组建起来的了。唯回溯到世界才能理解空间。并非只有通过周围世界的异世界化才能通达空间，而是只有基于世界才能揭示空间性：就此在在世的基本建构来看，此在本身在本质上就具有空间性，与此相应，空间也参与组建着世界。

——海德格尔：《存在与时间》

实际上，一旦人们将某物分布于空间之中，而不是对空间进行划分或对空间自身进行分布，这些数字就出现了。数字变成了主体。数字相对于空间的独立性并非源自抽象，而是源自平滑空间的具体特性，它可以被占据，但其自身却不能被计算。数字不再是一种计算或测量的手段，而变成了迁移的手段：它自身就在平滑空间之中迁移。无疑，平滑空间也有其几何学，然而，正如我们所看到的，这是一种少数的几何学，一种操作性的、线条（trait）的几何学。准确说来，数字越是独立于空间，空间也就越是独立于某种度量尺度。

——德勒兹、加塔利：《资本主义与精神分裂（卷2）：千高原》

在不同社会历史时期的演变过程中，随着资本主义的发展变化，相应空间批判理论中的空间形态呈现出转型特质和经验表征。追溯从工业社会时期到都市社会时期最后到网络社会时期的空间嬗变，这是探索平台空间如何生发的前提基础。如果说传统空间是以情感为中介，都市空间是以货币为中介，那么平台空间进一步把抽象空间再次抽象化，它是以数据为中介所建构起来的。平台空间不仅是由数据创造的空间，而且通过具体的算法规则让数据高度聚集，进而使数据上的各个节点能够发生交换的空间。

一、工业社会时期的空间

工业社会时期的空间是在传统空间的基础上演化而来的。传统空间属于前资本主义时期，它是一种纯粹的个体化空间，而且这种空间里的每个个体都是真实的、具体的和鲜活的。这是传统意义上的乡里空间，类似于传统社会里的乡村社会。在这种乡村社会里，每个人以血缘、情感和宗教等为纽带，促使生命体得以延续。其中情感因素成为传统空间规划的主要参考依据，因为共处同一个空间，所以人们通过日常生活的交流能够迅速把握个体的性格特点、姓氏辈分以及家族口碑等。从某种程度上来讲，这是一种纪律化的生命空间，但是由于它的交往范围狭窄，所以不可避免地带有封闭性色彩。"水路交通运输尚未充分发展时，每个村庄实际上就自成一个世界：这种封闭隔绝状态不仅是由于物质环境的阻隔，还由于它沉湎于自身的事物和自我崇拜。"[1] 在传统空间里面，人们与外界鲜有接触，人与人之间的关系维

---

[1] [美] 刘易斯·芒福德：《城市发展史——起源、演变和前景》，宋俊岭、倪文彦译，北京：中国建筑工业出版社 2004 年版，第 18 页。

系主要是以血缘为基础，所以这种空间形式比较朴素和简易。但是今天移动通讯系统的存储容量超出了传统空间中固定通信设备的容纳范围。从量的角度来看，这体现出社会关系的复杂性。这种社会关系对于个体来说是必然的，尽管技术的出现如同打开了潘多拉的魔盒，但是在具体现实之中依旧具备抽象性。更关键的在于这种社会关系的抽象性与技术本身的发展乃至技术功能的发挥是一致。并且正是利用这种抽象，更为复杂的现象将不断呈现。

如果说传统空间是属于前现代社会，那么在从传统空间转向城市空间的过程中，必定会面临现代性批判视域下的空间转向问题。现代性强调时间占主导地位，按照齐格蒙特·鲍曼（Zygmunt Bauman）的说法，现代性是时间的历史。而现代性自身面临着现实的矛盾冲突和未知的探索，马歇尔·伯曼（Marshall Berman）借用马克思的"一切坚固的东西都烟消云散了"来描述现代性使得人们对于时间与空间、个体与他人乃至现实生活所产生的各种可能性经验。在伯曼看来，现代性将所有人都置于"不断崩溃与更新、斗争与冲突、模棱两可与痛苦的大漩涡"① 之中。马克思于《在〈人民报〉创刊纪念会上的演说》中指出："在我们这个时代，每一种事物好像都包含有自己的反面。我们看到，机器具有减少人类劳动和使劳动更有成效的神奇力量，然而却引起了饥饿和过度的疲劳。财富的新源泉，由于某种奇怪的、不可思议的魔力而变成贫困的源泉。技术的胜利，似乎是以道德的败坏为代价换来的。随着人类愈益控制自然，个人却似乎愈益成为别人的奴隶或自身的卑劣行为的奴隶。甚至科学的纯洁光辉仿佛也只能在愚昧无知的黑暗背景上闪耀。我们的一切发明和进步，似乎结果是使物质力量成为有智慧的生命，而人的生命则化为愚钝的物质力量。现代工

---

① ［美］马歇尔·伯曼：《一切坚固的东西都烟消云散了》，徐大建、张辑译，北京：商务印书馆 2013 年版，第 15 页。

业和科学为一方与现代贫困和衰颓为另一方的这种对抗，我们时代的生产力与社会关系之间的这种对抗，是显而易见的、不可避免的和毋庸争辩的事实。"①伯曼认同马克思这一说法，即19世纪的现代性充溢着矛盾，机械文明的过度发达与精神文明也就是文化文明的相对滞后之间的矛盾构成了现代性的中心问题。工具机革命改变了世界的组织方式，把人类生存的技术条件抬高到重要地位。但是技术问题带来了道德的沦丧以及各种"创造性破坏"，这同时是在现代性的背景下出现的。面对如此复杂的困境和混沌，现代性的出路又在何方？可以说，"'空间转向'是整个西方试图摆脱现代性思想束缚、打开新的乌托邦渴望的那些理论动向的共同逻辑"②。为什么会出现"空间转向"这一理论动向？这种"空间转向"与现代性批判或者说后现代性思潮之间的关系是什么？

在探讨这些问题之前，需要明确前述思想家们是如何看待现代性与时空关系的，其中具有代表性的是安东尼·吉登斯（Anthony Giddens）的时空分离理论。在前现代性时期，人们对于时间和空间的感知都是确定不疑的，比如时间所带来的"安全感"主要依靠的是钟表，而人们对于空间的感知更多的来自一种地域性的在场体验。但是进入到现代性时期，上述"安全感"由于时间的淡化和空间的虚化而荡然无存，这就是吉登斯提出的"时—空分离"。在吉登斯看来，现代性所面临的极端现象与时间和空间的分离是紧密联系在一起的。因为"时—空分离"一是促使脱域机制的出现，从而开启社会变迁的各种可能性；二是为现代社会的组织秩序重构提供动力条件，而这种现代组织已经打上了全球性和地方性的烙印；三是打破了以往的整体性和顺序性模式，而这种时空的重新组合构成了全球总体性图式的真实历史

①《马克思恩格斯选集》第1卷，北京：人民出版社2012年版，第776页。
② 胡大平：《哲学与"空间转向"——通往地方生产的知识》，载《哲学研究》2018年第10期。

框架。① 由此，吉登斯不太同意仅仅把后现代视为是由现代性所过渡而来的，他认为后现代性是脱离或超越现代性的各种制度的一系列内在转变。

福柯可以说是出现"空间转向"这一欧洲人文研究转变时刻的最具代表性人物，他强调结构主义方法从人类学进一步延展到了人文科学，其中空间作为一个特异视角得以显现。福柯主要借助空间来阐发他对于权力技术的看法，他在《他者空间》开头就指出 19 世纪痴迷于历史，也就是一直把视野放在进程和停顿、循环往复和危机、不断积累的过去以及具备威胁性的世界冷却化趋势等这些主题之上。19 世纪把它的本质的神话根源建立在热力学第二定律之上。当前的时代首要的是空间的时代。② 可见空间在福柯的研究中占据着极为重要的位置，不仅如此，福柯对于这一问题的探讨还出现在《权力的眼睛》和《空间、知识、权力》这两个访谈录里面。在《权力的眼睛》中当被询问如何看待 18 世纪末的建筑时，福柯认为它是一种空间配置，并且开始与政治经济的目的联系起来。这时空间的地位从"前历史"的不受重视转变为共同关注的历史—政治问题。对于空间的研究"不仅要说空间决定历史的发展，而且历史反过来在空间中重构并积淀下来。空间的定位是一种必须仔细研究的政治经济形式"③。接下来，福柯分析了空间受到忽略的原因之一是受到哲学家话语的影响，自康德以降，柏格森、海德格尔等哲学家更关注对时间的思考。空间似乎就变得不再重要而成为与阐释、分析、概念、思维、固定还有惰性都密切相关的

---

① 具体参见 [英] 安东尼·吉登斯《现代性的后果》，田禾译，南京：译林出版社 2011 年版，第 17—18 页。

② 主要参见包亚明主编《后现代性与地理学的政治》，上海：上海教育出版社 2001 年版，第 18 页。个别翻译改动参见英文版原文：Michel Foucault, "Of other Spaces", *Diacritics*, Baltimore: Johns Hopkins University Press, 1986, pp. 22 - 27.

③ 包亚明主编：《权力的眼睛——福柯访谈录》，上海：上海人民出版社 1997 年版，第 152 页。

反动之物，不像时间那样是与生命和进步相关的存在。① 福柯意义上的空间是具有异质性的，他在《空间、知识、权力》访谈中谈到"空间是任何公共生活形式的基础。空间是任何权力运作的基础"②。紧接着，他提出了"异托邦"（heterotopia）这一概念。具体来讲，在每一种文化和文明中，都有一些真实的场域，它们确实存在，并且在社会建立之初就已形成。这类似于某种逆场域（counter-sites），即一种有效规制的乌托邦。在这些场域里面，真实的场域，以及存在于文化中其他真实的场域，被认为是可再现、可进行质疑和倾覆的。福柯意义上的"异托邦"是对照着"乌托邦"这个概念，因为这些并非平时能直接接触到的场域。③ 这个异托邦就像一面镜子，映射出了真实空间之中虚伪的，甚至充满着肮脏血液的一面，由此异托邦具备了批判的功能。尽管福柯没有提出普遍意义的空间理论，但是他的"异托邦"概念所发挥的作用意义不凡。它不仅让人们看清了权力的污秽基础，而且成为颠覆权力的力量来源。异托邦的目的是抵制普遍化，突显几乎不被社会个体所关注的现实场所的独特性、多元性和差异性。正是从这种以他者视角审视空间的立场出发，使得空间成为现代性批判的基本向度。

于此，在现代性批判领域内，空间转向这一趋势衍生出新的思考维度：一是以哈维为代表，探讨了后现代视域下的时空压缩理论；二是以索亚为代表，探讨了后现代背景下空间的可能性呈现形式。受到空间转向这一思维方式的影响，哈维研究了后现代性背景下的空间变化。首先，哈维指出了后现代性与现代性的不同之处，即后现代性

---

① 具体参见包亚明主编《权力的眼睛——福柯访谈录》，上海：上海人民出版社 1997 年版，第 152—153 页。

② 包亚明主编：《后现代性与地理学的政治》，上海：上海教育出版社 2001 年版，第 13—14 页。

③ 这里主要参见的是福柯所著英文版原文：Michel Foucault, "Of other Spaces", *Diacritics*, Baltimore: Johns Hopkins University Press, 1986 , pp. 22 - 27.

"在分裂和混乱的变化潮流中游泳，甚至颠簸，似乎是存在着的一切"①。可见，后现代性更关注时间维度的崩溃与无序，并且它直接屈服于市场和商品化。与吉登斯的看法相同，哈维认为福特制生产把人们限制在现代性的固有的对时间的看法之中，所有的生产也是在固定的空间下完成的。但是与吉登斯不同之处在于，哈维看到了从福特制生产过渡到灵活积累的过程中，出现了时空压缩的紧张阶段。他在《后现代的状况》一书中明确指出人们对于时间和空间的体验已经发生了变化，这促使了向后代性的转变。哈维之所以提出时空压缩理论，是因为资本主义福特制生产的过度积累导致了政治、经济和文化等各方面的危机。同时在不稳定状态下的时间和空间中，深藏于上述危机中的矛盾关系都将迎来重大转变时刻，用"那些把空间和时间的客观品质革命化了、以至于我们被迫、有时是用相当激进的方式来改变我们将世界呈现给自己的方式的各种过程"②。这种压缩主要体现为人们共同生活在一个地球村之中，人与人之间的绝对距离不再是问题。由于交通和通讯技术的发展，这种空间障碍已经被克服。而上述技术的加速发展已然改变人们对于时间的感受，即一种无时间的时间性。③ 哈维的关注重点并非在此，他主要看到对于时间和空间的阐释已经发生了转变，而这一转变的侧重领域在于实践的政治和文化维度。这是时空压缩所带来的后果，同时暗示了哈维是后现代背景下的马克思主义者。在哈维那里，时空压缩对于政治经济的实践活动、阶级力量之间的制衡、各种文化活动乃至所处的社会生活都产生了巨大影响。具言

---

① ［美］戴维·哈维：《后现代的状况：对文化变迁之缘起的探究》，阎嘉译，北京：商务印书馆 2013 年版，第 63 页。

② 同上书，第 300 页。

③ 这关涉加速所带来的对于时间的理解问题，哈尔特穆特·罗萨（Hartmut Rosa）在《加速：现代社会中时间结构的改变》一书中引用了哈维的"通过时间来消灭空间"在交通方面之发明的世界缩略地图这幅图，旨在说明现代性背景下的加速产生了对空间和时间的新体验。在此罗萨倾向于从社会学的视角对时间进行阐述，虽然也提及空间，但他把着力点放在了速度与时间的关系上。

之，不仅人们的时空体验感发生了剧变，而且科学与道德之间的关系变得模棱两可，伦理学被美学的浪潮所淹没，社会历史也不再讲求叙事性，断裂和短暂性替换了统一和永恒性。这些都是哈维对于时空压缩在后现代主义视域中产生的效应所做出的判断，他更多的是将后现代主义视为一种历史—地理状况，并且采用资本主义发展的元叙事的方法，以此来与他的现代性反思形成对照。①

到了索亚这里，内嵌于现代性之中的是一种"空间困境"。"在生活的每一个等级上，从全球到地方，社会的空间组织正在被重构，以满足处于危机中的资本主义的迫切要求——开掘寻求超额利润的各种新机遇，寻找维持社会控制的各种新方式，刺激生产和消费的增长。"② 这是现代性所面临的困境，即空间转向依旧是为了满足资本主义寻求走出危机出路的需求，同时揭示了以往社会批判理论追求历史性而忽略空间部分的隐秘真相。索亚也认为空间转向在很大程度上源于对城市空间因果关系的关注，而城市空间因果关系是与社会生产的城市空间相关的解释力。③ 空间转向这种思维可视为一种本体论和认识论的再平衡，而且这种思维方式不只局限于地理学学科，同时也扩展到每一门人文和社会科学领域。与这种空间转向密切相关的是新区域主义（new regionalism），这种区域主义在 21 世纪的城市研究中，尤其是城市与区域的融合方面，将会发挥越来越大的作用。所以区域化研究成为索亚的研究重点，它不仅为生产、消费和创造力等诸领域注入了生机与活力，而且促成了资本、劳动和文化的全球化现象。

---

① 详细参见［美］戴维·哈维《后现代的状况：对文化变迁之缘起的探究》，阎嘉译，北京：商务印书馆 2013 年版，第 355、410 页。
②［美］爱德华·W.索亚：《后现代地理学：重申批判社会理论中的空间》，王文斌译，北京：商务印书馆 2004 年版，第 53 页。
③ 参见［美］爱德华·W.索亚《我的洛杉矶：从都市重组到区域城市化》，强乃社译，上海：上海人民出版社 2021 年版，第 184 页。

从上述思想家们①的描述中，可以看到自 20 世纪 60 年代以来西方的思想文化出现了空间转向的趋势，也就是在对现代性的批判过程中开启了对空间的重新思考，同时重构了人类的生存环境和身体感知功能。这些思想家们通过不同的论述提出了相类似的观点，即空间本身成为一种产物，它形成于各种领域内的社会发展历程和人类的实践活动之中。同时它是一种力量，影响、指引和限定了人类的社会行为方式。总之，西方的现代性不仅仅被设定为历史规划，更为甚者是地理与空间的规划，是对人类生活于其中的环境的重组和分解。② 如果说传统空间是处于农业时代的话，那城市空间则主要产生于工业时代。前者会"伴随着一些独特的东西，比如地理位置、种植与养殖的气候、人的族群等等"，后者"在过去和现在，都在追求者均质性、统一性和强制的连续性"③。这就进入到对城市空间的具体分析。

二、都市社会时期的空间

城市空间由于市场经济的操作机制形成了一个高度凝聚化的空间，它形成的媒介主要是货币、商业和资本。尽管城市空间离不开物理空间的布局和规划，但是城市被资本赋予绝对的优先权，所以不能把它

---

① 本节所分析的思想家们没有全部进行说明，只是讨论了具备代表性意义的思想家们及其相关论证。本节的分析想要表达的意思是：数字资本时代下空间理论的提出主要是对现代性批判视域下的空间转向这一思维逻辑的顺延，并探讨空间理论进一步的可能性方面。但不可否认的是，就批判社会理论在空间方面所做出的主要贡献而言，自列斐伏尔始开启了诸如萨特、阿尔都塞、福柯、普兰查斯、吉登斯、哈维和詹姆逊等（包括索亚本人）在内的思想家们对于空间理论的追踪和探寻之路。（参见［美］爱德华·W. 索亚《后现代地理学：重申批判社会理论中的空间》，王文斌译，北京：商务印书馆 2004 年版，第 65 页。）
② 参见菲利普·韦格纳《空间批评：批评的地理、空间、场所与文本性》，收于阎嘉主编《文学理论精粹读本》，北京：中国人民大学出版社 2006 年版，第 137 页。
③［法］列斐伏尔：《空间与政治》，李春译，上海：上海人民出版社 2015 年版，第 56 页。

简单理解为一个物里空间。这种城市综合体能够将人力资源汇集起来，通过交通条件尤其是长途运输网络的打造能够突破时空界限，增进社会交往。在城市的大规模发展进程中，不仅诞生了鳞次栉比的各类建筑物，而且推动了区域经济包括农业在内的生产力的提高。"工业和农业之间平衡表现为城市和乡村之间的关系，不论如何调节这个平衡，它都是有关资本主义投资的一套决定的产物。这些决定由少数派做出，他们控制着资本，并通过利润计算决定这些资本的使用"①。在从乡村过渡到城市的过程之中，主要是因为资本的介入，造成了乡村与城市之间的二元对立。

从社会学的角度来看，"最初的城市——只要它在结构上与乡村产生了分化——通常既是领主或君主的驻地，又是一个商贸之地，从而具有了大庄园与市场这两个类型的经济中心。除了固定的当地市场以外，往往还有一些行销商进行远距离贸易的定期集市。但是，就我们这里使用的意义而言，城市本质上就是一个'市场聚落'"②。也就是说，城市的初始样态是通过划分地域的方式来进行呈现，它除了在结构上与乡村之间有了严格的界限，更为重要的是，这种"市场聚落"的城市化背后是资本占据主导。城市图景隶属于资本主义的景象，具体表现为大部分城市中心区域成为资产阶级的游乐场，映入眼帘的是经过翻修之后的联排别墅，成排的精品商店，游艇码头和各种酒店。"这些极具视觉效果的城市景观改造，根本不是什么暂时的经济失衡造成的意外副作用，而是和郊区化一样，从头至尾都是根植于资本主义社会结构的"③。可以说，上述城市里呈现的各种现象，包括港口和车

---

① [英] 雷蒙·威廉斯：《乡村与城市》，韩子满、刘戈、徐珊珊译，北京：商务印书馆 2013 年版，第 399 页。
② [德] 马克斯·韦伯：《经济与社会》第 2 卷，阎克文译，上海：上海人民出版社 2010 年版，第 1377 页。
③ [英] 尼尔·史密斯：《新城市前沿：士绅化与恢复失地运动者之城》，李晔国译，南京：译林出版社 2018 年版，第 117 页。

站等在内的各种基础设施也被资本收入囊中。前述分析过，针对传统城市空间布展如何形成这一问题，以列斐伏尔为代表的思想家们有着独特见解。例如曼彻斯特和利物浦这两个城市的形成不是偶然的，因为曼彻斯特离利物浦非常近，两者之间会形成一个联动效应，进而导致城市的形成和扩张。尤其是英国工业革命时期，由于煤炭、铁矿石和棉花等资源主要分布在英国的约克郡、兰开夏郡等地区，所以重工业就逐渐集中在这些区域。不仅如此，以运河、铁路和港口（海上运输）等为代表的交通运输条件的发展，再加上工厂的兴起以及相关体系的增长，将英国城市空间中的各种元素重新聚集起来，因此形成不同于传统意义上的空间布局。其实列斐伏尔所分析的空间生产是如何在资本的运作下形成了城市，说明了上述问题。具言之，城市形成了一个空间布局，这不是一种偶然现象，而是一种在历史和地理等条件运作下的必然条件。资本主义早期铁路的建设、都市的打造是按照地理格局、历史格局以及资本格局来形成的。可以说，具有大量资本、资源和港口等各种因素集中的区域，更容易形成都市。城市的布局并不是随意的，它会考量哪种区域具备更高的价值，这背后是跟资本布局和工业基础格局之间的相互关系密切联系在一起的。上述城市区域由于资本积累带来的长期结构的一致性会呈现出某种标志性特点。"在19世纪，提到棉制品，人们自然会想到兰开夏郡（曼彻斯特），讲羊毛则自然想到约克郡（利兹），不锈钢是谢菲尔德，金属加工则是伯明翰。"[①] 正是资本布局导致了地理位置的差异化，才会出现后续的地理不平衡发展现象。

马克思说："物质劳动和精神劳动的最大的一次分工，就是城市和乡村的分离。城乡之间的对立是随着野蛮向文明的过渡、部落制度向

---

① ［美］大卫·哈维：《资本社会的17个矛盾》，许瑞宋译，北京：中信出版社2016年版，第161页。

国家的过渡、地域局限性向民族的过渡而开始的，它贯穿着文明的全部历史直至现在"①。马克思把城市与乡村的分离当成物质劳动和精神劳动的最大一次分工，直接后果是城市与乡村之间的区域间隔。在人类的发展过程中，最重要的方面在于分工导致生产力的出现，生产力发展为人类生活水平的提高提供了物质基础，因此马克思从这个角度解释文明的变迁，回答了现代城市的起源，即现代城市是生产力推动的产物。具体来说，中世纪城市与资本主义的兴起相勾连，并且在资本主义生产方式不断成熟的过程中，城市在封建社会内部的产生，城市的联盟、行会的运作等都受到资本发展的限制。大工业开辟了人类历史阶段，生产力的积累快速变迁。"工业的历史和工业的已经生成的对象性的存在，是一本打开了关于人的本质力量的书，是感性地摆在我们面前的人的心理学；对这种心理学人们至今还没有从它同人的本质的联系，而总是仅仅从外在的有用性这种关系来理解，因为在异化范围内活动的人们仅仅把人的普遍存在，宗教，或者具有抽象普遍本质的历史，如政治、艺术和文学等等，理解为人的本质的现实性和人的类活动"②。人类历史不断加速向前发展，资本主义生产方式加剧变革，促使原始积累不断增加。从工厂手工业到全球性的商业，资产阶级在全球开辟的市场是通过暴力方式进行的。商业扩张呈现蔓延之势，工厂手工业规模扩大。17世纪左右，上述契机催生了英国的大工业，马克思在《资本论》中称之为机器大工业。如果生产力的革命在工厂手工业革命的起点是劳动力，那么生产力模式发生了重大改变。作为生产关系变革的前提，生产资料和生产工具的变革到达了一个新的支点，进而延伸出劳动力的变化，机器大工业与工业革命，世界市场、世界交往以及商业在世界交往中的地位等问题。

---

① 《马克思恩格斯文集》第1卷，北京：人民出版社2009年版，第556页。
② 马克思：《1844年经济学哲学手稿》，北京：人民出版社2014年版，第238页。

恩格斯论述了 19 世纪工业化城市里面所体现出的消费和生产状况，其中包括住房和社区生活的问题。恩格斯在《英国工人阶级状况》和《论住宅问题》中提出了城市是资本主义矛盾的温床，它体现了资本主义自身发展的必然趋势。最后，恩格斯对于城市问题的研究最终走向了对于资本主义的批判，他一针见血地指出，整个资本主义体制使得众多无产阶级陷入悲惨的境地之中。但当大量人口涌入城市这一空间领域时，传统相邻空间里所凝聚的血缘温情荡然无存，更多充斥的是冷淡和漠视。"人类分散成各个分子，每一个分子都有自己的特殊生活原则，都有自己的特殊目的，这种一盘散沙的世界在这里是发展到顶点了。"[1] 在城市这样一种狭小空间里，每个人被还原成一个简单的分子，按部就班地在社会这一系统里运行着自己应该参与的部分，盲目地追逐资本利益。这类似于海德格尔所言"常人"所行之事，"常人是一种生存论环节并作为源始现象而属于此在之积极状态。常人本身又有不同的可能性以此在的方式进行具体化。在历史上，常人统治的紧迫和突出的程度可以是变居不定的"[2]。常人在机械式的空间中去理解周围的世界，无法摆脱忙碌和涣散的工具化状态，由此造就了特定历史状态下沉浸在视觉中心主义的存在状态，不断地错失自身和遮蔽自身。

从马克思恩格斯对于城市问题的深入研究而导出的始源批判理论，到西方马克思主义自列斐伏尔开始，经由卡斯特、哈维和索亚等思想家发现城市空间被资本化后进行的城市空间批判，都在试图追寻解决问题之径。城市最终被还原成一种纯粹的，由人们的快乐（enjoyment）所组合而成的空间，但最终由于过于理想化而形成一种乌托邦。从本质上来看，所有的城市是按照资本的力量来进行排列组

---

[1]《马克思恩格斯全集》第 2 卷，中文第一版，北京：人民出版社 1957 年版，第 304 页。

[2]［德］海德格尔：《存在与时间》，陈嘉映、王庆节译，北京：生活·读书·新知三联书店 2014 年版，第 150 页。

合的，由此形成了各种商业中心，涌现出区块化基础设施建筑物等。在这里，城市扮演着双重角色："一方面是资本积累的引擎，另一方面是社会或者阶级斗争的场所。"①

在城市空间的形成和打造过程中，资本与空间的关系是这一空间布局形式的本质所在。在从现代性向后现代性转变的过程中，资本与空间生产之间的关系转换是顺应资本发展的需要。这是研究如何从城市空间过渡到平台空间的理论前提。资本主义经济无论从生产方面还是从交换方面来说，实现资本最大增值限度的客观基础是空间的扩张。可以说，资本发展的必然逻辑是空间化发展。由于资本积累方式的转变，空间不再局限于为资本增值提供客观的封闭结构，而是资本化了。随着空间资本化的发展，空间产品更加追求品质上的多样性、差异性乃至独特性。唯此才能满足人们对于空间产品的多方位需求，进而获取资本最大限度的利润。这同时带来了城市建构过程中所形成的后现代主义话语，它其实是资本为了克服自身危机，从而寻求新的历史发展形态。所以后现代主义各种文化方式的崛起与资本积累方式、空间与资本的关系紧密相关，也就是说，后现代话语的出现构成了数字资本时代平台空间理论的宏观背景。后现代话语是如何探讨空间与资本的关系？这对于数字资本时代的平台空间理论有何种启示意义？对于这些问题的探索可通过窥视下述代表性思想家们的相关论述。

在资本主义社会中，空间作为生产要素进入物质生产过程之中，人们通过生产空间来生产剩余价值、获取利益。"不断扩大产品销路的需要，驱使资产阶级奔走于全球各地。它必须到处落户，到处开发，到处建立联系。"② 列斐伏尔从空间生产的角度提出了空间的三重辩证法③，他试图从社会生产关系和再生产关系之间的三重关系设定之中来

---

① Andy Merrifield, *The New Urban Question*, London: Pluto Press, 2014, p. 1.
②《马克思恩格斯文集》第 2 卷，北京：人民出版社 2009 年版，第 35 页。
③ 关于列斐伏尔所提出的空间的三重辩证法的讨论，参见第二章。

展现"社会空间"这一概念。在列斐伏尔看来，资本主义的发展生产出了绝对空间，它成为全球权力和政治的象征。这种空间是建立在由银行、商业中心和主要生产实体诸如高速公路、机场和通讯设备等组成的巨大网络之上的。在这个空间里，曾经的聚敛之所、财富之源和历史中心的城市已经分崩离析。① 资本主义最初的生产方式主要是物品生产和地方投资。因为社会关系的再生产在实践中起到了一定的作用，它在这一过程中得到修复并且成为问题式。对于自然再生问题和空间掌控来说，这种再生产也是有必要的。换句话说，资本主义的政治空间通过减少时间来预防新社会关系的产生。但是资本主义正在接近一个临界点，在这个临界点上，再生产将不再能够阻止生产，这无关物的生产，而是新的社会关系的生产。这印证了列斐伏尔所分析的空间是社会领域内的空间，它关涉的是社会生产关系和再生产关系。资本主义的三位一体即土地、资本和劳动在空间里面构建起来，并且各自对应于空间里面的一个维度。一是全球性的和主权遭受限制的空间，它是一个还原差异性的拜物教空间；二是碎片化的、分离的和分裂的空间，并且是一个定位特殊地点或位置的空间，以便控制它们并使它们能够被接受；最后是一个等级制度的空间，它的范围是从最卑微的地方到最高尚的地方，并且它的内容涵盖从禁忌到主权。② 这时，传统的生产方式已经发生转变，资本主义开始进入空间的生产。

弗里德里克·詹姆逊（Fredric Jameson）认为后现代主义出现于资本主义的第三个阶段，只不过这个阶段被粘贴上"晚期资本主义"、"后工业化资本主义"等一系列标签。詹姆逊敏锐地嗅到后现代主义对

① 参见 Henry Lefebvre, *The Production of Space*, trans. Donald Nicholson-Smith, Oxford: Blackwell Ltd, 1991, p. 53.（中文版参见［法］亨利·列斐伏尔《空间的生产》，刘怀玉等译，北京：商务印书馆2021年版，第81页。）
② 参见 Henry Lefebvre, *The Production of Space*, trans. Donald Nicholson-Smith, Oxford: Blackwell Ltd, 1991, p. 282.（中文版参见［法］亨利·列斐伏尔《空间的生产》，刘怀玉等译，北京：商务印书馆2021年版，第416页。）

于时间的体验，即厚重的历史感正在不断地消逝。詹姆逊是从文化理论的视角来论述自己对于时空的看法，他指出后现代主义是关于空间的，而现代主义则是关于时间的。① 在詹姆逊看来，这种空间形式不同于旧的空间形式，也绝非物理学意义上的空间形式，而是那种改变了社会结构和生活方式的空间形式。所以他才会在对现实主义、现代主义和后现代主义这三个术语进行分辨的过程中强调空间化是理解后现代主义的一把钥匙。② 基于此，詹姆逊认为这种后现代话语中的空间必然受到政治经济学的影响，因为它依旧受制于资本的逻辑。实际上，詹姆逊是沿着马克思主义的思路来进行探寻的，他认同马克思在剖析资本主义的过程中所揭示的，资本必然会往全球性的市场进行扩张，但同时也暗含着危机。这一学说不会像现代时期那么抽象，而是指向一种观念的事实，它将被更快地提上议事日程。③

基于上述认知，詹姆逊开始对他当下所处的"晚期资本主义"时代④进行描述。在詹姆逊看来，这个时期的资本不再受到地域的限制，成为自由浮动的东西，而且由于信息技术的作用，资本在全球范围内的转移使得空间和时间之间的罅隙不复存在。全球化的出现不再是传统意义上地理位置的扩张或者膨胀，而是由无数的计算机所形成的空间。在这个空间里面，货币资本处于最终的解辖域化⑤，通过各个节点

①目前对现代性和后现代性没有明确的界限，虽然詹姆逊的总结并非一针见血，但也囊括了各自的特点。只不过时间和空间在詹姆逊的这篇文本里没有被视为客观的对象存在，他认为二者都有其神秘性所在。虽然后现代主义的空间发生了变化，但是詹姆逊提出的结论主要是基于自己的文化研究。最终需根据詹姆逊所处的历史背景做出客观的判断，其结论的合理性有待商榷。
②具体参见［美］詹明信《晚期资本主义的文化逻辑》，张旭东编，陈清侨等译，北京：生活·读书·新知三联书店 2013 年版，第 239 页。
③具体参见［美］詹姆逊《文化转向：后现代论文选》，北京：中国社会科学出版社 2000 年版，第 66 页。
④詹姆逊根据曼德尔的历史分期法将资本主义分为三个阶段，即市场资本主义、垄断资本主义和晚期资本主义。但是詹姆逊更倾向于使用"跨国资本主义"来指称资本主义的第三个阶段。
⑤这里借用的是德勒兹和加塔利在《反俄狄浦斯》一书里面的概念，从这里可以看出詹姆逊对于空间和资本的理解已经带有浓厚的后现代主义色彩。

之间的连接，把资本信息贯穿于物质世界之中。在《资本主义与精神分裂（卷二）：千高原》一书中，吉尔·德勒兹（Gilles Deleuze）和费利克斯·加塔利（Félix Guattari）的计划是提出了具有决定性意义的原理，即资本主义进行解域化是为了产生更加强大的再辖域化。所以在詹姆逊的意义上，金融资本成为资本主义发展的解辖域化，从而在全球资本的权力结构中，金融资本占据了重要位置。这时的晚期资本主义呈现出金融资本主义的特征，所以迈克·迪尔（Michael Dear）提出，归根结底，詹姆逊把后现代的空间变革与资本主义普遍化进程结合起来。迪尔在这部分对列斐伏尔和詹姆逊之间的相同点和差异点进行了对比，最后得出结论：列斐伏尔使人们明白了空间生成的过程，而詹姆逊则是展示了后现代空间生成的途径。[①] 这从侧面映射出詹姆逊的后现代性空间概念与列斐伏尔之间的亲缘性关系。

接下来需弄清楚的问题是之所以如此强调空间，是因为随着资本积累增加，剩余价值生产出来之后需要资本的实现，而这一实现过程必须经由越来越多的空间来加以解决。所以从原来的城市扩展到农村，从发达国家拓展到不发达国家，空间的问题不断出现。这也是资本主义的发展进入到数字化时代之后将面临的现实所在，而从马克思主义的角度去理解空间问题，它不可避免地与时间问题关联起来，基于此才能进一步理解后现代话语中空间和资本的关系。从哈维的探讨中初见端倪，哈维认为城市是资本主义的产物，"城市是在资本流通的时间进程内的劳工所构建的生产力的聚集地。它是由为了世界市场交换的资本主义生产的新陈代谢滋养出来的，并且支持一个高度复杂多变的被组织到世界市场范围之内的生产和分配系统"[②]。但是在城市秩序的打造过程中

---

① [美] 迈克·迪尔：《后现代都市状况》，李小科等译，上海：上海教育出版社 2004 年版，第 81—90 页。

② David Harvey, *Consciousness and the Urban Experience：Studies in the History and Theory of Capitalist Urbanization* 1, Baltimore：Johns Hopkins University Press, 1985, p. 250.

出现了形色各异的意识，而这种意识偏离了支撑城市发挥功能的资本主义生产方式这一轨道。在哈维看来，城市化是在空间和时间上所产生的独特地理形态，并且它是交织着物质关系和社会关系的特殊过程。当这些关系被制度化和物化时，它们将转变为城市生活的代码。如果城市被符号化和代码化，它将进入到物理空间和社会空间的结构之中，从而出现城市化的意识形态倾向。

哈维指出，即使资本的循环与积累过程将对时间和空间定义和再定义，但它依旧发生在特定的空间和时间组织之中。在追求社会关系和自然关系的过程中，不能忽视地方构建的作用，因为日常生活的打造需要一定的地方，而空间和地方之间的辩证法成为了理解资本在理解空间和时间的运动中所关涉的建构性层面和破坏性层面的关键点。①这一问题是与资本主义的动态发展密切联系在一起的，如果资本不贬值的话，一旦投资固定在某个特定的地方，那么资本就必须在该地方使用它们。资本的流动在空间上受到投资的限制，这种投资致力于在更广泛的空间范围内来增加资本的流动。空间被时间湮灭成为重塑世界市场相对的空间—时间关系的重要现象。但是这并不意味着空间会出现分散，因为在某些地方聚集也同样有效。寻找限制价值损失的循环时间经济，可以用不同的方式来进行。经济、交通和通讯网络的有效配置，节省了流通成本和流通时间，从而为资本留出更多剩余价值。资本在某个时间点创造了与其需求和目的或者生产和消费相适应的自然景观和空间关系，结果发现它所创造的东西在未来某个时间点与它的需求是对立的。哈维提出思考时间和空间的两种方式：一种是假设一些通用的和固定的时间和空间框架，并使用它来定位、排序和校准该框架内的活动。这是由欧几里德几何学提供的时钟时间和可测量的

---

① 参见［美］大卫·哈维《马克思与〈资本论〉》，周大昕译，北京：中信出版社 2018 年版，第 203 页；也可参见 David Harvey, *Marx*, *Capital and the Madness of Economic Reason*, Oxford：Oxford University Press, 2017, p. 131。

空间，得到了笛卡尔和牛顿的认同。它是资本主义国家、官僚行政、法律、私有财产和资本主义制度所青睐的空间和时间。这个空间和时间是如何开始占据主导地位的，这成为了经济学家和历史学家共同关注的问题。在这个框架内，私人产权和领土主权可以与社会契约一起确定。资本、劳动力、货币和商品的流动可以得到协调，从而使一切都在正确的时间和正确的地点发生。没有这样一个框架，自由的政治和商业秩序就无法运作。另一种是时间和空间能够被概念化和可体验化。每个过程都将空间性和时间性内化为自身的一部分，并且在不同时期，它能在出现冲突、矛盾和困惑等现象的时空中发挥作用。①

在哈维看来，解决资本的实现问题，主要途径是开辟越来越多的新空间，即开拓世界市场。"马克思和恩格斯在《共产党宣言》中所设想的全球化是永远发展的，甚至到现在也远未完成"②，哈维的意思是殖民主义、地缘政治、地缘经济、殖民主义、地理不均衡发展的理论家等等，都是在这个问题上来加以理解。在提出该问题之后，哈维转为理论分析，他谈到"……在《资本论》中，马克思无疑将时间研究置于空间研究之上。在世界市场上，价值是社会必要劳动时间，这与大量生产实用价值的具体劳动时间概念不同。剩余价值之外，劳资双方每天都在为工作日在必要劳动时间和剩余劳动时间之间的划分而斗争（延长工作日长度可提高绝对剩余价值），因为资本家总是希望通过各种工作场所内外的诡计榨取工人的额外劳动时间"③。哈维认为在《资本论》中，马克思优先思考时间维度的问题，并且他借助对西米利亚诺·托姆巴和斯塔夫罗斯·托巴佐斯的评论说出如下观点，即《资

---

① 详细参见［美］大卫·哈维《马克思与〈资本论〉》，周大昕译，北京：中信出版社 2018 年版，第 204—214 页。（原书名：*Marx, Capital and the Madness of Economic Reason*）
② ［美］大卫·哈维：《马克思与〈资本论〉》，周大昕译，北京：中信出版社 2018 年版，第208 页。（原书名：*Marx, Capital and the Madness of Economic Reason*）
③ ［美］大卫·哈维：《马克思与〈资本论〉》，周大昕译，北京：中信出版社 2018 年版，第209—210 页。（原书名：*Marx, Capital and the Madness of Economic Reason*）

本论》第一卷中的时间是线性和进步，适合持续技术变革和无限资本积累的研究。而《资本论》第二卷都在论述资本流通的完成过程，由此哈维指出第二卷的时间是周期性的，适合从生产增值到实现和分配再回到生产增值的过程研究。《资本论》第三卷中的时间在哈维那里是有机性的，是螺旋形的，因为第三卷讲的是资本主义生产总过程，既包括生产过程又包括流通过程，他强调第三卷融入了适用于技术改革和资本积累的线性时间，以及适合于资本流通的周期性时间，从而整合成为螺旋形的时间。因为第三卷不再是简单再生产的循环，而是扩大再生产的循环，即螺旋形上升。扩大再生产能使资本不断增值，简单再生产则是生产出来的商品直接被出售，所以哈维认为资本不断地画圈而形成螺旋形结构，并且这一螺旋形上升建构了马克思一般利润率不断下降的理论。[1]

　　上述哈维对于《资本论》三卷里时间的理解，奠定了他后期理解空间问题乃至资本与空间关系问题的基础，同时暴露出一定缺陷。具体而言，因为《资本论》第一卷中涉及的时间有两种，即社会必要劳动时间和剩余劳动时间。尽管劳资双方不断争执两个时间的长短，但是它们都是线性的维度，都是以时间的机械性发展为测量标准。在此，哈维只记录了《资本论》第一卷中两种时间的特征，没有关注到马克思实际上不只记录了这两种时间的一般性的经验现象，而且从更具基础性的整体思路来探讨这两种时间。从而哈维没有注意到这两种时间之所以同时出现，是因为这涉及马克思在《资本论》第一卷提出的劳动价值论与劳资矛盾之间的关系问题。社会必要劳动时间代表劳动价值论，如果所有人都遵循劳动价值论的话，劳动跟资本之间不应该有对立，那么所有人都按照社会必要劳动时间来加以交换。但是马克思更为深刻的地方是看到了社会必要劳动时间和剩余劳动时间两者之间

---

[1] [美] 大卫·哈维：《马克思与〈资本论〉》，周大昕译，北京：中信出版社 2018 年版，第 210—211 页。（原书名：*Marx, Capital and the Madness of Economic Reason*）

的矛盾冲突，进而推动他去挖掘导致这种矛盾冲突的缘由。换句话说，马克思会追问上述两种时间同时出现和剩余劳动时间表现为资本价值增值时间的缘由。既然劳动价值论探讨的核心在于生产的价值是由生产的社会必要劳动时间所决定的，那么资本价值的时间为什么会出现增值？从归根结底的意义来看，马克思主要聚焦于思考资本主义生产方式的矛盾运动。在这个运动里面还有时间维度，虽然它没有得到直接的展现，但是在《资本论》第一卷中讲到了资本主义经济危机酝酿到来的时间。这才是《资本论》第一卷当中的基本维度，而这个维度即资本主义经济危机到来的时间，实际上是哈维强调的时间的社会建构和历史建构的维度，只不过马克思比哈维多了一个理论的方面，即哈维的社会历史是过程性的社会历史，因为哈维在此反对本质维度，他在反对本质主义时把所有的本质维度都去掉了，而马克思则侧重有本质性矛盾的发展过程的维度。所以在马克思的论述过程中，一般意义的时间、空间概念并非一个终极概念，它只是生产方式矛盾发展时间的表现形式。之所以会出现马克思强调历史唯物主义，而哈维却走向历史地理唯物主义，是因为马克思发现了在时间和空间概念以外更为深刻的层面，即生产方式的矛盾运动。所以历史唯物主义的"物"实际上是生产关系的矛盾，不能把哈维的历史地理唯物主义模式套用在历史唯物主义的概括上。①

三、网络社会时期的空间

网络社会时期的空间，主要是指进入到数字资本时代出现的第三

---

① 关于对于历史唯物主义的更为深刻的具体论述可参见唐正东《深化历史唯物主义研究需要解决的三个问题》，载《四川大学学报》（哲学社会科学版）2017 年第 5 期；唐正东《政治经济学批判的唯物史观基础》，载《哲学研究》2019 年第 7 期。

种空间类型，即平台空间。传统城市里的商品交换主要是在物理空间中完成，如今这种方式发生了转变。具言之，各种电子商务的快速发展，用户可随时打开手机、电脑等移动设备进行选购、与客服沟通以及售后评价等。这种交往模式不再受到空间和时间的限制，成为一种以虚体为中介的数字交往模式。之所以会出现上述情况，是因为它们组成空间的方式发生了变化，即抽象的再次抽象化。第一次抽象是把具体的生命抽象为以货币为交换媒介的人与人之间的关系。比如消费者前往商店购物，在此消费者与商户老板之间进行了货币交换，这是都市社会时期的出现的情形。但是这个抽象空间被进一步抽象化，前述所分析的消费者可以不用亲自与商户老板本人见面，也不会在乎商户老板自身的特点，这时消费者与商户老板在被纯粹地还原成一个数码的对应物之后，可以在平台空间里面完成整套商品交换的流程。这是新型资本即数字资本介入以后，形成了一个与传统城市空间平行的平台空间，它主要以数据为中介来进行架构。

单个平台的结构是由数据所推动，依托算法和界面来进行自动化和组织化相关运作，通过业务模型驱动的所有权关系而变得正规化，最后借由用户协议来进行治理。但是单个平台还需借助技术、经济和法律等要素来共同打造平台的社会性，从而更好发挥相关功能和实现自身价值。不仅如此，平台与平台之间并不是单独运行的，它们共同形成了一个更广泛的生态系统。具体来看，平台空间并非单独的空间元素或者单位，它是由众多类型并兼顾各个部门行业的平台所构建起来的整体。平台空间打造的前提是互联网平台，它主要包含下述双边平台：以商品作为协助平台双方交换的网络零售平台、以线下生活服务或出行服务作为协助平台双方交换的服务交易平台、以信息作为协助平台双方交换的咨询内容平台、以资金和资产作为协助平台双方交换的金融平台以及以人的交往作为协助平台双方交换的社会平台。上述五种类型的平台背后还有更为基本的平台，即作为信息数据交换平台的互联网和作为可编程软件平台的互联网（见下图）①。通过将人们的日常生活、学习和工作等个体行为转化为数据，实现基础平台上的交往。并且这些数据被诸如亚马逊、谷歌和 Facebook 等超级互联网平台公司收入囊中，随之出现凭借算法和数据处理能力来应对海量的数据存储以及安全等问题。

商品交易平台	服务交易平台	咨询内容平台	金融平台	社交平台

作为信息数据交换平台的互联网	作为可编程软件平台的互联网

图 1　互联网平台②

平台空间的出现并不意味着传统空间和城市空间的消失，更不是废除城市空间，而是形成了诸多充溢着大量用户和算法的数字界面。在这一空间中，不仅人与人之间的构造都发生了变化，并且人与物之间的连接方式也出现转变。平台空间与物理距离的远近没有过多关联，它是以实际城市空间作为原型和基础，形成了一种抽象的、虚拟的拓扑空间。③

　　在某种程度上，平台空间本身是一种不平衡发展的结构。由此对于不平衡发展理论进行思想史梳理，成为了平台空间批判研究的前提。不平衡发展理论最早可追溯至马克思对资本逻辑统治的本质进行历史批判。马克思在《〈政治经济学批判〉导言》中指出："在一切社会形

① 参见方军、程明霞、徐思彦《平台时代》，北京：机械工业出版社 2018 年版，第 123 页，第 179 页相关论述。
② 此图来自方军、程明霞、涂思彦《平台时代》，北京：机械工业出版社 2018 年版，第 179 页。
③ 比如元宇宙是一种最新的平台空间，它不同于第一代互联网所打造的 PC（个人计算机）所组成的空间，也不同于第二代移动互联网由智能手机所构成的虚拟空间，而是一种平行于物理空间的由数据所构成的平台空间。这种空间没有被刻意定义，它是随着虚体的创造性发挥而呈现出多种多样的可能性，虚体凭借各种数字形象创造出自己需要的应用场景，建立属于以共享为基础的元宇宙世界。

式中都以一种一定的生产决定其他一切生产的地位和影响，因而它的关系也决定其他一切关系的地位和影响。……在土地所有制处于支配地位的一切社会形式中，自然联系还占优势。在资本处于支配地位的社会形式中，社会、历史所创造的因素占优势。……资本是资产阶级社会的支配一切的经济权力。它必须成为起点又成为终点，必须放在土地所有制之前来说明……问题不在于各种经济关系在不同社会形式的相继更替的序列中在历史上占有什么地位。更不在于它们在'观念上'的顺序。而在于它们在现代资产阶级社会内部的结构。"[①] 这一论述被视为马克思主义不平衡发展理论的广义层面[②]，它符合整个社会历史发展所出现的普遍现象和问题。不仅如此，马克思的这段话还彰显了历史唯物主义的不平衡辩证法研究的独特性，其中更多是从狭义历史唯物主义的层面来专门研究资本主义的不平衡发展理论。"在传统马克思主义理论中，资本主义的地理不平衡发展是资本积累的外在条件，也是资本主义转移其内部社会危机的一个历史性后果。"[③]

马克思在《1857—1858 年经济学手稿》中分析了资本的原始积累。在马克思看来，资本生成的前提条件在资本从自己的现实性出发而创造出来的实现条件时就消失了。并且资本是社会劳动的存在，是劳动的主体和客体的结合。"因此，资本从自己方面来看，表现为扩张着的主体和他人劳动的所有者，而资本的关系本身就像雇佣劳动的关系一

[①]《马克思恩格斯全集》第 30 卷，中文第二版，北京：人民出版社 1995 年版，第 48—49 页。

[②] 这里参考了付清松所著《不平衡发展——从马克思到尼尔·史密斯》（人民出版社 2015 年版）一书，书中对于马克思主义的不平衡发展理论分为广义叙事和狭义叙事两个层面，他提出，前者关注的是历史发展规律和多样性之间的关系，而资本主义只不过是众多文明之中的一种而已；后者则专门指经典资本主义社会的不平衡发展，作者分析了资本原始积累、资本一般、时空关系等与不平衡发展之间的关系，旨在说明不平衡地理发展为晚期资本主义提供了一种新的出路，丰富了马克思主义的话语路径。（具体分析参见此书结语部分。）本节内容侧重于马克思主义不平衡发展的狭义叙事层面，笔者注。

[③] 刘怀玉：《不平衡发展的"现在"历史空间辩证法》，载《学习与探索》2011 年第 6 期。也可参见刘怀玉《历史的解构与空间的想象》，南京：江苏人民出版社 2013 年版，第 307 页。

样，是完全矛盾的关系。"① 就马克思的分析而言，由于资本的生成本身就是矛盾的，所以会不断陷入恶性循环的旋涡之中。马克思在《资本论》中指出，要脱离这种圈子，就得假定在资本积累之前有一种原始积累。那么资本的原始积累是如何形成的？马克思在《1857—1858年经济学手稿》中指出，作为货币财富而存在的价值，因为旧的生产方式解体，导致不仅能够买到劳动的客观条件，而且能够用货币从已经自由的工人那里换取活劳动本身。② 所以马克思才会说"所谓原始积累只不过是生产者和生产资料分离的历史过程"③。马克思关于资本原始积累的分析对于卢森堡和列宁所提出的不平衡发展理论产生了极大的影响。

在讨论完资本原始积累之后，马克思继续挖掘资本的本性。针对在资本流通过程中所产生的费用，尤其是交通运输工具的费用，马克思提出了为后面的学者津津乐道的"用时间去消灭空间"。这一论题构成了社会批判理论转向空间的触发点，同时成为数字资本时代下空间重组所遵循的方法论基础。那么马克思是如何导入这一问题的呢？在马克思看来，流通过程本身包含在生产过程中，生产越是以交换为基础，交换的物质条件即交通运输工具对于生产来说越是重要。"资本按其本性来说，力求超越一切空间界限。因此，创造交换的物质条件——交通运输工具——对资本来说是极其必要的：用时间去消灭空间。"④ 从资本的角度来看，产品只有因为运输费用的减少才能在远方市场获取价值，而要使这一部分的价值增值，条件是必要劳动获得一定程度的补偿。因而把产品投入流通所需要的劳动，即如何使产品到达市场，这些都需要克服地点要素的限制。简言之，"用时间去消灭空

---

① 《马克思恩格斯全集》第 30 卷，中文第二版，北京：人民出版社 1995 年版，第 464 页。
② 具体参见《马克思恩格斯全集》第 30 卷，中文第二版，北京：人民出版社 1995 年版，第 501 页。
③ 《资本论》第 1 卷，北京：人民出版社 2004 年版，第 822 页。
④ 《马克思恩格斯全集》第 30 卷，中文第二版，北京：人民出版社 1995 年版，第 521 页。

间"是一种不平衡发展。资本为了获利，从而进行交通运输工具改造，这使得地理学意义上的生产中心出现了不同的景观。并且流通是在时间和空间的交互作用下进行的，其中空间要素占据着十分重要的位置，因为它是与市场扩大和商品交换密切联系在一起的。而作为流通时间的时间要素，实际上是必要劳动时间的一种增加，也就是剩余劳动时间的一种扣除。"因此，资本一方面要力求摧毁交往即交换的一切地方限制，征服整个地球作为它的市场，另一方面，它又力求用时间去消灭空间，就是说，把商品从一个地方转移到另一个地方所花费的时间缩减到最低限度。资本越发展，从而资本借以流通的市场，构成资本流通空间道路的市场越扩大，资本同时也就越是力求在空间上更加扩大市场，力求用时间去更多地消灭空间"①。可以看出，在马克思那里，资本流通需要更广阔的市场，从而追求空间的扩张，但是必须是在缩短流通时间的前提下来进行的，这其实是由资本的本质属性所决定的。

所以，从中心到外围的扩展最终发生在资本流通的领域内，并且遵守资本自身的运动发展规律。"因此，以资本为基础的生产，其条件是创造一个不断扩大的流通范围，不管是直接扩大这个范围，还是在这个范围内把更多的地点创造为生产地点。"② 而世界市场的形成是从中心到外围这一结构的具体展现，但它依旧是在资本本性的驱使下完成相应的格局转换。"如果说流通最初表现为既定的量，那么它在这里却表现为变动的量，并且是通过生产本身而不断扩大的量。就这一点来说，流通本身已经表现为生产的要素。因此，资本一方面具有创造越来越多的剩余劳动的趋势，同样，它也具有创造越来越多的交换地点的补充趋势；在这里从绝对剩余价值或绝对剩余劳动的角度来看，这也就是造成越来越多的剩余劳动作为自身的补充；从本质上来说，

---

① 《马克思恩格斯全集》第 30 卷，中文第二版，北京：人民出版社 1995 年版，第 538 页。
② 同上书版，第 387—388 页。

就是推广以资本为基础的生产或与资本相适应的生产方式。"① 分析至此，资本的流通过程无论是出现地点的向外延展，还是突破地域界限来打造世界市场，都彰显出不平衡发展理论的影子。而要理解这种不平衡发展理论，需建立在马克思对于资本主义的生产关系所占据的支配性的批判研究基础上。

马克思在《〈政治经济学批判〉导言》中提出的问题在于"生产关系作为法的关系怎样进入了不平衡的发展"②。具体而言，马克思强调的社会历史不是按照线性逻辑，而是按照不平衡发展逻辑，这一方法论延续主要体现为列宁、卢森堡等经典作家所提出的资本积累与不平衡发展理论。在他们看来，资本主义因其自身的矛盾性，最终导致政治经济地理发展的结构和过程之间的不平衡。其中卢森堡强调空间结构的不平衡性是资本主义发展的历史前提，"资本主义历史地生育并发达于非资本主义的社会环境之中。……这里可以区别为三个阶段。资本对自然经济的斗争，资本对商品经济的斗争，资本在世界舞台上为争夺现存的积累条件而斗争。"③ 卢森堡从历史的角度来进行考察，提出资本积累是在前资本主义存在的情况下进行的。但是卢森堡认为如果出现与马克思的扩大再生产图式相符合的现实，意味着积累运动达到了它的顶峰，资本主义的生产已经走向终点。如果没有了资本积累，就谈不上资本主义生产力的扩展，更谈不上资本主义的历史发展。这就是帝国主义这一资本主义最后阶段所体现出来的矛盾之处。④ 基于卢森堡所得出来的积累最后进入到帝国主义阶段这一论述，列宁提出了马克思主义经典帝国主义理论。在《帝国主义是资本主义的最高阶段》一文中，列宁指出："帝国主义是作为一般资本主义基本特性的发展和

①《马克思恩格斯全集》第30卷，中文第二版，北京：人民出版社1995年版，第388页。
② 同上书，第51页。
③ [德] 卢森堡：《资本积累论》，彭尘舜、吴纪先译，北京：生活·读书·新知三联书店出版1959年版，第290—291页。
④ 具体参见上书，第333页。

直接继续而生长起来的。但是，只有在资本主义发展到一定的、很高的阶段，资本主义的某些基本特性开始转化成自己的对立面，从资本主义到更高级的社会经济结构的过渡时代的特点已经全面形成和暴露出来的时候，资本主义才变成了资本帝国主义。"① 在这一过程中，资本主义的自由竞争被垄断所替代。正是因为垄断和金融资本的出现，使得资本主义国家内部趋向于不平衡发展。在某种意义上，列宁所分析的不平衡发展开启了"中心—外围"这一结构的序幕。由此"中心—外围"结构成为了后现代空间转向研究中不可避免的因素，同时是数字资本时代空间理论需直面的问题维度。

在此，马克思主义经典作家已经敏锐地察觉到社会发展的空间趋向，而西方马克思主义地理学强调资本的发展逻辑主要受到空间方式的影响。例如索亚指出全球化的发展形式表现为地区的不平衡发展，尤其是在第三世界出现了依附性和落后性的集聚。此时的政治经济学研究呈现为空间化的特征，主要的关注点落在资本主义世界体系的核心与边缘的区分。对此，索亚提出西方马克思主义地理学滋生于上述不平衡发展理论的探索中，"空间的问题框架及其在区域和国际规模上产生的社会—政治影响，取决于归属于在资本主义的形成和变革中的地理不平衡发展的重要性"②。借助曼德尔在《晚期资本主义》中表达出核心的论点，即资本主义的实际增长过程中，由于区域性差异而无法带来利润的平均化。索亚在《后现代地理学：重申批判社会理论中的空间》中强调地理不平衡发展的研究是在资本主义的发展背景之下产生的，从而资本主义在本质上是建立在区域或者空间的各种不平等现象之上的，换句话说，地理学意义上的不平衡发展成了资本主义得

---

① 《列宁选集》第 2 卷，北京：人民出版社 2012 年版，第 650 页。
② ［美］爱德华·W. 索亚：《后现代地理学：重申批判社会理论中的空间》，王文斌译，北京：商务印书馆 2004 年版，第 158 页。

以维持的标志之一。①

　　受上述逻辑方法的影响，围绕地理学马克思主义的相关研究，哈维分析了资本主义不平衡发展理论的基本指向，而尼尔·史密斯（Neil Smith）则将其衍生为辩证法的讨论。哈维认为不平衡发展理论涉及两部分：一是空间规模的生产；二是地理差异的生产。前者是指人们的行为方式将在何种程度上得到调控，主要依据技术创新和政治经济条件。比如城市这种特定模型，必定随着时间的变化而变化，并且其本身所承载的历史、文化和政治意义都隐含着不平衡地理发展理论。而后者是由空间规模的变化所带来的包括生活方式、生活标准、资源运用、与环境的关系以及文化和政治形式等在内的地理差异。② 在哈维看来，不平衡地理发展需将两者相结合起来参考，同时透漏出这一理论的特殊复杂性，因为这种不平衡本身就是矛盾的体现。史密斯则提出不平衡发展是资本主义地理学的标志，它不仅表现为资本主义本身发展的不平衡态势，而且还因为某些偶然和随机的因素，使得资本主义的地理学在发展过程中会出现不稳定和偏差。因此这种不平衡发展主要是结构性的，它所产生的范式也是资本主义所独有的。③ 无论是索亚还是哈维和史密斯，他们把自己的地理学知识与所处时代的资本主义的发展状态密切联系起来，并且不断地扩充不平衡发展辩证法的阐释力度和领域涵括。

　　如今资本主义的新发展模式是以数字、数据为主要特征，新一轮产业革命促进了生产力的发展，再加上了国家职能的加强，使得国内矛盾趋于平衡。但是在国际关系方面，国家之间的不平衡矛盾是通过

---

① 具体参见［美］爱德华·W. 索亚：《后现代地理学：重申批判社会理论中的空间》，王文斌译，北京：商务印书馆 2004 年版，第 162 页。

② 具体分析参见［美］大卫·哈维《希望的空间》，胡大平译，南京：南京大学出版社 2005 年版，第 70—89 页。

③ 具体参见 Neil Smith, *Uneven Development*：*Nature*，*Capital*，*and the Production of Space*, Athens and London：The University of Georgia Press, 2008, p. 4.

和平的方式加以解决的，而帝国主义的殖民扩张变成了文化和政治经济的隐形渗透。"这不仅是资本主义文明的全球传播过程，也是一个同质化与差异、不平衡发展并行不悖的矛盾过程，还是一个将资本主义内在矛盾与社会关系的内在对抗性投射到全球空间的世界历史进程，更是一个以不平衡地理发展方式来不断推进和实现扩大再生产的总体性过程。"① 这在某种程度上说明了列宁的帝国主义理论尤其是不平衡发展理论的合理性。而且不平衡发展不仅仅是资本主义不断生成发展的前提，也是其历史结果。

上述对于不平衡发展辩证法的相关探讨及其延伸，对于数字资本时代平台空间的提出具有重要的启示意义。就目前来看，数据的快速积累出现在生产之前，也就是通过大数据的算法分析来探索消费者的消费倾向和购物习惯，从而进行针对性的生产。或者说，在后现代的原始积累和生产社会化进程中，信息积累所发挥的作用，即"信息积累的革命因而需要在更大的生产社会化中向前跃进。这一增加了的社会化，随着社会空间与短暂性的削减，成为一个无疑用增加了的生产率使资本收益的过程，但也是一个超越资本时代朝向新的社会生产方式的过程"②。由是观之，在对数字资本时代的平台空间进行批判反思的过程中，需要顺承历史唯物主义视域下的不平衡发展这一辩证法。加之前述不同社会历史时期空间嬗变过程中产生的理论成果和逻辑思维，引领着继续探索平台空间的打造所依存的理论基础。

---

① 林密:《"中心—外围"的传播论还是不平衡发展的历史辩证法?——兼评哈维对〈共产党宣言〉的空间化阐释》，载《世界哲学》2019 年第 1 期。
② [美]麦克尔·哈特，[意]安东尼奥·奈格里:《帝国——全球化的政治秩序》，杨建国、范一亭译，南京:江苏人民出版社 2003 年版，第 242 页。

第二章

数字资本时代的平台空间理论

一切开端都在时间中，一切广延之物的边界都在空间中。但空间和时间都只存在于感官世界中。因而只有在世界中的现象是以有条件的方式受限制的，但世界本身却既不是有条件地、也不是以无条件的方式受限制的。

——康德：《纯粹理性批判》

时间和空间是框架，盛载着现实。离开时间和空间这两个条件，我们无法构想任何真实存在的东西。

——恩斯特·卡西尔：《人论》

针对数字资本时代所出现的平台空间这种新现象，在对它的理论合法化进行论证过程中需要借鉴以列斐伏尔、哈维、索亚、保罗·维利里奥（Paul Virilio）和贝尔纳·斯蒂格勒（Bernard Stiegler）等为代表的思想家们对于社会空间理论的核心论述以及速度与空间关系的探讨，这些都为平台空间的社会建构和流变改造提供了重要的理论支撑。最后针对平台空间的数字化重组，进一步深入思考平台空间重组的规则，平台空间与物理空间之间的关系以及平台空间的邻近化问题。

一、平台空间社会建构的理论来源

平台空间的社会建构主要是以列斐伏尔所提出的三元空间辩证法为中轴线，围绕这一中轴线所延展开的是哈维和索亚对于空间理论的三重性思考，分别是社会空间的哲学计划、空间性与第三空间。这些理论都试图在拨开以往哲学史对于空间讨论的迷雾之后，呈现出对于空间的独特阐释，成为探索平台空间本质属性的社会结构基础。

三元空间辩证法

前面分析过列斐伏尔所探讨的空间是社会空间，为了寻求空间生产理论的方法论问题，列斐伏尔在《空间的生产》一书中提出了著名的"三元空间辩证法"。具体地说，在分析资本主义的时候，列斐伏尔认为须从三个层面入手：一是以家庭为典型的生命的再生产，二是以工人阶级为典型的劳动力的再生产，三是社会关系生产的再生产。[①] 在对这三层事物秩序的分析过程中，空间尤其是社会空间的特殊作用凸

[①] 参见 Henri Lefebvre, *The Production of Space*, trans. Donald Nicholson-Smith, Oxford: Blackwell Ltd, 1991, p. 32.（中文版本参见 ［法］亨利·列斐伏尔《空间的生产》，刘怀玉等译，北京：商务印书馆 2021 年版，第 49 页。）

显出来。社会空间的内涵有三重辩证关系：第一，空间实践，也就是被感知的空间，它"作为社会空间性的物质形态的制造过程，因而既表现为人类活动、行为与经验的一种中介，也表现为其一种结果"①。索亚在后来的探索中梳理为传统空间思考二元模式中的"第一空间"，它是空间性的物质化表现形式，并且能够被经验直接所感知。第二，空间表象，即被概念化的空间。这是在任何一个社会（或许生产方式）中都占支配地位的空间。"② 它囊括了所有的知识权力，是由观念所构成的空间。索亚指出，这种认知空间与空间思考二元模式的"第二空间"恰巧符合，都是空间性在精神或者上层建筑层面的表征。第三，表征性空间，换言之，直接经历的（或活生生的）空间。在列斐伏尔看来，表征性空间不需要遵循一致性或者连贯性，这不同于空间表象。表征性空间是鲜活的，它有一个"情感的内核或中心：自我、床、卧室、居所；或者广场、教堂、墓地"③。这些都包含着激情、行动或鲜活的场景，同时暗示着时间，之所以会出现这些情态，是因为这种空间"从根本上是质的、流动的与充满活力的"④。可以说，这三重关系由于生产模式和所处的历史时期不同，呈现出各自的性质和属性。再者，空间的生产除了上述三重辩证关系之外，还存在着历史的维度。此时，绝对空间作为表征性空间的基础和历史空间的基石而出现，从前者的角度来看，这种绝对空间是鲜活的，包含着宗教的、魔法的以及政治的象征意义；从后者来说，绝对空间的历史性是对每个时代不同制度的回应。显然，资本主义制度同样产生了绝对空间，这个空间

---

① 刘怀玉：《现代性的平庸与神奇：列斐伏尔日常生活批判哲学的文本学解读》，北京：北京师范大学出版社 2018 年版，第 457 页。

② Henri Lefebvre, *The Production of Space*, trans. Donald Nicholson-Smith, Oxford：Blackwell Ltd, 1991, pp. 38 - 39. （中文版本参见 ［法］ 亨利·列斐伏尔《空间的生产》，刘怀玉等译，北京：商务印书馆 2021 年版，第 59 页。）

③ 同上书，第 42 页。（中文版参见上书，第 64 页）

④ 同上。（中文版同上。）

不仅包含"商品世界"以及它的逻辑和全球策略，还包含货币的权力以及政治国家的权力。这三重关系之中的每一重都具备意识形态性，它们在任何时间和地点都是相互关联或者互为矛盾运动，并且在实践中得以呈现。列斐伏尔认为空间是具备社会性的，它不仅与内含性别、年龄和特定家庭组织的生理关系的再生产相关，而且与劳动及其组织分工之间的生产关系相关。这种社会空间的空间属性不同于笛卡尔、康德以及黑格尔等哲学家们对于空间的论述，它的特殊性在于：一方面不再与由哲学家和数学家所定义的精神空间难以区分；另一方面也不再与由实践感官活动和"自然"感知所定义的物理空间难以区分。列斐伏尔试图阐述这种社会空间既不是由物的集合或（感性）数据的积累所构成，也不是由像塞满东西的袋子那样的包装物所构成；它也不能被还原为一种强加在现象、事物、物质实体之上的"形式"。[①]

从思想史的角度来看，理解空间概念的前提是厘清西方哲学史上包括笛卡尔、康德和黑格尔在内的哲学家们形成的对于空间概念的认知。笛卡尔认为空间即内在的场所，它与物质实体的差异在于人们对它们所设想的情状。由长、宽、高所构成的广袤一方面构成空间，另一方面构成物体。空间把广袤视为一个整体，如果一个物体从空间中被移除，并不意味着广袤也跟着被移除。因为"同一广袤不但构成物体的本性，也构成空间的本性，而且这两种事物，只有在物类和物种的本性与个体的本性发生差异时，才互有不同"。[②] 只要空间的其他物体能进行填充并保持原形，那么广袤将保持固体的体积和外形。由此可见，在笛卡尔那里，空间是按照物理学意义上的由长、宽、高所规

---

① Henry Lefebre, *The Production of Space*, trans. Donald Nicholson-Smith, Oxoford: Blackwell Ltd, 1991, p. 27. （中文版本参见［法］亨利·列斐伏尔《空间的生产》，刘怀玉等译，北京：商务印书馆 2021 年版，第 42 页。）

② ［法］笛卡尔：《哲学原理》，关文运译，北京：商务印书馆 1958 年版，第 89 页。

定的体积或行相。按照黑格尔的说法，笛卡尔是从机械论的角度来考察广袤、物体、空间、运动乃至整个宇宙的。

康德指出空间是作为感性直观的形式之一，并且给予了以下几点形而上学的解释。首先，空间不是从外在经验抽引出来的经验概念。因为当人们开始感觉到自己与外在于自身的东西产生关联的时候，这是预先假定在一个空间里面。也就是说，空间作为一种表征并不是从外在的经验中产生的，而是相反，是先有了关于空间的直观，那种外在的经验才是可能的。其次，空间是一个必然的观念，它是一切外部直观之基础。作为先天的空间是普遍的和必然的，但是不能推论说它原先就存在于此。空间是外在的基础，同时是外在的共相。正如黑格尔所举"吃东西"这一例子，它的前提条件是有口和齿的配合。但是被吃的东西本身是没有口和齿的，口和齿相对于食物来说只是外在条件。那么空间相对于事物来说的关系就如同被吃的食物与口齿之间的关系一样。被吃的食物被放入口齿之中，与此类似，事物被放进空间之中。① 再次，空间不是关于一般事物的关系推论的概念，而是一种纯直观。人们所谈论的各种各样的空间，也只是空间这一抽象物的具体表现。"空间本质上是唯一的，其中的杂多、因而就连一般诸多空间的普遍概念，都只是基于对它的限制。"② 康德认为所有关于空间的概念是一种先天直观，而非经验性的直观。最后，空间是一个无限的量，而非概念。虽然每一个概念可被设想为许多表象，但是并不包含一个无限量的观念，因此空间是一个直观。③

从黑格尔的视角来看，空间并非康德意义上的感性直观形式。黑格尔认为康德的空间观念是属于主观唯心论的，只看到空间的主观性，

---

① 具体参见 ［德］黑格尔《哲学史讲演录》第4卷，贺麟，王太庆等译，北京：商务印书馆1978年版，第294页。
② ［德］康德：《纯粹理性批判》，邓晓芒译，北京：人民出版社2004年版，第29页。
③ 上述内容详细参见上书，第28—30页。（相关词汇的翻译有变动）

而没有看到空间的客观性。黑格尔指出:"空间是已外存在,因此,空间构成完全观念的、相互并列的东西;这种相互外在的东西还是完全抽象的,内部没有任何确定的差别,因此空间就是完全连续的。"[1] 这体现出空间的两重属性:第一种属性是空间的外在性。假设人们设立一个点,就会认为空间被割断了。但事实并非如此,因为点存在的意义就在于它存在于空间之中,又不存在于空间之中,不仅外在于他物,而且外在于自身。此处在其自身之中有上下左右的关系,如果仅从抽象的角度来看,它只是一个点,但是从思辨的角度来看,此处存在于自身之内同时又存在于自身之外,它不是终极的东西。而此处的位置会随着参照系的变化而变化,并没有固定的位置。第二种属性即空间是间断性和连续性这两个环节的统一。不同的空间点相互外在,但是通过一种否定性关联将彼此相互联系起来,这是连续性的表现。同时也要看到,不同的空间点在量上存在着差异和不同,这是空间的间断性。最后,黑格尔说:"空间是一种秩序,因为它当然是一种外在的规定性;但是,它却不仅是一种外在规定性,而是外在性自身。"[2] 在黑格尔看来,虽然把空间理解为外在的秩序,但是不能只把这一观念性当作是空间的唯一属性。真正把握空间的本质是要在实体与属性的统一性之中,精神与实存的统一性之中。这种空间观既拥有朴素性的意识,又在某种程度上有了生存论的意义。

从上述分析中可以看出,笛卡尔、康德和黑格尔等人是把"空间当作一个不同于主体即精神实体的客观的同质延伸(物质实体),或者把空间当作人类活动在其中展开的一个空洞的容器"[3]。而列斐伏尔所提出的社会空间不是指人们在其中进行活动的物理场所,而是暗含着

---

[1] [德]黑格尔:《自然哲学》,梁志学、薛华、钱广华等译,北京:商务印书馆1986年版,第39—40页。

[2] 同上书,第42页。

[3] 刘怀玉:《社会主义如何让人栖居于现代都市?——列斐伏尔〈都市革命〉一书再读》,载《马克思主义与现实》2017年第1期。

社会关系，进而空间概念的本质在于"社会关系的生产和再生产"①。这里的社会空间并非其他事物当中的一种事物，也不是其他商品当中的一件商品，而是将这些被生产出来的事物，以及这些事物之间的共存性和同时性，即它们在相对意义上的秩序和失序，全部收入囊中。从这个意义上看，空间是一个序列和一套操作的结果，是无法被还原为一个简单的对象。这里颇有黑格尔的意味。目前的事实是空间的自然特征在逐渐消逝，进而演化为一种从属性特征，相反，空间的社会特征得以突显并且占统治地位。因为社会关系的深层分析是复杂的和矛盾的，所以上述可辨识性被遮蔽了。可见空间不是常人所理解的物质实体，也不是上层建筑的前提条件和结果。空间是一种社会关系，这种关系不仅内在于财产关系，而且与生产力紧密相关。这是社会空间的多面性形象。所以"列斐伏尔的关系性社会空间概念，正是马克思社会存在的深刻重构。这是列斐伏尔空间概念与过往所有空间概念的根本异质性"②。但在进行对比的过程中需要注意的是，列斐伏尔的"三元空间辩论法"并不是直接来自马克思的空间观，而是针对资本主义的新变化而进行的分析，由此这个时期列斐伏尔的方法论和政治立场是马克思主义的。

通过借鉴列斐伏尔打破二元对立所构建的"三元空间辩证法"，可以发现平台空间的空间本质是由一种空间性所决定的。随着技术的发展，平台空间不断被同化，最终朝向盈利。"同是一个抽象空间，它既要带来收益，又要根据等级进行安排，在不同的位置分配不同的地位；

---

① Henri Lefebvre, *The Production of Space*, trans. Donald Nicholson-Smith, Oxford: Blackwell Ltd, 1991, p. 32. （中文版本参见 [法] 亨利·列斐伏尔《空间的生产》，刘怀玉等译，北京：商务印书馆 2021 年版，第 50 页。）
② 张一兵：《社会空间的关系性与历史性——列斐伏尔〈空间的生产〉解读》，载《山东社会科学》2019 年第 10 期。

制定规则对其中一些人进行排斥，对另外一些人加以团结。"①

社会空间的哲学计划

"每种形式的社会行为都会定义自己的空间；没有任何证据说明这样的空间是欧几里得式的，或者它们彼此间接地相似。基于这一点，我们拥有地理学家的社会经济空间概念，心理学家或人类学的'个人空间'概念，等等。因此，如果我们一定要理解城市之空间形式的话，首要的需求便是阐明一种关于社会空间的哲学。我们只能通过某种社会行为理解社会空间，就此而言，我们非得尝试把社会学的和地理学的想象力整合起来。"② 在哈维看来，理解城市这一空间形式的前提是社会空间的哲学，由此他的做法是经由某种社会行为来理解社会空间，尝试着将社会学想象力和地理学想象力结合起来。在论述哈维的社会空间哲学计划之前，需对社会空间理论形成较为明确的认知。第一个方面是由社会空间所产生的社会构造物是通过空间的形塑，在社会生活实践中不断地完善和发挥根基性作用。第二个方面在于空间概念还是会借助文化、比喻和知识的功效。第三个方面，空间的构造物会提供一般化的制度规则，不会有主观意志的投射。第四个方面是在社会再生产过程中对空间进行社会学意义的阐释。③ 可以说，上述四方面暗示了空间不仅来自社会世界的实践，而且为这些实践规范提供相应的调节模式。哈维在《社会正义与城市》一书中提出了社会空间哲学计划这一设想，虽然这一设想并没有实现，

---

① Henri Lefebvre, *The Production of Space*, trans. Donald Nicholson-Smith, Oxford: Blackwell Ltd, 1991, p. 288. (中文版本参见 [法] 亨利·列斐伏尔《空间的生产》，刘怀玉等译，北京：商务印书馆 2021 年版，第 425—426 页。)

② David Harvey, *Social Justice and the City*, Athens: The University of Georgia Press, 2009, p. 30.

③ 参见 [美] 戴维·哈维《正义、自然和差异地理学》，胡大平译，上海：上海人民出版社 2015 年版，第 238—241 页。

但是他在此过程中形成了自己对于空间的独特理解。那么在哈维的研究中对于空间的理解是什么？这与西方哲学史上所关注的空间概念有什么区别？哈维意义上的空间概念与列斐伏尔的空间概念之间的关系是什么？

哈维从以下三个方面来论述空间：首先，绝对空间与牛顿、笛卡尔和康德等阐释的空间理论密切相关，即空间是一种对国家边界、土地区域以及工厂物理格局等内容形成的地理学意义上的界定。这个空间主要论述事物的性质、相关事件和过程。其次，相对空间是指空间被视为物体之间的关系，这种关系之所以出现是因为物体之间存在并且相互关联。具体看来，它描述的是交通运输不仅促使物理距离与其他时间成本领域内的事物发生关系，而且导致信息、资本、人口、商品等一系列事物之间的流通。最后，哈维分析了另外一种相对意义上的空间观即关系性空间，它主要涉及莱布尼茨的空间观。在西方哲学史中，莱布尼茨意义上的空间观不同于前面笛卡尔所论述的形体，更不同于牛顿所说的形体的先决条件，而是一种实体力的产物，一种共存的秩序，一种精神存在。空间是"事物的存在的一种秩序，表现在它们的同时性中"[1]。而且莱布尼茨不承认在物质宇宙之外存在的虚空，他认为这是一种无用功，是一种做了之后却无人察觉有所变化的活动。哈维认为莱布尼茨的空间是关系性空间[2]，并指出这种空间是被包含于物体之中。从某种意义上来说，一个物体存在的条件是它能够内在于自身之中，并且表现出与其他物体之间的关联。[3]

不仅如此，哈维还着重分析了怀特海的时空相关性理论。主要包括以下三个方面的论证：一是时间与空间的差别主要发生在由各种成

---

[1] 《莱布尼茨与克拉克论战书信集》，陈修斋译，北京：商务印书馆1996年版，第62页。
[2] 其余两个是绝对空间和相对空间。
[3] 参见 David Harvey, *Social Justice and the City*, Athens：The University of Georgia Press, 2009, p. 13。

分所组成的有机体这一过程之中，也就是说，这种有机体的分离是过程的产物，它潜藏在社会理论本身当中。二是包含着时间与空间的多样性过程出现了真正的差异。这时通过协同的方式，即多种过程共同建构一致的、连贯的然而多面的时空体系的方式，观察和反思各种各样的时空在经验世界中发挥的作用。有机体的"永恒性"如何实现，以及空间性对于有机体存在期间的"永恒性"范围是如何至关重要的，这些问题体现出哈维的"时空压缩"理论。[①]哈维对于空间的三重意义思考一方面顺延了列斐伏尔的"三元空间辩证法"，另一方面试图维持这三元空间的辩证张力。哈维认为列斐伏尔借鉴了卡西尔[②]的思想从而构建了独特的"三元空间辩证法"，并将绝对空间、相对空间和关系性空间与列斐伏尔所提出来的物质性的空间实践（被感知空间）、空间的表象化（认知性空间）、再现性空间（亲历性空间）进行了矩阵式的展现和对比。（详见图2）

其实哈维对于空间本质的探索主要建立在他早期构造空间形式的地理学话语基础之上。在哈维看来，区位论的提出成为空间研究转向社会学视野的风向标，尤其是在转向社会空间所对应的城市这一形态的研究时发挥了重要导向作用。哈维丰富的地理学知识促使他所认知的空间概念是建立在普遍性经验之上的，由于这种经验是错综复杂，所以才会提出可以使用多种方式来理解"空间"一词，"空间概念本身

---

① 具体分析参见［美］戴维·哈维《正义、自然和差异地理学》，胡大平译，上海：上海人民出版社2015年版，第291—297页。

② 哈维在《社会正义与城市》一书中分析了卡西尔对于空间体验的三个基本概念：一是有机空间，比如动物本能的空间定位和迁徙、本能的领土意识等等，它是由生物学所决定的。二是感知空间，涉及各种感官（包括视觉、听觉、触觉和动觉）的综合体验。这种综合构成了空间体验，其中诸多感官的迹象将得以彰显。三是象征空间，这种空间体验是抽象的，主要是通过表征空间维度的符号来间接感知空间。(具体参见 David Harvey, *Social Justice and the City*, Athens：The University of Georgia Press, 2009, p. 28 的相关论述。)

就是多维的。"① 一旦人们发现了空间是什么，并且发现了描述空间的方法，那么可以将人类的社会行为融入空间概念，进而分析城市现象。哈维强调空间从本质角度来看并非绝对的、相对的或者关系性的，并且空间也无法根据不同情况被称为"一"或者"全部"。从而关于空间本质这一哲学问题没有哲学答案，人类实践就是答案。换言之，"什么是空间"这一问题被另一个问题所取代，即纷繁复杂的人类实践如何对独特的空间概念进行创新和运用。②

　　需要注意的是，在理解哈维所谈论的空间问题时，社会建构论似乎突破了物质运动的时间，但是关键问题在于如何建构，抑或从何种维度来理解社会建构论。如果是在过程唯物主义的层面上，那么只能是历史地理唯物主义的建构。而如果是基于历史唯物主义，那么它的社会建构就是社会历史性的，因为历史唯物主义的社会建构里有本质与过程两个不同层面。在社会建构与主体行动之间，首先要做的不是简单地站在哪一边，不管是把主体归约为结构，还是从主体推论出结构，其实都不是解决主体与结构关系问题的最佳办法。解决这个问题的最佳办法就是把主体与结构放回到产生它们的社会历史过程中间。"凡是把理论引向神秘主义的神秘东西，都能在人的实践中以及对这种实践的理解中得到合理的解决。"③ 如果进行追溯的话，那么这个社会建构就会跃出过程唯物主义的层面，从而进入更加深刻的历史唯物主义的层面。这也从另一维度解释了对于平台空间的理解是需要基于历史唯物主义的讨论视域，追溯平台空间生成的历史发展条件。

----

① [英] 大卫·哈维：《地理学中的解释》，高泳源等译，北京：商务印书馆 1996 年版，第275 页。

② 参见 David Harvey, *Spaces of Global Capitalism*：*A Theory of Uneven Geographical Development*, London：Verso, 2006, p. 97 里相关论述；也可参见 David Harvey, *Social Justice and the City*, Athens：The University of Georgia Press, 2009, pp. 13 - 14.

③《马克思恩格斯文集》第 1 卷，北京：人民出版社 2009 年版，第 501 页。

	物质空间（被感知空间）	空间的表象化（认知性空间）	再现性空间（亲历性空间）
绝对空间	墙、桥梁、门、台阶、地板、天花板、街道、建筑、城市、山脉、陆地、水域、领地标志牌、物理边界和屏障、门控社区……	土地勘测与管理地图；欧几里得几何学；景观描述；禁闭和开放空间、位置、布局、定位等的隐喻（支配和控制起来相对容易）——牛顿和笛卡尔	围坐在壁炉旁的满足感；封闭场所内的安全感或禁闭感；从所有权、对空间的支配权和主宰权中而获得的权力感；对他人"预谋不轨"的担忧
相对空间	能源、水、空气、商品、人员、信息、货币、资本的循环与流动；距离摩擦的加速或减速……	主题性或拓扑地图（如伦敦地铁系统）；非欧几何学和拓扑学；透视画；定位知识、运动、流动、转移、加速和时空压缩与分延等的隐喻（支配和控制起来相对较难，需要专业精良的技术）——爱因斯坦和黎曼	担心不能按时上课；害怕进入陌生环境；堵车时的沮丧；时空压缩、速度或运动带来的紧张感或亢奋感
关系性空间	电磁场及其能量流动；社会关系；具备潜在出租和经济价值的地面；污染聚集；潜在能源；随风飘来的声音、气味和感觉	超现实主义；存在主义；心理地理学；赛博空间；力量和权力内化的隐喻（极难支配和控制——混沌理论、辩证法、内部关系、量子数学）——莱布尼茨、怀特海、德勒兹、本雅明	想象、好奇、欲望、沮丧、记忆、做梦、幻觉、心理状态（如野外或广场畏惧症，眩晕，幽闭恐惧症）

图2　哈维所提出的空间性的一般矩阵①

空间性与第三空间

索亚之所以提出空间性的问题，是因为他发现在西方马克思主义和批判理论的论述中，空间性长期处于淹没状态。再者基于自己地理

---

① 参见 David Harvey, *Spaces of Global Capitalism：A Theory of Uneven Geographical Development*, London：Verso, 2006, p. 104。这里的翻译也参考了大卫·哈维《作为关键词的空间》，付清松译，胡大平校，载《文化研究》2010年第10期。翻译有略微改动。

学的出身，他看到现代地理学一直局限在传统历史地理学的界定之内，如果要使这一学科能够顺应他所生活时代的资本主义发展现状，就需要如凤凰涅槃般"重生构造"。那索亚本人是如何看待空间问题的呢？他强调 20 世纪 80 年代初许多马克思主义者对于这一问题的反映类似于列斐伏尔对于城市空间因果关系的回应，即城市地理学如何影响了资本主义和阶级斗争的发展（包括空间修复）。① "空间问题"被普遍接受，但是还没有涉及空间塑造了社会阶层、空间关系与社会关系同等重要等问题。尽管许多地理学家和城市学家，而不仅仅是左派学者，接受了社会空间辩证法的某些版本，但时至今日，更普遍的探讨方式是研究社会过程如何塑造空间形式，而不是研究诸如城市化这种空间过程如何影响社会形式和关系。② 什么是空间性？为了与"空间"这一概念相区分，索亚主要是从空间组织这一角度来切入，提出"空间性"是以社会为基础的社会组织和生产人造的空间。具言之，索亚认为对于空间性的理解存在着两种错位：一种是使空间物化的模糊的幻想，另一种是作为思维表征的透明的幻想。索亚强调上述两方面遮蔽了地理建构背后的权力操作和空间作为掩盖社会行为的工具性特征，为了挣脱这双重枷锁，需要构建一种空间本体论。为此索亚总结出八点前提，它们是对空间性所进行的唯物主义阐释。一是空间性本身作为社会产物，是第二自然的一部分。这是顺延着列斐伏尔的观点，自然就引出第二点即从辩证法的视角来看，空间性一方面是社会行为和社会关系的手段和结果，另一方面是社会行为和社会关系的预先假定和具体化。第三点即这种社会行为和社会关系主要是由空间—时间所构建起来的，而且这种构建（即第四点）本身就是一个充满矛盾和斗争的

---

① 索亚和列斐伏尔都被称为空间崇拜者。（具体参见［美］爱德华·W. 苏贾《我的洛杉矶：从都市重组到区域城市化》，强乃社译，上海：上海人民出版社 2021 年版，第181 页。）

② 参见［美］爱德华·W. 苏贾《我的洛杉矶：从都市重组到区域城市化》，强乃社译，上海：上海人民出版社 2021 年版，第181—182 页。

过程。第五点即为引起上述矛盾的原因是空间生产的二重性，这与社会活动密切相连。第六点即空间性具体表现为社会生产和社会再生产进行斗争的场所，在这种场所里面包含着持续巩固和不断革新的社会实践。那么日常生活所涉及的时间和空间问题，涵盖了第七点所说的空间性根植于时间性还是时间性根植于空间性，以及第八点对历史和地理的唯物主义阐释不涉及先后性问题。① 在索亚看来，空间偶然性与社会关系之间紧密相连，一方面社会关系受到空间偶然性的影响而作出相应的转变，另一方面空间性自身就是作为一种社会产物而存在的，它是不断变化的并且不具有确定性。所以，索亚对空间性所作出的唯物主义阐释并没有完结，他更多地把探讨的理论视角聚焦在社会学之上，在这里他只想抛砖引玉，让后人进一步探索这一概念对于整个社会批判理论的实践价值所在。

在对空间性进行分析的过程中，索亚引用了哈维对于空间问题域的论述，即资本的扩充性展现是参照自身形象所创造的物质景观。这种景观成为使用价值增加资本的积累，而传统资本主义发展的至高荣耀时刻也就是地理景观的极盛发展。但在这一过程中活劳动被死劳动统领，并且把积累过程放置在一套具体的自然约束机制之下。资本主义的发展不仅保持原有资本投资在建筑环境中的交换价值，而且通过破坏上述投资的价值，为积累开辟新的空间。这必然不是一条容易走的康庄大道，因此在资本主义制度下存在着一种永久性斗争。在这种斗争中，资本打造了某一时期内适合自身条件的物质景观，结果却在随后的某个时间点，一般是危机发生的时刻来将其摧毁。②

在索亚看来，空间性的唯物主义解释主要有三个发展阶段。首先

① 详细参见［美］爱德华·W·苏贾（即索亚）《后现代地理学——重申批判社会理论中的空间》，王文斌译，商务印书馆2004年版，第196—197页。或者参见［英］格利高里·厄里编《社会关系与空间结构》，北京师范大学出版社2011年版，第100页。
② 参见 David Harvey, The Urban Process under Capitalism, *International Journal of Urban and Regional Research*, vol. 2, no. 1 (Mar 1978), pp. 101–131.

是先导阶段，即法国马克思主义传统中对于空间性的阐释。这一阶段主要是以列斐伏尔的空间理论为例，指出列斐伏尔对空间性进行唯物主义阐释的目的在于揭露意识和社会生活中的社会矛盾。最终结论是引用了列斐伏尔在《资本主义的剩余》一书里的论证：辩证法重新被纳入议事日程。但是这个辩证法不再是马克思意义上的辩证法，如同马克思意义上的辩证法不再是黑格尔意义上的辩证法。因为辩证法不再依附于时间性，所以历史唯物主义的辩驳或者黑格尔哲学的历史性反驳，不再具备辩证法的批判功能。为了认识空间，进而意识到在空间里发生了什么或者它有什么用，必须要重新提出辩证法，并通过这一分析来揭示空间本身的悖论所在。[1] 其次是矛盾态度，即马克思主义地理学中的空间性。索亚认为，对于空间的唯物主义解释在 20 世纪 70 年代没有得到应有的重视，从而它一直在空间和阶级之间斡旋。最后是融合阶段，即社会实践与批判社会理论。这是空间性理论的重构阶段，它的前提是社会关系表现为空间性，并且社会再生产的场所成为社会空间。这种重构是在社会实践的过程对于空间性进行更加本质性的研究和探索其政治性倾向[2]。

20 世纪 60 年代西方世界出现了严重的城市危机，索亚试图提出"第三空间"来描述一种新的空间意识，从而形成了一种新的思考空间的模式。在索亚看来，这种第三空间既是想象的又是真实的，并且理解第三空间需具备三元辩证法的思维。索亚眼中的第一空间对应的是列斐伏尔的物质性的空间实践，第二空间对应的是空间的表象化，而第三空间则接近于再现性空间。从认识论的角度来看，第一空间侧重于空间事物的物质形式。第二空间所涵盖的领域是建筑师和艺术家进

---

[1] Henry Lefebvre, *The Survival of Capitalism*：*Reproduction of the Relations of Production*, trans. Frank Bryant, New York：St. Martin's Press, 1976, p. 17.

[2] 具体参见 [英] 格利高里，厄里《社会关系与空间结构》，谢礼圣、吕增奎等译，北京：北京师范大学出版社 2011 年版，第 109—128 页。

行创造之处，这里面充斥着空间想象和思维的碰撞。具体而言，索亚对社会历史决定论的批判是通过他所提出的第三空间来进行的，它代表了看待空间的三种不同方式，首先是经验定义的感知空间，强调"空间中的事物"；其次是构思空间或空间表象，它强调对空间、意识形态和意象的思考；第三是最非传统的，最具创造性的生活空间概念，它结合了前面两种空间，但包含了更多从未完全可知的东西。同时借助于福柯的异质拓扑学（heteropology）这一概念，促使第三空间不仅成为了索亚批判人文地理学的核心，而且成为了他对洛杉矶进行研究的主要基点。索亚认为第三空间的视角是批判"作为正在进行的他者之正在进行的第三者"（thirding as othering），它拒绝二元思维的非比即彼的逻辑，在这种思维中，一个人被迫在两个相反的极端之间做出选择，就好像它们是唯一可能一样。① 这些二元对立体现为主体与客体、身体与心灵、男性和女性、核心和边缘、城市和乡村等，而索亚想做的事情就是打破这种二分法，试图寻找第三种可能性，即一个"他者"。第三空间并不是一种特殊的空间，而是一种以最大的广度和范围，观察人们选择任何空间的方式。由此，所有的空间都可以被看作是第三空间。索亚所著的《后大都市：对城市和地区的批判性研究》一书的副标题是洛杉矶之旅和其他真实和想象中的地方，涵盖了他的第三空间理论。后大都市是围绕第一空间、第二空间和第三空间这三位一体的观点展开的。索亚试图将传统地理分析的核心方法推向一个新的高度，进而着重探讨城市和城市群的起源。自农业革命全面兴起以后，这一讨论为人类社会历史上的每一个重大发展作出了贡献。受列斐伏尔思想的启发，索亚晚期研究空间的落脚点放在了城市和区域

---

① 参见 Edward W. Soja, *My Los Angeles：From Urban Restructuring to Regional Urbanization*, California：University of California Press, 2014, p.321.（中文版参见 [美] 爱德华·W. 苏贾《我的洛杉矶：从都市重组到区域城市化》，强乃社译，上海：上海人民出版社 2021 年版，第 185—186 页。）

的社会化等问题上。

　　综上，列斐伏尔所提出的三元空间辩证法主要源自他本人对于辩证唯物主义的相关理解。列斐伏尔在《辩证唯物主义》一书中坚持对资本主义、资产阶级社会以及不同左派的集权传统当中的生产主义进行批判，这种批判主要基于他研究国家、城市化和空间的方法论。与《资本论》中对于商品的批判相类似，《空间的生产》一书倾向于将空间视为实物对象这一物化概念进行批判，并且该书最后探讨了国家、资本、理想主义知识等如何生产出空间的抽象形式这一问题，从而将其应用范围扩散到地理文化领域。上述空间理论关涉了两个关键点：一是社会实践的物质性，二是人类身体的中心地位。① 前者的重要性从列斐伏尔、哈维和索亚对城市问题的研究可窥见一斑。并且索亚评价列斐伏尔是从辩证法角度探求思维与存在、意识与物质生活、上层建筑与经济基础、客观性与主观性这些矛盾的结合点的第一人，进而将这种辩证逻辑运用于对存在主义现象学和结构主义的批判性讨论之中。②

　　无论哈维还是索亚，他们对于各自空间理论的分析主要是基于列斐伏尔的三元空间辩证法（见图3），但需注意的是以哈维和索亚为代表所构建起来的马克思主义地理学主要是依据结构主义来创建自己的理论框架和认识逻辑，这并不意味着马克思主义地理学是结构主义的，更不是只顾结构而忽视主体。再者，哈维和索亚二人的地理学根基促使二人能够将自己的理论关涉点所对应的现实空间形式放在城市的研究之中，这些都为数字资本时代重新理解"平台空间"概念提供了社会学维度的启发。随着网络通讯技术的加速发展，尤其是互联网信息的相互流通和广泛链接，空间呈现液态化和多元化结构，这是下一节将要讨论的内容。

―――――――――

① 关于空间与身体的关系将在本章第三节论述，本节不再论述。
② 参见［美］爱德华·W. 苏贾（即索亚）《后现代地理学——重申批判社会理论中的空间》，王文斌译，商务印书馆2004年版，第75页。

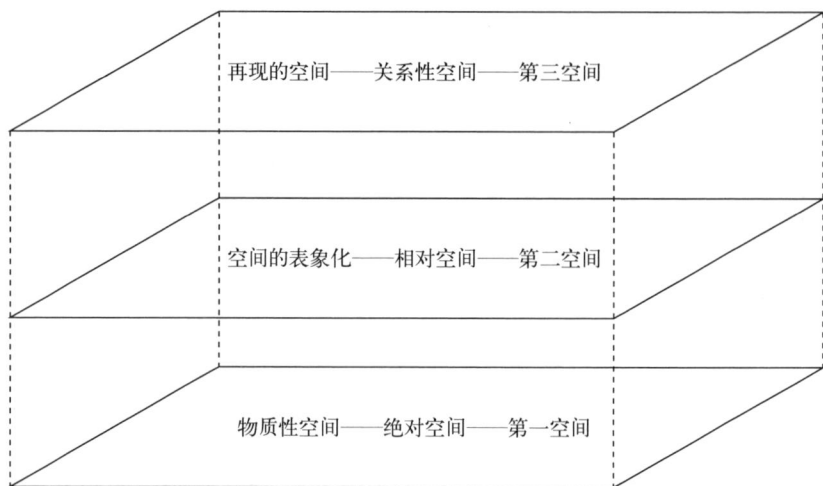

图 3　列斐伏尔—哈维—索亚的空间三重性理论对照图①

二、平台空间的流变改造

在全球化加速的笼罩下，空间和时间无所遁形于天地之间。传统意义上的以地域性为构造特征的国家，或者包含诸如学校、医院等在内的既定组织形式，二者无论作为功能作用发挥的领域还是作为行为发生的场所，在进入到网络信息社会之后，都在某种程度上通过网络和通讯传输悄然经历着流变改造。本节力图解决的基本问题是以卡斯特、维利里奥和斯蒂格勒为代表的思想家们在面对信息飞速发展和速度所产生的光怪陆离之境中如何思考空间的流动转化这一问题。上述思想家们对于空间新变化形式的分析成为平台空间探索速度与空间关系的理论前提。

---

① 本图主要是将列斐伏尔、哈维以及索亚三人对于空间三重维度的各自理解进行对照，这只是笔者一点粗略见解，可能带有空间想象的色彩，以期与之探讨并不断完善。

信息流动空间

随着数字技术的不断发展，空间的形式从网络空间演化为平台空间。前者所形成的界面主要是由计算机所打造的巨型网络系统，后者则基于各种巨型平台，形成了人与软件、人与数据、软件与软件、数据与数据之间交互作用，并且与物理世界相对应的拓扑结构。探讨平台空间的流变改造，前提之一是信息流动空间的基础结构和独特实质。

卡斯特撰写《网络社会的崛起》一书的时代背景是发达资本主义社会的发展模式经历了以工业为主导转变成以信息为主导，主要表现为当代世界进入信息、资本与文化交流之间的交换与流动，这种交换与流动所具备的条件和秩序既表现为生产过程，又表现为消费过程。卡斯特首先分析了新工业空间主要是由创造性生产和全球性网络组合而成的，不能简单地将其理解为信息自动化和一般制造业之间的对立以及陈旧都市空间和新兴科技区域之间的分离。这种空间主要是随着信息的流动而建构起来的，并且根据信息流动的多重性和创造的价值性形成了区域化的集中或者分散。它的空间逻辑形成了全球性的产业网络，转变了工业区位的传统认知。同时信息的快速流动改变了人们的工作方式、消费方式乃至教育方式，从而产生新的交往关系和社会效应。随着弹性时间模式的场景化实现，人们可以随时随地处理工作，在此过程中满足物质和精神方面的需求。这种交往模式打破了地方行为的交互式所带来的固定空间模式，从而倾向于一种没有地理空间障碍所限制的，在虚拟世界里更具互动性的交流。

跟随列斐伏尔的步伐，卡斯特探索的是空间的社会表现形式。基于社会学的视角，他提出空间的本质特征是"共享时间之社会实践的物质支持"①。这个空间将所有同一时间内出现的实践汇集在一起，产

---

① [美] 曼纽尔·卡斯特：《网络社会的崛起》，夏铸九、王志宏译，北京：社会科学文献出版社 2001 年版，第 505 页。

生的物质接合彰显了社会学的意义。信息、资本、技术、组织和影像等要素之间的交换和流动，支配了社会生活的经济、政治和文化过程。上述流动的基础受到社会过程的物质支持，促成各要素形成一个整体。在卡斯特那里，"流动空间乃是通过流动而运作的共享时间之社会实践的物质组织"①。作为物质生产三种条件之一的技术，它所推动的空间的重新构型本质上是资本内在矛盾运动的布展。而网络通讯技术在资本的操控下呈现出流动化的空间布展，这种流动空间分为三个层次：第一个层次是由电子交换的回路所构成的物质基础，主要包括电子通讯系统、电脑处理系统等在内的信息技术。这种基础设施建设构建了新的空间，它是由权力的流动交换所规定的。第二种层次是由节点（node）与核心（hub）所构成。对应于现实城市空间里诸如金融中心、文化中心等区域性地方划分，在网络社会中出现了以节点为中介搭建起来的功能区位。根据不同网络活动的变化，尤其在财富生产、信息处理乃至权力制造的层级里面，赋予每个地方以特定角色和权力，产生了不同的地域类型。第三种层次是占支配地位的管理精英的空间组织。②

在卡斯特看来，空间是一种物质产品，它能与其他物质元素相互关联。在这些其他元素之中，参与社会关系的人们给予空间一种形式、功能以及社会意义。因此，空间不仅仅是社会结构布局的场合，更多的是具体展现完整历史进程中每个带有鲜明特点的社会。那么跟认识其他对象的方式一样，问题的关键在于确立管理空间的存在和变化的结构性规则，以及明确空间与历史现实中其他元素相关联的特殊性。这意味着空间理论是一般社会理论的一部分。③ 卡斯特主要是结合结构

---

① [美] 曼纽尔·卡斯特：《网络社会的崛起》，夏铸九、王志宏译，北京：社会科学文献出版社 2001 年版，第 505 页。
② 详细参见上书，第 506—509 页。第三层次将在第四章中进行阐述，这里不再赘述。
③ 参见 Manuel Castells, *The Urban Question：A Marxist Approach*, trans. Alan Sheridan, London：Edward Arnold Ltd, 1977, p. 115.

主义的相关理论来理解空间概念，他眼中的空间是整个历史发展过程中人类实践活动凝固化的物质结果。这时对于流动空间的认知还未渗透到整个人类经验领域之中，具体表现为生活在传统社会里的人们凭借经验感知自己居住在地方之中，所以地方成为人们认知空间最直观的对象。"地方乃是一个其形式、功能与意义都自我包容于物理邻近性之界限内的地域。"① 对于地方的本领域式阐释以及它在全球扩张过程中所占据的地位，都会牵扯将地方空间与流动空间进行对照比较问题。卡斯特强调人们仍然生活在地方当中，但是流动空间里面滋生的权力逻辑和对应的社会功效的发挥，将地方本身所具有的动力和价值连根拔起。而那些与地点有关的经验就从权力抽离出来，它的意义也逐渐与知识相分离。在两种空间逻辑之间存在着一种结构性分裂，这种分裂有可能破坏社会中的沟通渠道。当前主导趋势是走向一个网络化的、非历史的流动空间，旨在将其逻辑强加于分散的、杂乱的地方，彼此之间越来越不相关，越来越不能够共享文化代码。除非有意在这两种空间形式之间建立起文化、政治和物理上的桥梁，否则就可能会走向平行领域，而这些领域中的时间无法相遇，因为它们被扭曲成了社会超空间的不同维度。

上述产生了空间的文化畸变，即超空间。超空间诞生于后现代的文化之中，它不同于传统感官能够感受得到的空间模型设计，而是一种文化意义上的重塑。这种空间范畴超越了个人的能力，使得人体无法在这种空间布局中找到自身的定位。这时人的身体与它周围的环境格格不入，可以被看作是一种象征和比喻。在詹姆逊生活的时代，这种现象尤为突出。跨国企业在世界上的影响力愈来愈大，而且信息媒介通过非中心的传播网络占据着全球的位置。作为社会个体却无法掌

---

① ［美］曼纽尔·卡斯特：《网络社会的崛起》，夏铸九、王志宏译，北京：社会科学文献出版社 2001 年版，第 518 页；也可参见 *The Castells Reader on Cities and Social Theory*, ed. Massachusetts：Blakwell Publishers Inc, Ida Susser, 2002, p. 354。

握这一网络的空间实体。如何才能做到不迷失自我？这是詹姆逊所思考的问题。在詹姆逊看来，后现代的空间或者跨越国别的空间是一种文化幻想或者文化意识形态。而且处在资本主义全球性扩展的历史境遇之中，人们难免会对这种全新的空间经验缺乏反省。所以在这种跨国性晚期资本主义的世界系统里，会出现与现实境遇相违背的情况。詹姆逊为自己所理解的空间模式提出了相应的政治文化模式，即一种"认知图绘"。① 这种认知图绘可以使个体主体在特定情境中进行再现，以此表达具备外在意义的都市结构的整体性。其实，对整个后现代或者跨国际空间来说，图绘所带来的对于主体经验的采纳，对于政治实践产生了重大影响。再者，这种图绘提供了一种辩证关系，"也就是个别语言或媒介的语码系统及能量范畴之间的辩证关系"②。由此，认知图绘通过掌握上述内容来再现辩证法，它所生发出的意义领域主要是在政治文化所形成的氛围里，通过教育来促使人们更加清晰地认识自身与世界之间的关联。而且这种认知图绘完全带有后现代的相关印迹，它所探索的是超空间即跨国性的世界空间。这种认知图绘"一方面承认总体性客观辩证法的实际存在，这是区别于实证主义与后现代主义的客观方面所在（也就是列宁所说的自在之物意义上的客观辩证法）；另一方面，它又认为这种整体存在无法整体把握，只能从特殊的角度加以主观的、因而是必错的、往往陷于失败的再现"③。可以看出，目前詹姆逊处于两种悖论性的处境之中，似乎必须具备总体性才能传承马克思主义革命批判的辩证法精神，但是一直坚持这种总体性的话，又会导向教条主义。所以詹姆逊认为"反—反乌托邦主义的口号也许

---

① 参见［美］詹明信《晚期资本主义的文化逻辑》，陈清乔等译，北京：生活·读书·新知三联书店2013年版，第417页。
② 同上书，第421页。
③ 刘怀玉：《政治文化哲学"转向"之图绘与作为"图绘"的政治文化哲学：一种空间化反思视角》，载《河北学刊》2018年第3期。

是最好的作战策略"①。

正如道格拉斯·凯尔纳（Douglas Kellner）和斯蒂文·贝斯特（Steven Best）所强调，当前的资本主义发展需要一种新的批判理论来对整个社会发展过程进行描述和解释，否则就无法对新技术给社会生活所带来的影响形成清晰的认识。② 当资本与信息技术产生了新的综合时，受全球化影响的新组织模式要求提出一种新的政治回应。而批判理论应对当前时代中的矛盾作出说明，并且防止掉入后现代悲观主义的陷阱之中，或者产生技术决定论倾向，同时它成为了理解流动空间和认知图绘的重点内容。在平台时代，信息不再是传统意义上从中心向四周的发散式传播，它更多借助社交网络平台这一工具来进行传播，从而改变了企业的运作模式和信息传播的媒介。这时平台空间可以被视为流动空间的进阶版，它不仅借鉴流动空间里的互联网信息流动的基础结构，而且尤以社交平台为代表的互联网平台使得人与人之间的协作方式发生了更为深刻的变化。

速度—空间

海德格尔看到了时空变化这一现象：无论是时间还是空间的距离都在缩小，并且他列举了自己所处时代的典型例子：以前人们需要耗费数月时间才能到达目的地，现在只需飞行几个小时就能实现。无线电的出现可以让人们立马就能知道即时信息，这在过去要数年之后才会知晓。电影能够在一分钟之内展现植物一年四季的生长过程，将古老文化展示得似乎"历历在目"，这些在技术不那么发达之前都是无法想象的。电视机的出现则是消除了远距离，并且慢慢渗透进日常生活

---

① [美] 弗里德里克·詹姆逊：《未来考古学：乌托邦欲望与其他科幻小说》，吴静译，南京：译林出版社 2014 版，第 9 页。
② 详细论述参见 [美] 道格拉斯·凯尔纳，斯蒂文·贝斯特《后现代理论：批判性的质疑》，张志斌译，北京：中央编译出版社 2011 年版，第 284—291 页。

的交往之中。这就涉及如何看待距离这个问题。上述通讯技术的发明使得人们通过最短的时间走出了一条最漫长之路，尽可能以最少代价或者以最短距离将其一切呈现在自身面前。但是海德格尔认为这种表面上的距离消散并不能带来距离的接近，在距离上离人们很近的东西反而会离得更远。距离间隔大并不意味着疏远，而距离间隔小也并不意味着切近。① 这种对于远和近的关系辩证法的论述成为维利里奥理解速度所带来的时空变化的前提。维利里奥认为如果把在场视为物理意义上的靠近的话，那么远程通信这种微型物理的接近将会见证人们的离开，人们将不存在，或被囚禁在一个被缩小到无法用肉眼观察到的地球物理环境之中。② 所以距离的变化是时空关系变化的表征，对速度的理解则被提上议事日程，那么如何认识速度与时空之间的关系呢？受到光速的绝对上限的影响，时间和空间通过农村区域和城市区域的几何学设计来布展世界的地理和历史格局。光的极限速度的常量特质构成了作为现象世界的绵延和扩展的条件，而不是物理学里面所理解的用于照明各种事物的功能性概念。所以维利里奥认为，到了 20 世纪末，在星球领域上面什么也不会留下，由于互动性技术的发展，这个星球被污染、压缩直至回到原点。③

从这个角度来看，速度决定了空间的形式和内容。维利里奥自己所谈论的是一种电子通讯和新技术的结构化空间，他称之为"速度—空间"。这种空间不是一种以时间为主导的空间，而是一种速度的范围。总之，速度不是一种方式，而是一种没有被人们所注意到的环境（milieu）。这种速度不是人们往常所理解的那种停留于奥林匹克运动会赛场上呈现给人们的那种方式，而是一个人们能够通过信息科学和智

---

① 参见 ［德］海德格尔《演讲与论文集》，孙周兴译，北京：生活·读书·新知三联书店 2005 年版，第 172 页。

② 参见 ［法］保罗·维利里奥《解放的速度》，陆元昶译，南京：江苏人民出版社 2003 年版，第 79 页。或者参见 Paul Virilio, *Open Sky*, London：Verso, 2008, p. 62。

③ 具体参见 Paul Virilio, *Open Sky*, London：Verso, 2008, p. 21。

能系统所进入的环境。维利里奥意义上的"速度"概念是在存在论意义上提出来的，不能将这个概念与物理学意义上的"速度"概念相提并论。也就是说，速度一方面是由时空关系所构成的相对性，另一方面形成了人类的生存环境。而且身处维利里奥时代的人们能够意识到自己不仅仅是生活在由速度所打造的空间之中，更为重要的是速度自身支配着人们的日常生活节奏。[1]

维利里奥是如何看待空间性问题的呢？他指出，由于以光速为特征的通讯化技术加速发展，从表面上看距离问题得到了解决，但是人们接触真实世界的这种可能性基础却在不断被消解，那么失去了位置参照的空间性如何建构呢？如果空间性不与居住的空间相区分，那么它会受制于位置的移动和方向。但这种速度—空间会暴露一些问题，即速度所推动的过程式结果是使自己处在世界表象和它的现实的分裂之中。这种分裂体现为行动与互动、在场与远程以及存在与远程存在。[2] 维利里奥认为目前面临的挑战是时空现实性的丢失，也就是"在场"不断被侵蚀。相反，那种无一致性并且无真实的空间位置的"远程在场"却出现了，由此，存在的不在场和远程行为之间的互动重新定义了存在在此的概念。在虚拟空间的中心位置，即在被控制媒介决定和替代当下环境的真实空间中，赛博空间的出现似乎成为实在的真实性中需要被迁移的偶然现象。顷刻间，偶然获得的不再是实体即有形世界中的物质，而是这个物质的整体结构。在维利里奥看来，虚拟空间或者赛博空间与真实空间之间是相互制约和相互填补的关系。这种虚拟空间并不是一种实体，而是整个世界的结构。由于电脑、电视机和远程会议等使用的电子屏幕造成了一种距离感，一种新的再现方式的景深，以及一种没有任何面对面接触的那种真实的可见感。并且

---

① 参见卓承芳《维希留"速度—空间"观刍议》，载《社会科学辑刊》2017 年第 6 期。

② 参见 Paul Virilio, *Open Sky*, London：Verso, 2008, p. 44。

在这种接触过程中那种古老街道建筑所呈现出的相对性布局已经被取消甚至荡然无存。上述打造的情境性、位置的差异性变得越来越模糊。由于建筑物的客观边界被剥夺，因此，这些元素开始漂浮于电子以太网之中，没有了空间性的维度，它们只是被嵌入到瞬时传播这样一种独特的时间性之中。[①] 那么，人们不会再遭受到物理空间或者时间间隔的阻碍，而且前面所提及的交互式体验，使得对于"这里"或者"那里"的强调变得不再重要。

进入以视频通信、全息摄影或数字图像为主导的时代，人们主要将自己的目光投射到视频或图像的实时传送上，由此对于真实时间的感知更加贴切。"这个真实时间如今已经压倒了真实空间。这个控制时事的潜能，它扰乱了现实概念本身。于是便有了这场传统公共再现（画面的、摄影的、电影的……）的危机，反倒有利于一种展示，一种反常的在场，物体或生灵的远距离远程在场，它会替代自己的存在，就在现时现地"。[②] 这种逻辑使得物体实现了实时在场，不再是前图像时期那种错时的在场。这种远程在场会产生一种强有力的吸引力，也就是维利里奥所说的视觉机器。它让人们的眼睛不停地盯着屏幕，舍不得眨眼睛，似乎一眨眼就会遗漏某些重要信息，其实这是人们被隔离开真实的事物或者场景所带来的恶性结果。这种视觉机器是一台绝对速度的机器，它会对传统的几何光学概念以及一切可观察和不可观察的事物进行质疑。而未来视觉机器设备暴露出来的问题是失明，也就是一种无目光视觉的生产。这种生产是一种强度盲目的复制，并且会带来一种新型的产业化形式，即无目光的产业化。[③]

维利里奥提出的速度—空间理论并非完全漂浮于空中，他的落地

---

① 参见 Paul Virilio, *The Lost Dimension*, New York: Semiotext (e), 1991, p. 13。

② [法] 保罗·维利里奥：《视觉机器》，张新木、魏舒译，南京：南京大学出版社 2014 年版，第 125 页。

③ 参见上书，第 140 页。

行为是描述了未来城市的一个大体展望。这种大都市是由许多虚拟城市所组成，而不是实体城市的大量聚集。这时的实体城市成为一种总城邦的郊区，它没有具体的中心地带，由此也不会受到边界的束缚。[①]与卡斯特的流动空间对于节点重要性的强调相类似，维利里奥认为未来城市的中心主要是以电信网络的节点取代传统大都市里的发展中心。在此，维利里奥提醒这种信息化现象逐渐占据着世界各地，这种远程通讯技术所形成的网络虚拟空间也暗含着潜在的政治化倾向，于是就会出现相应的控制论。但是这种偶然性会打乱这种平衡，在维利里奥的字里行间能够感受到对上述信息论趋势的担忧。

技术专家或社会学家在定义当下的社会现状时，提出了涡轮现象。鲍曼在《一切坚固的东西都烟消云散》一书中指出涡轮社会或旋涡社会，给人最大的感受是眩晕，原因是一切变化太快。那么对于速度的研究需注意节奏的加快，归根结底是指向我们环境的相对性。海德格尔提出周围世界和世界。周围世界是生成的环境，而世界是指我们遭遇的周围世界，这个周围世界是相对的，而非绝对的，它存在着两种维度：一是个人生活体验角度，即主观维度，也就是每个人都处在生活节奏当中，感受到生活节奏的加快。二是客体维度，即时空压缩问题，使得周围世界的相对性增强。维利里奥理论的前提假设也在于此，在他看来，速度代表着环境的相对性，因此速度的加快就是环境相对性本身的加强。他从速度的角度来观察文明的时候，对工业革命提出了新的解释，即没有工业革命，只有速度革命，然后以此类推，工业革命造成的是新的速度体制，今天遭遇的是速度体制的奴役或统治。最终遭遇的情景就是速度虚无主义，换句话说，在强大的速度面前，包括对于空间的体验在内，一切都变得虚无缥缈。

---

① 参见［法］保罗·维利里奥《解放的速度》，陆元昶译，南京：江苏人民出版社 2003 年版，第 94—95 页。

光速在场

交通运输革命、传输革命改变了人们对于时空的体验。信息通讯技术的发展使得人与人之间的交往不再局限于地理位置，即使是远隔千里的两个人也能够实现屏幕上的"近距离"接触和互动。维利里奥把上述现象称之为"光速在场"或"远程在场"。"假如在昨天，我作为地球人的肉体似乎就是胡塞尔所说的活着的在场者的唯一中心，那么自现实加速以来，在时间压缩的纪元中，这种在场的肉体中心将扩展至'实时'世界的远程在场，即此后总体普在的瞬时性提供的远程在场。"① 在维利里奥看来，随着现实世界的速度不断加快，人们对于自身的存在感受不再是胡塞尔意义上的肉体的真实感知，而是一种光速在场体验。也就是说，赛博空间中对于时间的感知逐渐被削弱，这种由速度导致的虚拟化不仅使人们能够在短时间内作出反应，并且在无形之中受其支配。

这种光速在场一方面造成了前面所分析的道路层污染，另一方面导致了主体存在的双重分离以及对于实践的重新认知。维利里奥说："现在，对于我们每一个人，都存在着世界再现的、也就是世界的真实性的两重性。这是主动性与互动性之间，在场与远程在场之间，存在与远程存在之间的两重性。"② 举例来说，电视通过电磁波来传输图片、声音和视频等促使人们及时了解到世界上其他地区所发生的事实，计算机网络视频能够让两个不同国家（比如美国和中国）的人在同一时间段（例如时差导致中国是白天，而美国则是晚上）进行工作和社交。而且人们在与电视节目进行互动的过程中，或者在打开摄像头看到对

---

① [法] 保罗·维利里奥：《无边的艺术》，张新木译，南京：南京大学出版社 2014 年版，第 17 页。

② [法] 保罗·维利里奥：《解放的速度》，陆元昶译，南京：江苏人民出版社 2003 年版，第 58 页。

方并开始语言交流的那一瞬间，就实现了双重时空在场。再者，维利里奥认为在赛博空间这种虚拟的实践场所里，还涉及远距离交流的实践空间，也就是远程操作人员借助于远程触觉的近期进步而进行的实践。在这个实践过程中，可以保证远距离的触摸能够实现声音的原音和视觉的清晰再现。① 比如当前发达地区的专家医生可以通过远程操控机器手臂为欠发达地区医院里的病人进行手术，这可以说是一种全新的实践方式。按照张一兵教授的说法，这种实践方式转换到海德格尔的存在论中，即一种全新的关涉上手方式，即虚拟操持。② 这是一种不同于海德格尔意义上的操持，在海德格尔看来，操持是此在与它共在的他人的或者其他的此在之间的关系。海德格尔清理出此在与他人共在的两种基本样态：一种是肯定性的样态，即此在在其实践活动中与他人发生积极的肯定性的关联，在这种情况下不管此在在当下是否与他人同处于同一个空间，哪怕不是同一个空间，即感性意义上的独处，此在也照样与他人发生肯定性的共在关系。另一种是否定性的共在关系，即此在在当下的实践活动中不与他人发生积极的和实质性的关联，不论在这个时候他人是否与此在同处于一个空间，哪怕在这个时候他人与此在同处于一个空间，此在与他人的共在依然是否定性的和消极的。从海德格尔可以推出，数字时代下的空间是一种否定性的共在样态，即使是处于同一个活动中，依然是独立的个体。

具体来说，空间在马克思的论述语境中是物的对象存在，不是作为目的的存在。空间是工业资本主义条件下的生产要素之一，进一步具体化为产品，变得更加具象化。而哈维却把空间视为整体，认为空间整体是目的。在哈维看来，空间是具备抽象意义的符号，使资本对

---

① 参见［法］保罗·维利里奥《解放的速度》，陆元昶译，南京：江苏人民出版社 2003 年版，第 52 页。

② 具体参见张一兵《败坏的去远性之形而上学灾难——维利里奥的〈解放的速度〉解读》，载《哲学研究》2018 年第 5 期。

象化更加抽象化。哈维的上述观点受到了海德格尔的空间性思想的影响，空间性决定了空间的本质。"并非只有通过周围世界的异世界化才能通达空间，而是只有基于世界才能揭示空间性：就此在在世的基本建构来看，此在本身在本质上就具有空间性，与此相应，空间也参与组建着世界。"① 海德格尔是从存在论的角度来阐释空间概念的，在世界的展示过程中，才能够看到空间的展示。"空间包含有某种东西的单纯空间性存在的纯粹可能性，而就这种可能性来看，空间就其本身来说首先却还是掩盖着的。空间本质上在一世界之中显示自身。"② 空间参与构造世界，类似于借助此在的空间性来构造它的在世存在。可以看出，空间性是先于空间而存在的，而空间只能通过世界的展示才能得以显示自身。"在此之中有一种求近的本质倾向。"③ 在海德格尔生活的时代，无线电技术发展使得地球两端之间的距离似乎呈现出"无距"感。但是海德格尔认为通过速度的提高来缩短距离并没有让人与人或人与事物变得越来越亲近，而是这种去世界之远对于此在的意义现在还无法知晓。

在维利里奥看来，以"速度"作为现象的技术导致了现实的空间存在的衰落以及整个世界的整体危机的再现。尽管维利里奥的著作中带有悲观的色彩，但是这种悲观后面包含着批判性看待电影、电视以及其他媒介图像等在内的通讯形式的本质。维利里奥提出远程在场主要是基于自身对知觉现象学的研究，所以他认为远程在场是以牺牲物质经验或者空间延伸为代价而换取了即时传输的特权。远程在场的真实时间是指感知形式的存在被改变了，也就是说计算的瞬间曝光在所呈现的时间性或持续时间的多样性中占据主导地位。也就是说，远程在场使得对于真实时间的感知不再以实实在在的物质载体作为呈现形

---

① [德] 海德格尔：《存在与时间》，陈嘉映、王庆节译，北京：生活·读书·新知三联书店 2014年版，第131页。
② 同上书，第130页。
③ 同上书，第123页。

式，而是一种由速度所带来的瞬时性。这种瞬时性大部分是由信息传输所带来的，因为它打破了传播媒介出现之前的消息滞后等壁垒，这时信息变得"无所不在，无时不有"。当面对成千上万的信息随时涌入当下世界时，斯蒂格勒指出信息的本质为光速时间。信息通讯技术的发展，尤其是实时传播或者同步直播使人们对于空间或时间的体验发生了变化。其中新闻直播可以随时记录正在全世界发生的各种事件，按照斯蒂格勒的说法是"来临之物"。这种"来临之物"发挥作用的前提是要被分成不同的等级，并且时事信息工业把能够称之为"事件"的信息给筛选出来，它至少共同制造了对具有事件水平的"来临之物"的通达。通过被"报道"的方式，事情算作是"来临"或"到场"。但是会存在信息来临了却没有到场，或者有些到场了却没有来临的情况，以及对于那些既不知名又不确实的接受者来说，有些事情不能算作来临也不能算作到场。

光速在场不仅外显为由于加速所带来的瞬时体验，更为重要的是，光速在场所带来的各种现象背后是脱离不开社会的。以此推论，与光速在场密切相关的空间构造或建筑载体，同样没法脱离社会，因为"空间的本质的社会性意味着解放政治持续的在场性"①。斯蒂格勒指出，维利里奥所思考的媒体传播其实是时间的政治地理与技术问题，也就是当时间的深度取代了景深的时候，空间问题就显现了。从速度的视角来理解时空问题，会产生技术上的危机。② 斯蒂格勒这里借鉴了维利里奥的说法，意思是战争是速度的工厂，而作为运动战争的最新形式这种技术突破会结束政治的盲目性。③ 而且这里实时是一种控制支

---

① 邹诗鹏:《空间转向与激进社会理论的复兴》，载《天津社会科学》2013 年第 3 期，第 14 页。
② 参见［法］贝尔纳·斯蒂格勒《技术与时间：2. 迷失方向》，赵和平、印螺译，南京：译林出版社 2010 年版，第 141 页。
③ 参见 Paul Virilio, *Speed and Politics*, trans. Marc Polizzotti, Los Angeles: Semiotext, 2006, p. 157。

配政治的对时间的非实现，它对空间结构和建筑学产生影响，也就是消除了空间地理所带来的承载以往技术的组织结构的远近距离。斯蒂格勒强调"'以光速'完成的已不再仅仅是输入与传播，信息处理也以实时计算的形式实现：这便是数字技术相对于模拟技术的优势，但模拟如今也整合到数字中了"①。也就是说，实时可以实现数据的传入和输出同时出现，但是实时会存在延迟的情况，只是因为它的速度极快以至于人们无法察觉。这种光速在场体验在某种程度上类似于本雅明所说的光晕，而光晕是基于时空的角度，在一定距离之外但感觉是如此贴近之物的独一无二的显现。② 在赛博空间里面，接近于某物则会更加容易，而人们对这种体验的认知感觉也在不断发生变化。模拟可以创造出一个与实体几乎重合的情境，在这里人们能够超越时空限制进行体验。

最后，进入到后工业时代，对于光速在场的深刻体会是与赛博空间的理解紧密结合在一起的。"从文化或者迷思性的角度看，赛博空间也许会被看做是历史、地理和政治的终结。但是从政治经济学的角度看，赛博空间则是数字化和商品化相互建构的结果。"③ 作为北美传播政治经济学流派的代表人物，文森特·莫斯可（Vicent Mosco）主要是从政治经济学的角度来看待赛博空间的。但是需要注意的是，不同于马克思的政治经济学，莫斯可试图将文化与政治经济学的研究方法结合起来。并且莫斯可的研究语境主要是西方发达资本主义国家，他所强调的赛博空间的迷思其实是想要警惕技术与政治经济的结合对于民主所带来的作用，这是在研究赛博空间的过程中应该引起重视之处。赛博空间中出现的新的政治学形态，公民政治身份的新形式乃至新的意识形态，这些是莫斯可基于新闻传播学的角度，对于出现的数字化

---

① [法] 贝尔纳·斯蒂格勒：《技术与时间：2. 迷失方向》，第 144 页。
② 参见 [德] 瓦尔特·本雅明《机械复制时代的艺术作品》，王才勇译，北京：中国城市出版社 2001 年版，第 13 页。
③ [加] 文森特·莫斯可：《数字化崇拜：迷思、权力与赛博空间》，黄典林译，北京：北京大学出版社 2010 年版，第 146 页。

迷失现象所进行的分析和反思，但是更多还需建立在哲学和社会学的基础之上，对空间这一数字化形态乃至它与政治学相碰撞所产生的新的化学反应，以及其中暴露出来的各种矛盾和问题，进行一种批判性的反思。一方面辩证地看待这些现象背后的实质性内容，另一方面上述清晰认知能够促进对于历史唯物主义的新思考。

三、平台空间的数字化重组

当下全球呈现的态势是互联网、大数据、云计算、人工智能、区块链等技术逐渐渗透到经济社会发展的全过程和各领域。大量可提供支付和交换功能的数字化工具和媒介成为每个人日常生活中不可或缺的一部分，当人们已经习惯于在电商交易平台上购物，在服务交易平台上点外卖，在社交平台上进行沟通交流时，已经无意识进入了数字资本时代。数字资本迅速扩张使得实体性的空间急剧缩减，人们的公共生活空间也在逐步缩小，这是数字资本"野蛮造设"的结果。对于此，需要进一步思考数字资本时代下平台空间架构的规则，并且在这一规则下建构起来的平台空间与物理空间之间的联系和区别是什么，最后平台空间的数字化重组所带来的人与人之间的生存方式发生了怎样的变化。

平台空间架构的规则

平台空间的构造并不是随意地被组合和拼凑在一起，而是借助于中介，或者包含一些前提条件，这就关涉数字资本时代下平台空间架构的规则是什么这一问题。当代社会的空间格局面临了两次架构，第一次是以货币为基础的商品交换的体系，整个市民社会建立起了等价交换的原则，并且以货币为中心的商品的交换规则也在全世界展开。这时的空间构造是一种资本的全球化扩张，它是从商品流通领域开始，也就是在资本主义发展史中，最终马克思预见了统一的在世界贸易支持下世界市场的问题。马克思论述道："流通在空间和时间中进行。从经济学的观点来看，空间条件，把产品运到市场，属于生产过程本身。产品只有上了市，才真正完成。产品运往市场的运动，仍然属于产品的生产费用。这一运动并不是作为价值的特殊过程来看的流通的一个必要要素，因为产品可能在其产地被购买，甚至被消费。但是，这个空间要素是重要的，因为市场的扩大，产品交换的可能性都同它有关系。"① 这种空间格局的架构是建立在福特制时代，它的实现是由于产业资本和金融资本的扩张需要，并且这种格局更加有利于商品流通从而进一步促进生产。这时，人们可以跨越地理位置的局限进行消费，也可以利用便捷的交通运输进行创造性劳动，这时人们能够直观感受更多的是地理位置的移动这一空间变化。

进入到后福特制时代之后，高科技网络潜入人们工作、教育和社会生活的方方面面，以出现在新型支付形式等第三方平台上的依附于国家金融体系的电子货币为代表，在数字化平台上产生了货币体系，所有人都得经过数字化转换才能进行商品交换。这些新兴的且各具特色的支付 APP 类型，以及提供跨区域乃至跨国的商品购买等服务的网络购物平台，不仅是聊天或支付工具乃至购买的中介，而且具备社会整体性的架构能力。所以，今天人们面临了另一次新的架构，也就是以数字化平台重新架构人们的生活。比如微软的 Windows 操作系统使软件开发人员为其创建应用程序，并将这些程序向消费者进行出售；苹果的 APP Store 及其相关生态系统，促使开发人员为用户构建和销售新的应用程序；谷歌的搜索引擎为广告客户和内容提供商，提供了一个平台，目标是搜索信息的人。② 这在某种程度上是一种强制绑定，实际上是数字资本操作的结果。今天的数字资本允许离岸化资本积累

① 《马克思恩格斯全集》第 30 卷，中文第二版，北京：人民出版社 1995 年，第 532 页。
② 参见 [加] 尼克·斯尔尼塞克《平台资本主义》，吴水英译，广州：广东人民出版社 2018 年版，第 50 页。

成为可能，而资本空间的重组是按照平台方式积累，数字化平台则是进行空间重组的核心。

那么，数字资本之下如何完成空间的重组和重构呢？今天的空间再次获得了聚集的规则，通过互联网就可以把偏远山区的和发达地区的人们聚集在相同的空间之中。为了更加详细地论述，在此列举购买国外商品的例子。过去，如果人们要想购买日本的产品，就得亲自前往日本。这种方式需要通过出国来填补国家之间的空间差异。然而，今天人们不再需要出国去购买日本产品，只需凭借如亚马逊全球购、阿里巴巴全球购等第三方平台就可以实现购买需求。这是"代购"方式，也就是卖方通过交流软件等构建一个包含几百名买方在内的沟通群，然后代替买方去购买所需物品并将这些物品邮寄给买方。事实上，"代购"使用金钱解决了空间差异问题。以往的购买方式将付出高昂的费用，但如今人们只需支付一种"空间咨询成本"，也就是说向代购支付约100—200元的空间成本，相对于前者来说，成本有所减少。通过一种数字的方式来压缩空间，也就是通过亚马逊等数字界面来对空间进行改造，这时空间的重组关系也就完成。今天人们以货币的方式来购买自身所处的空间，并且把空间距离转化为数字资本。因此人们进入了一个数字世界，在这里，形成了以大型平台为节点的数字化层面的巨型城市，把所有的资金、人才都高度集中到这个空间里面。

这种空间重组的情形类似于德勒兹和加塔利所提出的"平滑空间"和"条纹空间"之间的相互转化，在他们看来，"平滑空间"和"条纹空间"是相互混杂在一起的，"平滑空间不断地被转译、转换为纹理化空间；纹理化空间也不断地被逆转为、回复为一个平滑空间"。① 德勒兹和加塔利发现了城市是一种纹理化的空间，并且这种空间重新给出了平滑空间，但同时在使平滑空间重新发挥作用。数字资本时代下的

① ［法］费利克斯·加塔利，［法］吉尔·德勒兹：《资本主义与精神分裂：千高原》第2卷，姜宇辉译，上海：上海书店出版社2010年版，第683页。

空间重组实则是数字化平台的操作,这造成的结果是数字化的空间密集程度发生相应转变,实际上是一种去城市化过程。物联网的快速发展在乡镇都建立有物资配送站,"村村通"的物流便捷模式不再使得城市是物资、财富的集中地,城市反而将逐渐变得边缘化。结果是城市这一纹理空间重新创造出一种外在于城市的平滑空间,这种平滑空间更多的是一种以互联网为特征的赛博空间或者是以数据作为支撑的数字平台。传统的空间是同质的、具备一个中心,而在互联网中,每个点既可与这一点进行连接,也可与另一点相连接,整个网络搭建起一种非中心化的框架。这时的赛博空间则是异质性的和无指向性的。然而,一般数据的流动对于个体来说是不可见的,只有通过平台这一界面才能发现与世界平行的赛博空间,那么后者实际上形成了新的权力中心。我们不禁发出疑问:对于数字资本的掌控是否也是一种权力的把握?传统空间话语的局限性和虚幻性是没有考虑到城市空间中所存在的越轨与异常行为,包括墓地、殖民地、妓院和监狱在内的这些空间。而数字资本形成的空间类似于福柯的"异托邦",作为他性空间的异托邦"是一种社会生活'关系网'式的关系构式物"[1]。在这一空间里面,各大平台利用掌握数据这一巨大优势,给消费者提供各种兴趣推荐、各种相关推送、各种类似搜索。上述更具目的性的数据轰炸把人们囊括到互联网这一关系式空间之中,这种空间重组却是以"含情脉脉"的人机互动形式展现在人们面前。但需注意的是,对于福柯以及受其影响的后现代空间批判理论家们来说,他们并不是倡导一种新的空间霸权,而是想要打破并解构遮蔽空间的历史主义。索亚将其理解为:福柯是想"重新建立围绕空间、知识、权力的三元辩证法而展开的另一种历史和历史编纂学"[2]。

---

① 张一兵:《回到福柯:暴力性构序与生命治安的话语构境》,上海:上海人民出版社 2016年版,第 316 页。

② [美] 索亚:《第三空间:去往洛杉矶和其他真实和想象地方的旅程》,陆扬等译,上海:上海教育出版社 2005 年版,第 219 页。

从上述分析可以看出，这种重组主要依循的是汇集众多数据的平台所打造的各种规则话语和构建原则。但是在这些纷繁复杂的平台背后却是由数字资本所主导，从而形成与物理空间相对应的具体形式和种类。

物理空间与平台空间的叠加

受到列斐伏尔对于社会空间分析的启发，城市可被视为空间生产的物性结构的产物。对应于数字时代，数字城市则成为数字空间生产的结构性再现或创造。如果前述思想家们考虑的是城市的实体性形式的话，那么第二次构架是在实体的形式上叠加了数字形式，但是这种数字形式不是简单的物理世界的影射问题，它是真实叠加在这个世界上的一种拓扑结构。从计算机科学的角度来说，这种平台空间是内生于现实的拓扑结构，并且搭建在现实的真实性之上。只不过这个拓扑结构溢出了现有的基础性问题，随即带来了对物理空间和平台空间的叠加这一问题的探讨。

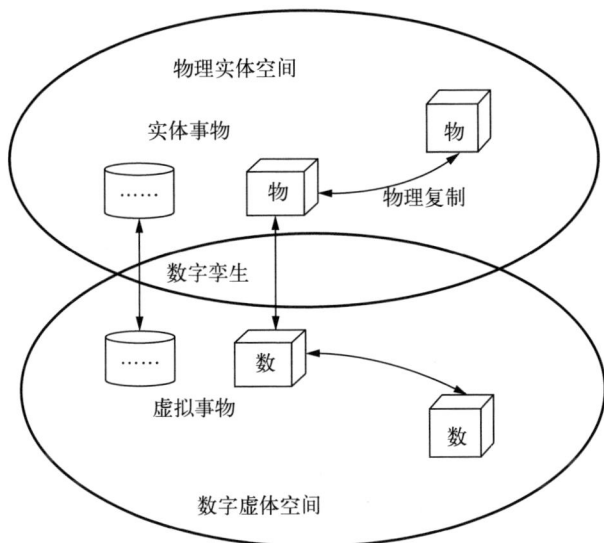

图 4　数字孪生概念示意图①

————————

① 参见高艳丽等《数字孪生城市：虚实融合开启智慧之门》，北京：人民邮电出版社 2019 年版，第 58 页，图 4-1。

在讨论平台空间的时候，需要注意的是平台空间与物理空间之间的关系，即平台空间仍然有它存在的自然物质基础。进入到数字资本时代，平台空间无法完全替代物理空间。但是在理解这一关系之前，需从更为抽象的层面来探讨数字空间是如何与实体空间相互叠加而发挥自己的作用的。数字空间的形成主要是建立在由数据所搭建起来的平台的基础之上，这就涉及数字孪生问题。数字孪生，亦称"数字镜像"或"数字化映射"等，它是指在信息化平台内模拟物理实体、流程或者系统，类似实体系统在信息化平台中的双胞胎，通过在虚拟空间完成映射，反映相对应的实体装备的全生命周期。[①] 这就意味着（如图 4 所呈现）物理世界中的实体事物通过数字孪生在数字虚体世界里面形成了相对应的虚拟事物，从而使得数字空间与实体空间之间相互重叠、虚实交融。随着物联网技术、大数据技术、控制技术和感知技术等突破式发展，形成了实体空间的数据能够与虚拟空间及时连接起来，实现仿真验证、智能控制和可视化管理。具体来看，数字孪生技术运用到城市的规划、建设、运行和治理等方面，通过仿真构建数字孪生模型，然后再在现实社会里面执行。数字孪生模型在传统城市模型的基础上实现了动态化、实时性地预测和实施反馈，有利于提高城市的管理效率。因此推动数字孪生模型的研究与应用，增强实体城市与数字系统的耦合，实现数字化的规划实施及管理是应对未来城市的规划设计管理的途径。[②]

从图 5 可以看出来，物理城市与数字城市之间所对应的物理空间与虚拟空间，经由无所不在的智能设施与高速泛在的连接网络所形成的深度学习的城市大脑，将相关运行数据、基础数据和行为数据传输

[①] 详细参见高艳丽等《数字孪生城市：虚实融合开启智慧之门》，北京：人民邮电出版社 2019 年版，第 58 页。

[②] 龙瀛，张恩嘉：《数据增强设计框架下的智慧规划研究展望》，载《城市规划》2019 年第 8 期。

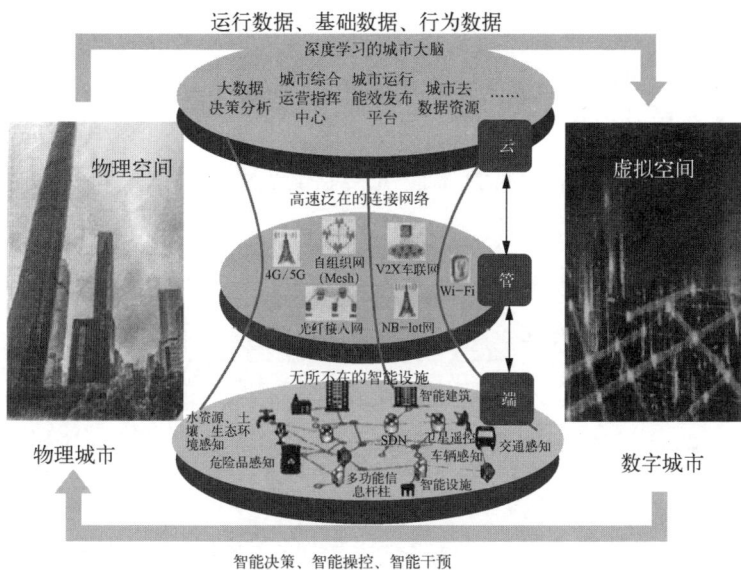

运行数据、基础数据、行为数据

智能决策、智能操控、智能干预

图 5　城市最适合数字孪生①

到虚拟空间之中，从而对物理城市提供相应的智能决策、智能操控和智能干预。这说明数字孪生城市的运行机理是物理世界与数字世界之间并驾齐驱，物理世界通过数据采集和数据建模等技术进入数字世界，而数字世界里面的各种动态和静态数据能够实现对物理世界的精准表征，使得物理世界能够在数字世界里面实现镜像再现。再者，数字世界经过数据分析、建模、仿真和推演观察物理世界，对物理世界可能出现的情况进行优化的决策，从而反向控制物理世界，倒逼物理世界里面的各种资源得到有效合理配置。② 在这种由实入虚、再由虚入实的循环过程当中，城市发展样态不断地迭代进化和推陈出新。最后，数字孪生城市的运行机理是实现智慧城市③的基础性技术路径之一，以

---

① 参见高艳丽等《数字孪生城市：虚实融合开启智慧之门》，北京：人民邮电出版社 2019 年版，第 61 页。

② 具体分析参见高艳丽等《数字孪生城市：虚实融合开启智慧之门》，北京：人民邮电出版社 2019 年版，第 63 页。

③ 第三章会对智慧城市进行相关分析，这里主要是分析数字孪生城市和智慧城市的关系。

及智慧城市基础建设的不断升级改造的目标指向。目前城市实现数字化转向必须参考数字孪生城市的技术创新,同时它是与数字空间理论研究相对应的现实情形所要面临的问题和未来的理论诉求。

数字孪生城市的出现是第四次工业革命的新技术突破成果之一,但是技术从来就不是中立的,相对于数字孪生城市的数字空间不可能完全替代物理城市所对应的物理空间,这就涉及数字孪生城市所隐藏的短板和弊端,即数字空间本身的内在局限所在。不能因为新技术的出现就一味夸大它的各种效应,因为数字空间不能够解决一切问题。也就是说,数字空间本身的局限是由于技术的数字化发展所带来的,"从抽象技术的开端到具体结果的过渡是技术发展的一个普遍的综合趋势……具体化的理论表明了技术进步是如何能够通过将人和环境需要的更大的情境融合到机器结构中来处理当代的技术问题"①。具体而言,人们通过各种 APP 平台点外卖所带来的最直观结果是自己不再局限于地理位置就可以获得自己需要的东西,但这萌生了一种新的情境,即尽管人们在数字空间完成了点单、在 APP 地图上随时关注订单配送的情况等一系列相关技术性操作,而外卖配送人员依然聚集在某个实体空间的空旷区域内,根据他们手机上的订单提供的地址进行制定区域的配送。这是平台空间与物理相互叠加发生作用的事例,可以看出,平台空间的构建其实是建立在实体物理空间这一基础之上的,并且这个基础是无法动摇的。

从另一个角度来看,物理空间与平台空间是相辅相成的,不可能离开其中一个而独自存在或者发挥功能。进入数字化信息技术时代,物理空间如何与线上活动连起来成为未来城市的发展所需考量之处。现在人们把更多的关注点放在由诸多线上活动所构建起来的平台空间

①［美］安德鲁·芬博格:《技术批判理论》,韩连庆、曹观法译,北京:北京大学出版社 2005 年版,第 235 页。

之中，而对于物理空间的知觉变得越来越模糊甚至还会产生一种潜在的遗忘感。同时实体商店生存面临着诸多艰难，由于网络电商的迅速扩大，人们的购物习惯发生了很大的变化，各种平台软件所开发的购物节盛况已经说明了从空间消费转向消费空间①这一现象。所以实体商店想要继续维持在行业的一席之位并实现自身的价值，一方面需要网店支撑，另一方面与此相关的小程序或直播平台在推送的过程中应凭借较为完善的售前和售后服务制度而获取消费者的信任。此时口碑即评价机制获得了非常重要的地位，但是这种评价并没有得以完全真实的展现。在浏览一件商品时，某些购物 APP 会遮蔽一些与购物无关的评价，尽管其中确实会存在恶意的差评，但是对于那些客观公正的评价也会在技术的操控下得到某种程度上的消除。虽然这是在构建实体空间或数字空间过程中无法规避的情况，但是每一次的技术更迭或者创新都会产生连锁现象及其相应的社会问题。

上述情况从更深层的角度来分析，涉及马克思的形式吸纳与实质吸纳问题。在马克思那里，"资本找到现实生产过程，即特定的生产方式，最初只是在形式上使它从属于自己，丝毫也不改变它在工艺上的规定性。资本只有在自己的发展过程中才不仅在形式上使劳动过程从属于自己，而且改变了这个过程，赋予生产方式本身以新的形式，从而第一次创造出它所特有的生产方式"②。前者是指帝国主义的扩张原来是一个向外扩张的过程，开辟世界市场，不断地去吞噬它周围的一切事物，尽管某一些事物并不属于这一体系之中，但是依旧被纳入其中。资本的力量就是强制地将非资本的要素纳入其中。后者则意味着这种外部扩张会达到一个极限，失去了界限就没有了形式吸纳，但是所纳入的东西并不是同质性的，在这一体系之中的个体依旧还有改造

---

① 关于这一现象的具体探讨参见第三章。
②《马克思恩格斯全集》第 32 卷，中文第二版，北京：人民出版社 1998 年版，第 103 页。

的空间，这是实质吸纳的问题。比如当生产过剩的时候，可以对消费进行改造。鲍德里亚（Jean Baudrillard）的《消费社会》就提出了符号价值，因为在鲍德里亚所处社会里一切事物都被装扮为能够吸引消费者趋之若鹜的符号。这种从内部向外部的侵蚀成为对于内部生产主体、消费主体的不断改造和开发。在生产方面亦如此，主体是被不断进行利用和开发的，资本主义的着力点主要是对主体内部进行开发。因为原本的由内向外的吸纳过程并不纯粹是自发的，所以当前主体的更新换代也不是自觉自愿的。例如当前无论是街边小店还是其他公共领域，都会自然而然地摆放着相关支付软件的二维码。之所以出现上述现象，是因为如果其中一些领域不使用这种支付软件，似乎整个消费过程就无法开展。最终的结果是这些实体商家不得不进行自动升级和自我改造，完成从形式吸纳到实质吸纳的转化过程。最后，平台空间没有物理边界的限制，它可以将整个世界甚至星球都连接起来，形成数字世界的全球化。但是不能因为看到这个维度就片面地夸大平台空间的作用，似乎平台空间能解决一切问题，这种界限侵蚀所带来的是危机感还是未来构建的新鲜感，则是后人类学进一步思考的问题。

平台空间的生存状态

平台空间尤其是社交平台通过即时通信和移动社交，改变了每个个体之间的连接，改变了个体与群体之间的协作方式。这些都是空间的数字化重构之后所呈现出来的社会个体的生存状态，并且这种状态下人与人之间的关系不再是互联网产生之前的半封闭状态，而是超越了时空意义的、大规模的、映射日常生活的虚实相混的状态。

首先，平台空间领域下人们的生存状态具体表现为以下几方面：一是自我与网络之间的隔离。正如卡斯特所认为的，网络社会"逐渐依循网络与自我之间的两极对立而建造"①。而在平台空间里，不仅网络与自我之间的隔离愈来愈极端化，而且人与人之间的相处模式会变得模糊化和钝感化。正如电影《头号玩家》里面所设想的那样，人们的日常交往沟通主要是通过佩戴相应的遥感式设备来完成。所有的社交和互动式体验都是在被称之为"绿洲"这样一个虚拟的数字空间里来完成的。这涉及虚拟空间里个体身份的验证问题，由于人们的各种信息包括性别在这个空间里都被隐藏起来，如果试图真实地了解对方，仅仅从类似于"绿洲"等虚拟空间里面来了解的话，这种真实性则会大打折扣。

　　二是数字化生存带来的对于地点的重新感知。数字化时代下人们的生活方式愈来愈不依赖于特定的时间和地点，由于生活节奏的加速，人们行动速度变快使得他们不再受到时空束缚，产生一种无空间的地方感。比如一些脑力劳动者能够突破地理位置的限制进行工作，这种活动的前提是具备良好的网络信号以及相关的电脑、打印机等设备，这时脑力劳动者们不会产生过多的时空依赖感。按照尼葛洛庞帝的说法，进入到后信息时代，办公的地方不再是固定的办公室或者办公小隔间，人们可以选择多个区域进行办公，而越来越多的人在家里就可以实现远程办公，并且通过视频会议等电子办公室形式来处理各类事务和解决相应问题，这就促使人们重新思考"地点"这一概念。尼葛洛庞帝总结出数字化生存具备四个特征：分散权力、全球化、追求和谐和赋予权力。数字化生存在计算机方面所带来的后果是它不再把权力集中在某一个人或者某一个集团之上，而是为群体和个人提供针对性的服务。这种数字化生存的赋权本质能够让人们的未来生活具备更加快速的变异性和流动性，进而促使被数字技术所吸引的人们随时融

---

① 曼纽尔·卡斯特：《网络社会的崛起》，夏铸九等译，北京：社会科学文献出版社 2001 年版，第 4 页。

入更和谐的社会之中。①

三是平台空间下情感的传递。随着 PC 互联网时代的到来，人们惯于使用 Facebook、Twitter、Myspace、新浪微博等社交网络来建立与周围世界人事物的情感链接。即使身处同一个实体空间，人们之间的互动或者说感情交流更多依靠的是由多人所建立的群，这就导致了一种特殊现象，即人们面对面时相顾无言，但是在群聊里面能够畅所欲言，凭借生动的表情符号语言打造热闹非凡的氛围。这种表面上的喧嚣亲近实则是一种更加冷漠的疏远。那么不禁要询问：平台空间下是否有真实的情感传达，或者说这种情感维持依旧建立在实体空间下人与人之间真实的接触沟通这一基础之上？其实数字空间里面的情感传递一方面超越了物理界限的阻碍，实现了情感的即时性和远程在场性。另一方面如果过度沉溺于平台空间之中，人们的情感会在某种程度上经历一种退化，而传统空间里那种充满着温情式的关怀式互动或者温馨式的感动被打破，这种趋向极致化的空间相邻也就岌岌可危。

其次，要了解平台空间的相邻状态下人与人之间的关系，前提是认识空间与身体以及主客体之间的关系。在自然有机体中，身体存在的合理性是建立空间的固定结构。按照列斐伏尔的说法："但当我们想人类竟然如此神奇地用身体的尺度来衡量空间时，会觉得这真是一件妙不可言的事情。身体与空间的关系，一个在后来的时代存在颇多误解、重要的社会关系，在人类的早期仍然以质朴的形式保留下来，但后来却逐渐退化、丢失了：空间，及其被测量与表达的方式，仍然为社会的所有成员提供一种想象的、对他们身体的生动反映"。② 列斐伏尔认为身体占据了空间，这种身体并非普遍意义上的肉身存在，而是

---

① 参见［美］尼古拉·尼葛洛庞帝《数字化生存》，胡泳、范海燕译，北京：电子工业出版社 2017 年版，第 228—232 页。

② Henri Lefebvre, *The Production of Space*, trans. Donald Nicholson-Smith, Oxford: Blackwell Ltd, 1991, pp. 110‑111. （参见中文版［法］亨利·列斐伏尔《空间的生产》，刘怀玉等译，北京：商务印书馆 2011 年版，第 161 页。）

一种特殊身体，即一种能够通过手势来指明方向的身体，能够通过旋转来解释循环的身体，能够区别和定位空间的身体。这种占据是一种隐喻，但是这种隐喻无法代替真正的思考。身体和它所占据的空间之间，空间中身体的配置和身体对于空间的占用之间存在着直接关联。每一个生物体都是空间并且都有它的空间，它在空间中产生自身，并且产生那个空间。换句话说，能控制自身能量的身体，即生命体创造或生产自己的空间。从反面来看，空间里面的法则也适用于生命体和能量的使用。在数字资本时代下，虽然人们对身体的感知随着数字化平台的出现而作出相应的转变，但是各种平台于无形中束缚了身体某些功能的正常发挥。

正如维利里奥所提出来的远程客体性和远程主体性，前者主要是指在各种商务活动过程中，主要凭借电子图像来了解相关事物的情况，而不是直接接触真实的物体，使得人们逐渐失去了对于现实的把握。而且人们还遭遇着在视觉、感觉和触觉空间的一种干扰，这是一种"拓扑透视的灾难"。[①] 具体表现为人们长时间将自己的目光聚集在电视、电脑等一切通讯设备的屏幕之上，麻木地对客观事物作出一种直观式的反应，与这种恐慌相伴随的是形成了远程主体性。这种主体性无法正确理解人们与周边具体事物之间的关系，不再是传统对于此在的认知。数字化时代光纤化技术所带来的画面即视感甚至是 VR 技术所带来的身临其境感，对人们的各种感觉认知都带来巨大的改观。维利里奥也看到了数码所带来的人类经历的变化，"数码光学确实就是陶醉的一个理性形象，统计式陶醉的形象，也就是说一种感知的混乱，它既作用于现实又作用于形象，仿佛我们的社会正在陷入一种有意盲目的长夜，而其数码威力的意志恰恰感染了我们视觉与知觉的天际"[②]。

[①] [法] 保罗·维利里奥：《无边的艺术》，张新木、李露露译，南京：南京大学出版社 2014 年版，第 17 页。
[②] 同上书，第 146 页。

最后，平台空间所对应的具体城市形式需要在支配性结构中进行生存反思。正如卡斯特在《信息化城市》一书中写道："信息空间历史性的出现正逐渐取代城市空间的意义。"① 在这个信息化数字空间中，互联网操作对于人们产生了一种支配性结构的影响。由于这种结构的支配性具有动态性和过程性，所以人类的生存主要依靠的是这种支配性结构。无论是作为支配者还是被支配者，凡是被纳入这个结构体系之中的都是有意义的，从而判定这种生存的价值标准主要在于能否被吸纳进数字空间的体系结构。就算是作为被支配者也需要经过严格的挑选，能够被选中证明被支配者还有一定的价值，否则的话，就是没有意义的存在。按照威廉·J. 米切尔（William J. Mitchell）所分析："当然，在空间化的城市里，不仅力求人人享有服务、促进面对面交流的活动高度集中，而且空间化城市本身即是一种组织和调控服务的获取的复杂结构。这些城市被划分为区、街道和地盘，它们依法拥有地产界限和司法权限，并被篱笆和围墙分割成一个个封闭的场所。"② 人与人之间的交往愈来愈倾向于由数字化网络所包裹起来的空间之中，并通过一种非建筑式的方式来重组这种交往模式。从日常生活体验来看，人们在被数字化包裹的过程中所感受到的是越来越深刻的孤独感。尤其是淹没在各种信息之中的人们，在这个虚拟空间里面，他们的身份问题还有待商榷，但社会形象无非是接受信息的服务方而已。如同列斐伏尔所言："这种孤独不是旧的个人主义的那种存在性的孤独，而是一种被消息淹没至深的孤独。"③

进入到数字资本时代，人与人之间的关系通过形式各异的社交软

---

① [美] 曼纽尔·卡斯泰尔：《信息化城市》，崔保国等译，南京：江苏人民出版社2001年版，第390页。

② [美] 威廉·J. 米切尔：《比特之城：空间·场所·信息高速公路》，范海燕、胡泳译，北京：生活·读书·新知三联书店1999年版，第22页。

③ [法] 亨利·列斐伏尔：《日常生活批判》第3卷，叶齐茂、倪晓辉译，北京：社会科学文献出版社2018年版，第665页。

件表面上可以拉近人与人之间的距离，但结果却是这种关系变得愈来愈疏远。实际上最为亲密的人在近距离接触时也会出现沉默至无话可说的情境，这时需要争夺出这种由媒介交往所带来的溢出性事实，不然在真实的亲近化过程中一切显得苍白无力。这是数字资本时代下空间重组的最新表现形式及其所带来的对于空间知识乃至人的生存方式的重新认知，同时，在实践过程中，平台空间理论需要面临资本重塑这一现实问题，这就进入到下一章的探索之中。

第三章

平台空间对现代资本的重塑

　　城市最终的任务是促进人们自觉地参加宇宙和历史的进程。城市，通过它自身复杂和持久的结构，大大地扩大了人们解释这些进程的能力并积极参与发展这些进程，以便城市舞台上演的每台戏剧，都具有最高程度的思想的光辉、明确的目标和爱的色彩。通过感情上的交流、理性上的传递和技术上的精通熟练，尤其是通过激动人心的表演，从而扩大生活各个方面的范围，这一直是历史上城市的最高职责，它将成为城市连续存在的主要理由。

——芒福德：《城市发展史》

　　在每一种情况下，这个系统都有一种内在的自我稳定的倾向。由于未能补偿或修复其隐秘场所，资本不断吞噬它所依赖的支撑。就像一条吃自己尾巴的蛇，它吞噬了让自己成为可能的条件。

——南希·弗雷泽：《食人资本主义》

在梳理了平台空间的理论基础之后，需要以理论问题来带动现实问题的研究，即通过平台空间对现代资本的重塑展开讨论，映射城市化的整个发展过程。从另一个角度来说，本章的目的是考察空间尤其是平台空间能发挥何种影响或者在哪些维度能够产生价值。同时直面重塑过程中所遭遇的城市化问题，并着重剖析重塑所面临的现实转变现象以及智慧城市这一重塑的最新成果。

一、平台空间重塑所遭遇的城市化问题

自列斐伏尔始一直延续至索亚，批判城市理论对于城市的研究范围涵盖传统工业城市、现代城市以及后现代区域化城市。这条思想史线索构成了平台空间在重塑资本的过程必须要面临的前提条件，即明确上述思想家们对于城市化理论的研究如何形成了自己的问题意识，如何生成自己的理论诉求，从而如何转换为一种批判性思考。

都市总问题式

列斐伏尔对于都市问题的研究主要源自 20 世纪七八十年代出现的城市化和全球化现象，这形成了他对于城市问题的总体性认识，由此他被视为城市社会学的先驱。列斐伏尔认为资产阶级的城市学说是由形式逻辑造成的，空间理论是空间知识，是城市哲学，这是一种二重奏对比。早期列斐伏尔把"城市"这一概念划归为"历史范畴"①，提出城市是对资产阶级社会全貌的概括。进而列斐伏尔强调在城市里面依旧保持着社会劳动分工，并且汇集了生产过程的全部要素。而整个

---

① Henri Lefebvre, *Marxist Thought and the City*, trans. Robert Bononno, Minneapolis：University of Minnesota Press, 2016, p. 116.

社会的城市化趋势随着大规模的工业化、资产阶级和资本的统治，会呈现蔓延趋势并且不断加速蔓延。所以城市在某种程度上是与生产力进而与剩余价值的形成密切相关，城市本身成为了矛盾的汇集地。"就城市本身而言，虽然它并不外在于生产力，也不是对资产阶级社会里的社会关系置若罔闻，但是从经济学的角度来说，城市正是在剩余价值的实现过程中走向了舞台中央。"① 城市是具体矛盾的生发地，如果城市没有边界而肆意扩张，那么最终的结果就是内爆。另外在社会被都市化以及乡村被城市兼并的过程中，城市出现了田园化的趋势。②

在列斐伏尔那里，为了保证城市理论的不断更新，他采用的是一种批判性的、"爆炸式"的研究模式。由此，列斐伏尔把当时所处的"我们的社会"描述为"都市社会"，以此展现当时社会发展的趋势、方向和潜在性。可见，"都市"这一"潜在的对象"能够对当时的社会状况和发展态势进行较好表达。那么列斐伏尔是如何论述"都市"这一概念的呢？首先，为了交代清楚"都市"这一概念，列斐伏尔特意着文《城邑③与都市》来将"城邑"与"都市"进行区分。在该文中，列斐伏尔归纳了城邑的三种特性：一是空间性本身，它处于一定的场所和位置。二是作为社会矛盾的集中表现处，它包含着近端秩序和远端秩序。这是空间作为一种秩序的本质使然。三是以建筑为典型标志

---

① Henri Lefebvre, *Marxist Thought and the City*, trans. Robert Bononno, Minneapolis: University of Minnesota Press, 2016, p. 122.

② 目前在很多城市地区会出现农家乐的现象，这些表面上看是人们对返璞归真的希望寄托，但实则乡村区域被城市所占领之后的一种反哺效应。依笔者拙见，这是与列斐伏尔的乡村区域研究相反的情况。

③ 这里"城邑"遵照中文版《空间与政治》一书中对于"ville"一词的翻译（中文版书籍中对于该词的翻译进行了解释说明，详细参见列斐伏尔《空间与政治》，李春译，上海：上海人民出版社，2015年版，第50页注释），后面的引文会遵照中文版书籍的用法。但在本文的论述过程中，依然使用"城市"这一说法。

的"作品"的城邑，更多的是被带有意识形态的群体所塑造呈现的。[1]列斐伏尔进而指出，伴随着工业时代而来的商品的普遍化以及日常生活空间的消费化，导致了传统城邑的瓦解。在列斐伏尔看来，这是一个辩证的过程：一方面，传统城邑遭受破坏，即整个社会的重建，虽然它的结果是现存的生产关系得以扩张并且获得一个更宽泛的基础；但另一方面，扩张的过程中带来了新的矛盾，即一边是权力和财富的集中，另一边则是人们所遭遇到的各种形式的隔离。"由此，一种广泛意义上的社会关系解体了，而与之相伴随的，则是和所有制关系密切相关的那些关系，被集中化了。"[2] 面对这样一种新的情形，列斐伏尔指出一个新的概念即"都市"。在本文中，列斐伏尔强调"都市"区别于"城邑"的独特之处就在于它是"构成性中心、作为集合的场所的空间、建筑物等等"[3]。这一中心包含着多重意义的矛盾，并且涉及不断进行自我瓦解的商业中心、符号中心、信息中心和决策中心等。

其次，在区分了"城邑"与"都市"这两个概念之后，列斐伏尔遵循着上述辩证过程的思路，指出工业时代的城市是一种"非城市"或"反城市"，这种"非城市"或"反城市"渗透到城市之中并使之爆裂，然后不断走向社会的都市化。列斐伏尔提出"这些描述性术语都没有完全考虑到内爆—外爆（implosion-explosion）（借用核物理学的比喻），也就是在都市现实中的一种非同寻常的集中化（人、活动、财富、物质以及对象、方法和思维方式），以及一种广泛的爆裂，各式各样的碎片的反映（市郊、郊区、二手房、卫星城等）"[4]。其中透露出在

---

[1] 具体论述参见列斐伏尔《空间与政治》，李春译，上海：上海人民出版社，2015 年版，第 52 页。

[2] 同上书，第 54 页。

[3] 同上。

[4] [法] 亨利·列斐伏尔：《都市革命》，刘怀玉、张笑夷、郑劲超译，北京：首都师范大学出版社 2018 年版，第 16 页。

进入都市社会之后，内爆—外爆的影响带来了"都市总问题式"①，从而生发出一系列与"都市"现象相关的问题乃至问题链。列斐伏尔力图在把这一总问题式放到整体过程中来解决。"都市总问题式"主要思考以下问题：如何建立一些城市或"事物"去取代往昔的城市？如何思考都市现象？如何对这些问题进行表述、分类和分层，以便更好地被提上议事日程？探索哪些理论和实践能够让意识达到超越性的可能的高度？②可以说，列斐伏尔的整个都市理论都是围绕"都市总问题式"所展开，在知晓了理论的渊源之后，如何面对都市的现实问题呢？列斐伏尔提出都市现象的认识论问题是借助于都市实践过程中的对象描述和建构模型，打破传统观察事物的方式，并把从工业化过渡到都市化这一过程视为步骤、时机、中介和工具。而过渡时期出现的两种极端结果：现代个体化城市的建设和古代都市共同体的复归，都被列斐伏尔视为都市规划的意识形态变体。③

想进一步讨论都市总问题所映射的现实城市状况，离不开恩格斯对于大工业时期城市里面的住宅问题所进行的论述。恩格斯注意到当时德国从工场手工业转向大工业的过程中大量农村工人涌入城市之中，就出现了工人、小商人和小手工业者的住房短缺现象。恩格斯认为资产阶级解决住宅问题的方法只有一个，就是"欧斯曼计划"。这个计划不是指巴黎的欧斯曼所采取的那套特殊的波拿马主义办法，即穿过房

---

① 谈到问题式就会联想到阿尔都塞，阿尔都塞意义上的问题式实则指形成和统摄问题域的思想（理论）生产方式。（详细参见张一兵《问题式、症候阅读与意识形态——关于阿尔都塞的一种文本学解读》，北京：中央编译出版社2003年版，第36页）虽列斐伏尔和阿尔都塞是两种不同理论路数的思想家，也许列斐伏尔提出这个都市总问题式也是基于当时的都市现实所进行的理论追问，而阿尔都塞则是引用了雅克·马丁的"问题式"这一概念，试图批判那些没有对文章和思想的内在本质和整体性进行深入思考的倾向。笔者提出这一点是试图在其中能够引发一些新的思考，以飨读者。
② 参见［法］亨利·列斐伏尔《都市革命》，刘怀玉、张笑夷、郑劲超译，北京：首都师范大学出版社2018年版，第17页。
③ 参见上书，第158—159页。

屋密集的工人区开辟一些又长又直又宽的街道，在街道两旁修建豪华的大厦，目的是造就一个依赖于政府的特殊的波拿马主义的建筑业无产阶级，并把巴黎变成一个豪华都市①，而是指"把工人区，特别是我国大城市中心的工人区从中豁开的那种已经普遍实行起来的办法，而不论这是为了公共卫生或美化，还是由于市中心需要大商场，或是由于敷设铁路、修建街道等交通的需要。不论起因如何不同，结果到处都是一样：最不成样子的小街小巷没有了，资产阶级就因为这种巨大成功而大肆自我吹嘘，但是，这种小街小巷立刻又在别处，并且往往就在紧邻的地方出现"。② 在恩格斯看来，这个计划的本质是受到资产阶级的管控，其中阶级分化现象得以凸显。根据恩格斯的论述，列斐伏尔认为"与社会的都市化相伴随的，就是都市生活的恶化：中心的突然出现，从此以后放弃社会生活——人们被分配、隔离在空间中。这里就存在着一个真实的矛盾，我称之为空间的矛盾：一方面，统治阶级和国家强化了都市作为权力和政治决策的中心的功能，另一方面，这个阶段和国家的统治被城市分裂了"③。从城市的问题分析可以看出，城市空间的分配和规划都被掌控在统治阶级的手中，但是国家的统治又因为城市的出现而不再是集中的统治，这是空间的矛盾实质所在。

在发现了空间所透露出来的矛盾问题之后，列斐伏尔提出了解决都市总问题的都市战略，即都市革命。列斐伏尔认为都市革命是一种总体性战略，它涵盖了随时随地发生的微观实践活动。就社会主义国家来说，列斐伏尔提供了三种可能性趋势：第一种是当没有意识到都市总问题式被工业生产的意识形态所扼杀时，就会误以为官方的都市规划是最终的解决办法；第二种为都市现实揭示了国家哲学的荒谬性，

---

① 详细参见《马克思恩格斯文集》第3卷，北京：人民出版社2009年版，第302—303页。
②《马克思恩格斯文集》第3卷，北京：人民出版社2009年版，第303页。
③ [法]亨利·勒菲弗:《空间与政治》，李春译，上海：上海人民出版社2008年版，第130页。

并且都市社会将对市民社会进行塑造，出现马克思所分析的政治社会被吸收到市民社会中，即"国家的消亡"；第三种即建立合法机构和制度来强化都市总问题式这一意识，并且采取合法的方式使前述转型成为可能。① 这是列斐伏尔的美好希冀，从侧面表现出都市革命的真正意义就是为了突出都市总问题，进而构建城市的治理体系和管理模式。

都市的本质被界定为矛盾的表现场所，它颠覆了场所之间的分离。并且在这些场所里面，充斥着悄无声息的矛盾，充满了分离的征兆。同时都市被视为一个欲望之所，这些欲望因有需求而得以出现，因被承认而被集中起来，它们与理性预期一起被融入对城市的打造和设计之中。面对社会内部的各种矛盾交织，列斐伏尔提出了内含于否定性都市法则之中的肯定性法则：一是打破都市发展过程中的障碍，对应的是保留习惯性的或契约性的事物；二是终结人与物、信息与信息之间的隔离，相应的是对于各种条件的再利用，实现都市社会的时间和空间的统一；三是克服差异性障碍，对应的就是建立统一的生产与企业自治。最后，这些作为都市规划的规则还成为国家与政治行动的工具，它所创造的空间并非要将其塑造成某件艺术品，而是具备政治性的。"城市空间是可怕的权力的工具，但它并没有破坏自然；它只是笼罩并征服了自然。只有在空间抽象的第二次螺旋中，国家才会接管自然：城镇及其市民不仅会失去对空间的控制，还会失去对生产力的支配，因为这些力量在从商业和投资资本转向产业资本的过程中突破了以前的所有限制。"② 列斐伏尔提出城市权并不是要回归到传统的城市，而是一种改变和更新城市生活的权利。这种权利不仅包含着改造和规划城市结构的权利，而且还囊括平等参与城市生活和获取相同资源的

---

① 参见［法］亨利·列斐伏尔《都市革命》，刘怀玉、张笑夷、郑劲超译，北京：首都师范大学出版社 2018 年版，第 166—167 页。

② Henri Lefebvre, *The Production of Space*, trans. Donald Nicholson-Smith, Oxford: Blackwell Ltd, 1991, p. 269.

权利。① 受到边缘化思想的影响，列斐伏尔提出城市权利主要是针对城市改造过程中边缘化个体在城市中追求合理的生存权而提出的。有学者把列斐伏尔对于空间的论述分割为两部分，分别是对于"都市"和对于"星球"乃至全球化的研究。从全球性的视野来考察都市空间，并且探索二者之间的互为想象依托的可能性，列斐伏尔走出了一条前人未走之路。

基于政治学视域来研究城市空间的列斐伏尔，可以说开启了批判城市化理论的先河。列斐伏尔提出的都市总问题是一种对现实道路的批判式追求，同时它成为批判城市化理论空间演化过程中反观城市本质的关键时刻。

城市实践体系

继列斐伏尔之后，延续这一批判城市化理论思路的是曼纽尔·卡斯特（Manuel Castells）。但卡斯特走的是一条相悖的道路，这主要是基于他对于芝加哥学派和列斐伏尔的批判。受阿尔都塞的影响，卡斯特强烈批评以罗伯特·帕克（Robert Park）和路易斯·沃思（Louis Wirth）为代表的芝加哥学派，他认为芝加哥学派所研究的都市社会学缺乏一个明确的理论对象，这样很难了解这一学科是如何建立起来的。在卡斯特看来，城市问题并非是帕克意义上的各种实验室或诊所等一系列建筑结构的整合，也并非沃思意义上的一种作为生活方式的都市主义，而是一种意识形态的问题。准确地讲，城市问题"使得相同话语里面的空间形式的问题式变得复杂，同时它涉及劳动力再生产的过程以及'现代社会'文化独特性的再生产"②。那么，卡斯特是如何理

---

① 参见 Henri Lefebvre, *Writings on Cities*, UK: Blackwell Publishers Ltd, 1996, pp. 158 - 159。

② Manuel Castells, *Urban Question: A Marxist Approach*, trans. Alan Sheridan, London: Edward Arnold, 1977, p. 429.

解城市空间的呢？卡斯特受结构主义的影响，把空间当成一种物质性产品，并与其他物质性元素产生关联。它不仅是社会结构得以布展的场合，还是每个历史总体中指定社会的具体展现。与其他真实的对象一样，需要确定那些能够对空间的存在和转型进行管控的结构化准则，同时还要确立空间与历史现实之中的其他要素之间的关联性。① 如同他对空间的理解一样，城市问题同样是结构主义的。在卡斯特看来，城市与空间之间的联系主要源自发达资本主义内部空间界划的社会特指。城市单位是生产过程，这一特殊单位用其他单位进行说明，从整体上形成一个过程。这种城市的特殊性是历史的，它受到社会结构中的经济这一方面的支配。也就是生产空间是区域性空间，生产空间的再生产则被称为城市空间。②

卡斯特将"城市形式"定义为社会意义的象征表达、城市意义的历史叠加，而这些形式一般是由历史角色之间的冲突过程所决定。③ 为了真正理解城市空间的问题，卡斯特提出构建城市实践体系。这种构建主要是通过对城市系统、一般社会结构和特殊连接点等进行详细阐述，并结合具体实际情况来进行分析。那么在一般社会结构中的城市系统是如何进行衔接的？前提是明确城市系统是社会结构的组成部分，而非完全脱离社会结构而存在。但是城市系统本身所规定的各种组合方式都是在具体实践中发生关联式互动。由于城市行动者必须要在经济、政治、文化和意识形态等结构中占据一定的位置，还要在这些系统的相互关联中深入到内部结构之中，这样才会促使一般社会结构中的各种城市系统完成衔接。城市实践会形成一个系统，这些实践的重要性在于构成它们之间的元素。它们发挥作用的方式就是这些元素之

---

① 参见 Manuel Castells, *Urban Question*：*A Marxist Approach*，trans. Alan Sheridan, London：Edward Arnold, 1977, p. 115。

② 参见上书，第 431 页。

③ 参见 Manuel Castells, *The City and the Grass Roots*：*A Cross-Cultural Theory of Urban Social Movements*，Berkeley, Calif.：University of California Press, 1983, p. 303。

间的相互组合，同时也展现出体系、转型、再生产、组织化和矛盾之间的结构规律。图 6 清晰展现了城市是如何将社会组织、社会结构以及相关系统协调起来，从而形成对城市的管控、城市形式转变以及城市体系的改造。这体现出城市实践体系的关键之处在于整个系统是一个处于非均衡状态的复杂统一体。

　　但是到了 1980 年之后，面对强烈的信息革命浪潮，卡斯特意识到信息时代的到来使得城市丧失了它原有的意义。在这一背景下，城市形态由工业城市逐渐发展为信息化城市。卡斯特撰写的《信息化城市》等著作中论述了信息技术促使城市空间向信息化空间的转变，并且面对如何实现城市意义与新的城市空间形态之间的整合这一问题，他提出在文化、经济和政治三个层面进行重构。在文化上，保留城市本来的符号标记，凸显文化个性；在经济上，重新定位城市和地区在信息经济中的地位，并将二者组合成"地域"概念；在政治上，地方担任着基础性的角色，通过组织公民参与建立信息网络来延伸地方政府的组织性功能，从而增强自身的权力。① 在卡斯特看来，流动空间所对应的信息化城市在本质上是结构化的模式，那么这种新型城市的类型不再拘泥于外在的形式。但是卡斯特在分析这个流动空间的过程中也看到在由信息化所打造的"美丽新世界"中，工人并没有消失于流动空间之中。由于资本在全球层次上的操作，促使资本家与工人阶级直接的对抗被囊括进信息全球化的流动之中。同时卡斯特对于信息化城市的批判在这一流动之中浮现，表明他走出了一条不同于前人研究城市未来走向的道路。由于卡斯特过于强调实证主义的研究，"在这些分析中，列斐伏尔以及 1980 年代之前的卡斯特身上那种特有的乌托邦关切消失了，理论的'现实主义'最终流于'现世主义'"②。

---

① 参见［美］曼纽尔·卡斯泰尔《信息化城市》，崔保国等译，南京：江苏人民出版社 2001 年版，第 393—394 页。
② 胡大平：《都市马克思主义导论》，载《东南大学学报》（哲学社会科学版）2016 年第 3 期。

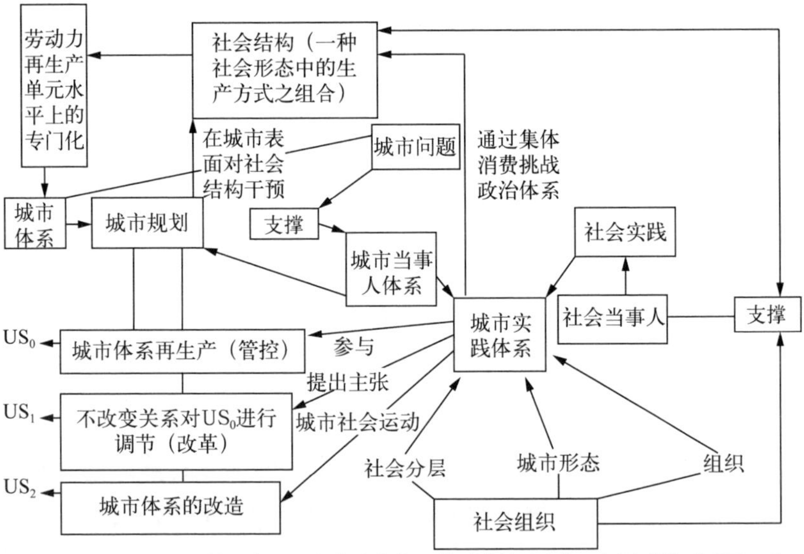

重要：箭头并不表示相继的顺序。不存在城市体系的"联锁反应"，因为整体形成了一个持续地"处在非均衡状态"的复杂统一体，因为体系不断地向阶级斗争屈服。

图6　城市实践体系①

城市权利

　　就探讨空间、城市和资本主义三者之间的关系而言，从《社会正义与城市》到《叛逆的城市：从城市权利到城市革命》，哈维可以算是走出了批判化城市理论的独特道路。他提出准确理解城市的概念框架是建立在社会学和地理学的想象之上的，这就需要把社会行为与城市里所展现出来的特定地理和空间形式相联系起来。一旦特定的空间形式建立起来，它呈现出制度化的趋势并且决定了社会进程的未来发展

---

① 参见胡大平《社会空间元理论与解放政治学前提重建——西方马克思主义的经验》，载《社会科学家》2017年第9期。借鉴本文中图一 卡斯特城市实践体系图。原图可参见 Manuel Castells, *Urban Question*: *A Marxist Approach*, trans. Alan Sheridan, London: Edward Arnold, 1977, p. 264。

走向。① 也就是说，哈维注重空间的具体形式与社会进程之间的关联，这种关联基于对城市的准确认识进而有助于走向具体的现实研究。

哈维如何看待"城市"这一基本概念？在《社会正义与城市》一书中，哈维指出城市作为都市主义的有形表现，一直被视为文明本身。在各种文化和历史背景下，需从多种视角来审视都市化现象。从普遍意义上看，都市主义被视为社会进程中的特殊形式或模式，但哈维力图将作为一种"社会模式"的都市主义和作为"建筑形式"和"主导生产方式"的城市进行区分。他指出城市在某种意义上是"由先前的生产积累下来的固定资产的储藏库"，而都市主义则是"一种社会形态，除此之外是一种生活方式，它是一种建立在某种特定的劳动分工和与占主导地位的生产方式完全一致的特定活动的等级排序之上的"②。哈维认为城市和都市主义可以起到稳固特定的生产方式的作用，它们能够为那种模式创造自我延续的条件。但是城市是矛盾积累的中心，因此成为新生产方式的诞生地。

在意识到城市和都市主义之间的关系之后，哈维进一步提出了资本的城市化问题。"以马克思主义为出发点的城市研究的主要目标之一，是揭示出资本积累的动态过程与建筑环境的生产之间的关系。它是一个更为宏大的研究目标的一部分，后者指的是将空间的社会生产过程和社会的空间再生产过程视作相关进程。为此，最主要的切入点乃是在区位策略、就业模式的变化和资本积累的发展之间建立起联系。资本被视作一种创造性的或者说毁灭性的力量，在追逐利润的过程中不断地创造和再创造着新的地理形态、新的劳动分工和新的社会关系。这一类文献所做的研究，主要目的就是将具体某地的社会变化、经济

---

① 参见 David Harvey, *Social Justice and the City*, Athens: The University of Georgia Press, 2009, p. 27。
② 同上书，第 203 页。

建设过程和资本的律动联系起来。"① 例如城市界域以外的土地成为投机性开发的目光投射处，而且这种投资会带来劳动分工在空间领域内的变化以及交通线路的增加和打造。城市空间结构布局发生变化，相应就会对后续的资本投资产生影响。也就是说，对城市空间不断改造的过程成为资本构造的重塑地基。正因哈维主要是基于资本主义政治经济学批判的视角，所以他主要分析了都市主义与剩余价值之间的关系，即"都市主义是剩余价值循环的产物。"② 具体而言，一方面，城市主义能够形成一种经济和社会整合模式，这种模式促使对大量社会制定的剩余产品进行流通、开发和集中；另一方面，如若没有社会集中的剩余价值呈现出地理意义上的集中，也就不会出现城市主义。那么对城市主义作出阐述，唯一的合法性解释在于这是一种社会剩余产品所经历的创造、移动、集中和操作的过程分析。与列斐伏尔不同的是，哈维把剩余价值进行流通的渠道视为主要干道，并且这条主要干道的突出表现是社会总体性标签的社会关系及其相互作用。事实上，理解剩余价值的循环就是理解社会如何运行的方式。虽然都市主义在吸收剩余资本的时候发挥了积极作用，使自身在地理范围内得以不断地扩张和延伸，但是这一过程带来的结果是生活在城市中的大众被剥夺了城市权利。

针对上述问题，哈维指出解决途径是通过城市化过程中对剩余资本进行民主管理，来建立城市权利。③ 这种城市权利的建构基础是创造城市资源的集体劳动。由于资本从共享资源的城市生活中获取利益并赚取租金，所以它成为争取城市权利首要反对的事务之一。但是垄断

---

① [英] 约翰·伦尼·肖特：《城市秩序：城市、文化与权力导论》，郑娟、梁捷译，上海：上海人民出版社 2015 年版，第 106—107 页。

② David Harvey, *Social Justice and the City*, Athens: The University of Georgia Press, 2009, p. 312.

③ 参见 [美] 戴维·哈维《叛逆的城市——从城市权利到城市革命》，叶齐茂、倪晓辉译，北京：商务印书馆 2014 年版，第 23—24 页。

地租的出现使得资本必须包容差异性现象的出现，能够允许地方性发展过程中具有某些不易控制和分歧的倾向。资本甚至支持一些偏离轨道的文化实践，也许只有这样才能达到真实性、独特性和创造性的程度。正是在这种空间里面会形成对抗性的运动，因为资本会通过各种途径来对所出现的文化差异现象以及文化共享资源不断地进行收纳、扩张乃至商品化和货币化，从而占据由此所产生的垄断地租。这样做的后果导致文化生产者们认为自己创造的文化成果于无形之中遭到了剥削，从而使得内在矛盾的对抗性不断向外喷发，并且这种对抗运动呼吁一种新的解决方案以真正实现这种文化产品的本真意义、独特价值以及美学意蕴。但是要意识到一点，垄断地租产生和占据的条件都高度集中在城市之中，如果要提出一个针对全球化的方案，还是要建立在诸多地方空间的运动之上。只有在分析垄断地租的过程中，才能够发现上述矛盾之中透露出来的结构性意义。而在追求真实性、共情性、传统性等价值过程中，社会主义方案似乎可从政治思想和行动的空间中初见端倪。反过来，这种贡献资源所引发的对抗性运动会培育出新兴的文化现象和新生的文化产业者。所以哈维说这是一个关键的希望空间，以期在探索新的革新道路之中试图获取解放的力量。①

哈维试图打造一个希望的空间，关键在于城市革命中诉诸城市权利的过程，但它如何成为反资本主义斗争的根本口号？哈维认为城市权利是一种集体的权利，它包含着所有劳动分工中从事各种职业的群体。但是由于这些纷繁复杂的劳动群体是生活在具备多样性的地方空间中，所以城市权利需从这些多元化之中寻求一种统一性。不仅使得各种组织能够在这种统一性之中聚集起来，而且进一步完善了组织的政治目标。在哈维看来，追求城市权利的最终目的是消除贫困和不平等现象，进而改善被污染和毁坏的环境。而实现这种希冀的前提是暂

---

① [美] 戴维·哈维《叛逆的城市——从城市权利到城市革命》，叶齐茂、倪晓辉译，北京：商务印书馆 2014 年版，第 113 页。

停造成资本积累的城市化过程，对此哈维在《叛逆的城市：从城市权利到城市革命》一书中把城市权利视为一种来自阶级的政治需求，并且这种需求通过城市革命来实现。具体而言，这种现实的政治实践与城市乌托邦形成了以下三个观点：一是争取周边街区或社区民众的支持。这种判定的前提是工人能够与地方民众建立密切的联系，但是如果遇到比较分散的城市状态这种情况，则需借助一种政治意识来维持和强化这种联系。二是重新改写"工作"概念和"阶级"概念，争取把市民权利的斗争纳入反资本主义之中。这种更新过的"无产阶级"概念包含着规模巨大的临时劳动部门，这类部门的劳动者是临时的和没有就业保障的。但是哈维认为正是这类人群具备反叛性和斗争性，他们在反资本主义的运动中起着重要作用。三是继续把生产中对于劳动者的剥削问题放在反资本主义运动理论的中心位置。同时给予这些劳动者以斗争的身份，并使他们获得组织保障。①

哈维结合资本积累对城市化进行剖析，进而提出了城市权利和城市革命，其最终目的是为政治解放寻求更多的可能性维度。那么，如何评价哈维对于城市权利的论述？城市运动之所以出现，是因为城市主体对于城市空间的需求与现实空间的分配不协调和不均衡之间出现了断裂，从而产生了主体对城市权利的不断追求。这个时期的城市运动是发生在客观结构的空间之中，并且在这种结构中权力斗争系统会发生相应的变化。正如卡斯特所理解的城市运动是由城市代理人与其它社会实践所组成的运行系统，它的发展客观上趋向于对城市系统的结构性更改，或者通过阶级斗争中的权力关系进行本质上的转变。② 恩格斯说过："大城市是工人运动的发源地，在这里，工人第一次开始考

① 详细参见［美］戴维·哈维《叛逆的城市——从城市权利到城市革命》，叶齐茂、倪晓辉译，北京：商务印书馆2014年版，第140—142页。
② 具体参见 Manuel Castells, *The Urban Question*：*A Marxist Approach*, trans. Alan Sheridan, London：Edward Arnold Ltd, 1977, p. 263。

虑到自己的状况并为改变这种状况而斗争；在这里，首先出现了无产阶级和资产阶级的对立；在这里，产生了工会、宪章运动和社会主义。"[1] 也就是说，工人运动是以城市作为中心，并且汇集了追求改变命运的无产阶级，从而第一次出现了无产阶级与资产阶级的对立。马克思在《国际工人协会共同章程》中指出："工人阶级的解放应该由工人阶级自己去争取；工人阶级的解放斗争不是要争取阶级特权和垄断权，而是要争取平等的权利和义务，并消灭一切统治阶级"。[2] 如何真正实现空间的解放？在马克思看来，巴黎公社是工人阶级在城市空间里面摧毁了被资本所统治的机构和组织，基于此来毁灭资本统治的经济基础，进一步将城市革命的范围扩展到其他城市，蔓延至乡村，不断辐射至其他国家。在全部的社会空间里面一切都是公有的，没有剥削和抢占现象出现。在某种程度上来说，马克思的空间解放路线是符合逻辑的因为城市是由于资本的矛盾性历史运动所形成的。

其实哈维提出的都市权利是建立在列斐伏尔的都市革命这一命题基础上，但仅从列斐伏尔入手是不够的，需进一步追问哈维的都市权利和都市革命与马克思主义的都市革命之间的理论渊源。哈维模仿米尔斯的"社会学想象"，就马克思主义理论改造方面提出了"地理学想象"，这种想象使得个体能够意识到空间和地点在各自人生中所产生的作用，使个体能够关心他所处的空间，并且认识到个体和组织之间的事务一直被将它们隔离开的空间所影响。[3] 如果一切都只是哈维在地理学意义上的想象，那他提出都市权利的实践意义何在？正如索亚所评论："哈维一直采取模棱两可的态度，犹豫不决而又富有想象力地迈向社会—空间辩证法，但是，他似乎总要回归到严格的马克思化程式，

---

① 《马克思恩格斯文集》第 1 卷，北京：人民出版社 2009 年版，第 436 页。

② 同上书，第 3 卷，第 226 页。

③ 具体参见 David Harvey, *Social Justice and the City*, London：Edward Arnold Ltd., 1973, p. 24。

即使这种程式化的局限性已变得更加清晰可见。"① 哈维虽然在理论上对于城市权利有着美好希冀，但是这种希冀是否真正能够落地生根，不仅体现出当代左派批判理论的尴尬境地，而且涉及一个重要问题，即理论与实践的关系问题。换言之，在强调理论与实践的统一性时，不能只是将二者简单相加，因为这种做法不会推进理论研究和实践研究。哈维没有站在历史唯物主义方法论角度上来思考资本主义的城市运动问题，并且他没有深入社会历史发展的矛盾变化之中，由此得出了表面深刻的乌托邦式设想。有学者提出不能忽视哈维所提供的独特知识贡献，虽然绝大部分研究空间、社会和城市状况的作者们都是从其他领域来引进理论，但是哈维是能够将空间、建筑环境和城市作为中心元素来创造社会和经济理论的极少数作者之一。②

后大都市

索亚顺着列斐伏尔的批判思路，集中在《后大都市——城市和区域的批判性研究》和《寻求空间正义》等著作中探索了批判城市化理论演化过程中遭遇的区域问题，最终提出了"后大都市"这一解决方案。在索亚看来，以"洛杉矶的联合都市"为代表的后大都市的出现意味着新的都市革命的开启。首先，理解后大都市的前提是分析都市活动的空间特性、村镇联合以及城市空间多元结合的区域性是如何实现的？作为城市空间的具体化呈现，都市活动的空间特性是指"在一个城市及其影响的地理性层面中社会关系、构建形式和人类行动的特别的结构"③。这种都市活动的空间特性主要表现在人类生活中的静态

---

① [美]爱德华·W. 苏贾（即索亚）：《后现代地理学——重申批判社会理论中的空间》，王文斌译，北京：商务印书馆2004年版，第89页。
② 参见[英]约翰·伦尼·肖特《城市秩序：城市、文化与权力导论》，郑娟、梁捷译，上海：上海人民出版社2015年版，第119页。
③ [美]索亚：《后大都市——城市和区域的批判性研究》，李钧等译，上海：上海教育出版社2006年版，第10页。

和动态两个层面：一方面是标榜和彰显文化、商业、休闲生活等各种内蕴的建筑物形态；另一方面是社会生活发展过程中带有目的性和政治性意图的社会结构改造。

激活这种都市活动的空间特性的主要途径是村镇联合。具体来说，城市、乡镇与村庄的结合形成了一个更加广域的都市网络，不仅使得城市的囊括模式更加多元化，而且能够带动乡镇与村庄朝着更加便捷和宜居的方向进行产业化和规范化改造。其中道路是乡镇与村庄扩张中最直观的空间延伸方式，并且道路的分布格局乃至畅通程度都在某种程度上决定了城镇与乡村的未来发展格局。虽然在城市化的演化过程中，由于规划的需求不断对外扩张进而占据了城乡接合处的某些区域，但这种现象的出现并不意味着乡镇与村庄的消失。相反，正是由于交通设施不断得以完善，所以当人们在厌烦了过度快节奏的生活方式之后，开始重返城镇与乡村，同时催生了以乡村旅游为特色的各种体验项目，这种返璞归真促使人们适当放慢脚步，获得与城市生活截然不同的生存感受。在这种意义上，村镇联合的聚集带动了城市与乡村之间更加紧密的联系。

再者，村镇联合可以理解为区域性的结合。城市空间具备纷繁复杂的形态，并且它的结构是等级化的。一方面是因为城市规划，另一方面也是由城市本身的历史传统所延续下来的对于空间格局的需求。但是一般意义上的区域性城市空间是这样的："它总是围绕着一个主导性的都市核心、一个大都市区域的'首府'或母域，在这里，村镇联合在所有肯定与否定性的表现形态上都是——但不是唯有此处——最稠密地密集着。"① 也就是说，所有的区域城市空间都会包括一个城市核心地段，即大城市诞生之初（一般城市里会有老城和新城之分，这里是指老城的区域）的地域，而村镇联合根据这一母域呈现出不同功

---

① ［美］索亚：《后大都市——城市和区域的批判性研究》，李钧等译，上海：上海教育出版社2006年版，第21页。

能和不同文化意指归属的形态。

其次，索亚提出后大都市是在经历城市危机之后的空间重构，它在很大程度上是现代性都市活动的延伸，并且更多地被打上后福特式和后凯恩斯式的烙印。为了对"后大都市"这一概念进行具体化诠释，索亚在《后大都市——城市和区域的批判性研究》中提出了大都市的六种后现代话语。与之对应形成了该书的六章内容，它们可以算作是从现代都市跨越到后现代都市这一过程中的尝试和探索。第一种话语主要是随着工业生产的弹性逐渐加强，带来技术和组织方式的新变化乃至变革。并且这些技术和组织方式呈现出疆域发展的新形势，促使基于地缘政治经济学视角的城市空间开始塑造后福特方式工业大都市的结构。第二种话语是新的国际都市，它产生的背景是城市空间的关注点转移到了由资本、劳动和文化所导致的全球化以及相应的世界城市新秩序问题。这种国际都市突破了传统城市规划和治理的领域限制，更倾向于打造经济、政治、文化等多方面的异质性空间。第三种话语是一种改变当代都市研究基础的新都市形式，即扩散都市。都市空间形式的重构主要表现为再中心化和非中心化打破了对于都市、郊区、村落、远郊、荒野等传统定义，现代大都市既呈现出内爆又不断地在外爆。第四种话语则是破碎的都市，也就是两极分化所呈现出来的差异、片段化的结构体系。具体关涉的是种族问题、不平等和极端贫困、新城市实体和移民问题。第五种话语主要关涉城市空间的监督管理、治安维护以及由发展所引发的社会空间控制等内容。索亚这里借鉴了福柯对于环形监狱的说法，提出后大都市是被规范化的群岛所汇聚起来的空间，公共空间和私人空间都遭遇到不同程度的监视。第六种话语是更加具备想象力的空间，只不过它被电子和数字重构，成为模拟城市。具体表现为虚拟社区、网络城市、比特城市和模拟城市等超空间形式。并且索亚在该书最后部分说明了关于城市和区域批判化理论处于持续的发展过程之中，形成了后结构主义、后现代女性主义、酷儿理论、后马克思主义分析、后殖民和其他反种族主义等批判话语。索亚认为这些话语中激增的空间正义意识也在不断地涌现，"新的都市化过程已经进入伴随着对建成和自然环境的破坏性结果的经济和超经济性（种族、性别、人种）不平等的扩大化影响中"①。这些后现代批评话语主要针对城市化发展过程中呈现的不平等和不正义现象，力图从第三方的立场找到解决问题的路径。

最后，面对后福特制时代所出现的城市问题，索亚的空间正义这一批判城市性话语对此进行了回应。索亚指出：发生在诸如巴黎等法国大城市中的城市骚乱现象，彰显了空间非正义的问题。面对这些非正义问题，索亚分析了人们对于城市和区域的关注形成了一种新区域主义。这种新区域主义的主要目的在于重拾福利区域主义构想，并且继续开展国际和地区间的正义运动。同时，城市与区域之间的关系发生了微妙的变化。在索亚看来，"城市权"这一概念正在变得区域化，并且大都市的区域格局和民主区域主义的新观念正在逐步形成。其中，本土的正义斗争是与大都市的区域、民族和全球分布紧密联系在一起的。空间正义是一把双刃剑：既具有强烈的压迫性又具备潜在的解放性。空间非正义最核心的表现是分布不平等。从城市的医疗设施分布、公共交通线路布局乃至教育等领域都存在着分配不平等的现象。索亚提出空间正义思想主要基于自己对于第三空间这一空间本体论形式的探讨。之所以出现空间非正义的现象，主要是由地理的不平衡发展所引发的。"空间正义"这个概念是与城市权、领土正义、非正义城市化以及社会正义地理等术语密切联系在一起的。所以索亚的空间正义思想并非一种命题，而是带有明确的政治和实践指向，即"空间性地看正义之目的是为了增加我们对正义作为所有社会中关键因素和动力的

---

① ［美］索亚：《后大都市——城市和区域的批判性研究》，李钧等译，上海：上海教育出版社 2006 年版，第 567 页。

普遍理解"①。

基于上述目标，索亚从理论和实践两个维度来建构空间正义。理论上构建空间正义主要采取六个步骤：一是由认识论层面定义合理化的凭据；二是建立新的空间本体论；三是对于正义概念的理论认知；四是探索空间正义的争论；五和六则是借助列斐伏尔和哈维对于城市权利的论述，力图在城市权利这一总体框架下来思考空间正义，并且试图形成新的空间意识。② 上述理论步骤为索亚寻求空间正义提供了实践可行性，其中以洛杉矶的各种正义联盟最为典型。当洛杉矶面临各种危机之后，开始把工会和城市社团、种族以及斗争联系在一起。并且这些斗争所发生的场所是超区域性的，不再局限于自己的工作场所和居住地。按照索亚的说法，聚集在一起的斗争是为了工人的争议，也就是为了获取城市权利并实现空间正义。索亚对于洛杉矶城市里发生的各种危机、冲突等各种情形都进行了详细而深入的调查，发现各种工人联盟、经济联盟组织基于社区的地区性特点而形成了具有规模性的组织。这种知识和区域意识呼吁一种广延的地域运动，即将当地的运动不断地扩展为国际性的追寻城市权和正义的运动。

"城市问题是最基本的语境普遍性的一个整体组成部分和具体化。这种语境普遍性是关乎社会生活的空间性，即我们建立在占有的结点性场所的一种多层面空间母体。究其特殊性、社会具体性方面而言，城市问题充溢着权力的各种关系，即统摄与依从的各种关系。这些关系在许多不同范围为区域性的区分和区域主义、地域权和不平衡发展、惯例与革命提供了渠道。"③ 在索亚看来，城市问题必然是与权利联系

---

① ［美］爱德华·W. 苏贾（即索亚）：《寻求空间正义》，高春华、强乃社等译，北京：社会科学文献出版社 2016 年版，导论第 5 页。

② 这里是简单概括，具体的详细论述参见索亚《寻求空间正义》的第三章"构建一种空间正义理论"。见上书，第 92 页。

③ ［美］爱德华·W. 苏贾（即索亚）：《后现代地理学：重申批判社会理论中的空间》，王文斌译，北京：商务印书馆 2004 年版，第 233 页。

在一起的，同时也是空间性这一普遍语境的特殊情形。但是索亚进一步提出城市问题中的权利关系是区域性的，是不平衡发展着的。他认同吉登斯所说的城市化是造成时间—空间加速疏离的原因之一，并且这种疏离在全球化的范围内进行延伸，这也是索亚强调批判社会理论重构的重要意义之所在。吉登斯在《历史唯物主义的当代批判》一书中强调城市问题研究对于社会学的重要意义，并且提出理解都市化现象的两大前提：一是要建立在对社会总体分析的基础之上，二是资本主义的城市化并不是由前资本主义社会直接过渡或者说延续而来的。[①]"马克思的遗产不是只留给了一群学术研究者，他还塑造了20世纪的政治实践，对于社会主义向资本主义生产方式发起的挑战而言，他的理论是重要知识元素。这种挑战以两种形式展开，在两者中城市都是关键要素。"[②] 所以，通过上述批判城市化理论者们的分析可以看出，城市一直需要不断的知识扩充和批判反思，而且城市在发展过程中出现了各种类型的现象和转型，这就进入下一节的讨论内容。

二、平台空间重塑所面临的现实转变

在深化历史唯物主义的过程中，不仅坚持历史唯物主义的方法论，而且把握住政治经济学批判的历史唯物主义基础。这成为平台空间对现代资本进行重塑过程中所坚持的方法论，由此本节主要解决的问题是如何看待从资本的空间化到空间的资本化、从空间消费到消费空间以及从景观到景观2.0等现实转化现象。

[①] 参见［英］安东尼·吉登斯《历史唯物主义的当代批判：权力、财产与国家》，郭忠华译，上海：上海译文出版社2010年版，第143页。
[②]［英］约翰·伦尼·肖特：《城市秩序：城市、文化与权力导论》，郑娟、梁捷译，上海：上海人民出版社2015年版，第119页。

资本的空间化与空间的资本化

列斐伏尔自"68运动"之后开始思考资本主义垂而不死、腐而不朽的原因，即马克思对于资本主义的分析没有看到资本主义的生产与再生产并不仅仅是社会内部，而是要生产出一个空间。换言之，资本主义的生产实际是空间本身的生产，而不是空间中物的生产。对于资本的空间化与空间的资本化主要源自列斐伏尔的经典论述，即当前的生产机制出现了从空间中的生产到空间本身的生产这一转变，"在目前的生产方式里，社会空间被列为生产力与生产资料、列为生产的社会关系，以及特别是其再生产的一部分"①。当今时代的所谓世界市场的确立乃至全球化这一话语的生成，都是空间的资本化的结果。

列斐伏尔在《资本主义的残存》一书中从马克思主义生产方式的视角，指出资本主义生产关系的再生产是通过空间生产实现的。而且只有在社会重构这一层面上，总体性才会被视为建立在新的工业和城市基础之上的过程。② 从本质上看，列斐伏尔的上述观点强调资本主义生产关系的再生产已经转移到了生产过程之外。所以列斐伏尔对马克思主义政治经济学最重要的贡献是资本主义从空间中的商品生产转向了空间本身的生产。后来阿尔都塞在《论〈再生产〉》一书中明确指认了这一点，"生产关系的再生产是通过国家政权在国家机器——一方面是镇压性国家机器，另一方面是意识形态国家机器——中的运用来保障的"③。同时涉及如何看待政治经济学批判的问题，即政治经济学批判在知识学上有着自身的独特性，它一方面对资本主义生产方式物质过程进行了深入分析，另一方面对这种生产方式所产生的拜物教进行

---

① 包亚明主编：《现代性与空间的生产》，上海：上海教育出版社2002年版，第51页。
② Henry Lefebvre, *The Survival of Capitalism*：*Reproduction of the Relations of Production*, trans. Frank Bryant, New York：St. Martin's Press, 1976, p. 127.
③ [法] 路易·阿尔都塞：《论再生产》，吴子枫译，西安：西北大学出版社2019年版，第283页。

批判，由此带有意识形态批判的色彩。[①]

　　在《正义、自然与差异地理学》一书中，哈维使用关系辩证法来对历史地理唯物主义进行解读。关系辩证法意味着去除了本质主义的范畴，比如关系辩证法在女性主义文化叙事中消解了男性和女性的二元划分、去除了男性好还是女性好的本质主义范畴。随着不断变化的语境，身份的转变主要取决于参照点，由此不存在绝对的范畴。哈维坚决支持这种思维方式，所以他给予过程本体论以优先地位。这种做法是在具体的层面上，即在人类行动的时空维度上，为政治寻找更加坚固的基础。哈维提出的历史地理唯物主义的显著点是：他放弃了本质性的维度，转向了德国辩证法的本质反思的维度。这恰恰是历史唯物主义的重要特征。所以，哈维转向了空间，尽管他反对把空间当作一种差异性、不可通约性，当作一种独立性来强调，但是在哈维的理论中空间是作为一个要素整合进历史地理唯物主义的基本要素之中。换言之，作为一个要素的空间是与历史这个时间维度并列的。"时空的历史地理学之一般特点（与更为详细的地点、时间和方式的描述不同）并非偶然的和任意的，而是内涵于资本主义发展的运动法则之中。一般趋势是周转时间的加速（生产、交换、消费的世界全部倾向于变得越来越快）和空间视野的收缩。"[②]哈维认为没有空间的维度就不能阐释过程本体论的优先地位，因为相对于历史唯物主义，如果仅从时间性的维度着手，那么这个时间性的维度必然是一种本体主义。比如说黑格尔的绝对精神的自我演绎，因为没有空间就不能走向过程，就只能走向某一个东西的过程。所以哈维谈论的历史地理唯物主义，实则为时间空间唯物主义。哈维最终的问题是缺乏德国古典辩证法的传统，

[①] 具体参见胡大平《地理学想象力和空间生产的知识——空间转向之理论和政治意味》，载《天津社会科学》2014 年第 4 期。
[②] [美] 戴维·哈维：《正义、自然和差异地理学》，胡大平译，上海：上海人民出版社 2015 年版，第 274 页。

他无法理解本质与本质主义之间的区别。这里有两种本质主义：一种是形而上学的本质主义，另一种是历史发生展开过程所突显出来的本质主义。比如前 30 年的全球化过程不断地突显了资本获益和资本发展的过程，不能说这种本质主义是虚假的。但如果从笛卡尔、黑格尔的角度来看，这种本质主义的确是抽象的。要反对的是上述本质主义，而不是唯物主义发生学的本质主义。其实马克思的历史唯物主义是不能在哈维的层面来改写的，因为一旦这么改写，譬如马克思的历史唯物主义是生产方式唯物主义，是历史生产方式主义，那么这种改写实际上把历史唯物主义的层面从本质反思层面下降到了一个经验过程层面。在此需看到的是，哈维的整个讨论是过程唯物主义。

遵循着马克思政治经济学批判的思路，哈维对于资本与空间关系的论述主要贯穿于他的《资本的空间：走向批判地理学》和《资本的界限》等著作之中。在这些著作中，哈维紧扣马克思的《资本论》和经济学手稿来分析空间的资本主义生产，引申出作为资本的商品和货币所遭遇到的空间障碍，从而提出解决资本积累及其产生的空间危机的方案，即空间整合。在《资本的空间：走向批判的地理学》一书中，哈维通过分析马克思剩余价值理论中的积累理论中过度生产，目的是想"验证积累理论是如何与空间结构的生产联系起来的"①。哈维认为既然存在着"用时间去消灭空间"，那么克服空间界限是必要的。如何做到这一点？空间结构最终作为进一步积累的障碍被创造出来，并且这些空间结构体现在固定的运输设备，产房和其他生产和消费工具之上。因此资本以物质景观的形式展现自身，并且以使用价值的形式来增强资本积累。这种由固定资本所构成的物质景观曾出现过鼎盛时期，但同时也为自己编织了囚笼，无法形成积累，于是这种景观的构建与

---

① David Harvey, *Spaces of Capital*: *Towards a Critical Geography*, New York: Routledge, 2001, p. 242.

"摧毁空间界限"和"用时间去消灭空间"是相对立的。在哈维看来，构建景观时的资本投资与为资本积累而破坏这些投资之间存在着矛盾，它是资本主义发展过程中必须加以协调之处。而固定资本出现的短暂危机被视为地理环境的周期性调整，以进一步适应资本积累的需要。因为固定资本所形成的景观不是一个协调有序的表达式，而是矛盾和冲突的聚集地。所以哈维指出："固定资本投资的危机，在许多方面都被看作是地理空间的辩证转型的同义词。"[1]

针对上述资本积累存在的内在矛盾，哈维提出解决这一矛盾的主要方案是空间整合。那么如何实现空间整合，哈维在《资本的界限》一书中指出了两个条件：一是必要条件，即商品交换需尽可能将空间中运动的商品和货币所遭遇到的物质障碍下降到最低限度。二是充分条件，也就是空间整合是由资本和劳动力的地理运动所带来的。在哈维那里，作为资本的货币和商品的地理运动与生产运动和贵金属的运动是不一样的。毕竟资本是以某种方式所使用的货币，但绝不等同于所有货币的用途。[2] 也就是说，以商品交换和资本和劳动力的流通为条件，空间整合需通过资本本身具体的物质循环过程来呈现。在这一过程中，要实现空间整合，消除资本流通的空间障碍，必须在土地上固化价值。在某种程度上，这种体现在运输系统生产空间中的价值成为需要超越的障碍。哈维正是循着马克思的分析找出资本积累所遇到的空间障碍问题，分析投资固定资本存在的危机其实是固定资本实现空间转型的契机。在马克思那里，资本流通需要更广阔的市场，从而追求空间的扩张，而不是作茧自缚。基于此，哈维提出空间整合，试图在空间与资本的罅隙之间找到弥合之处。与列斐伏尔的空间的生产相比较，哈维顺着马克思的思路从资本积累的视角挖掘出资本与空间之

---

[1] David Harvey, *Spaces of Capital*：*Towards a Critical Geography*, New York：Routledge, 2001，第 248 页。

[2] 参见上书，第 376 页。

间错综复杂的关系，从地理的空间结构视角解释资本主义的内在矛盾。"哈维从马克思主义地理学的核心出发，伸展到西方马克思主义和现代批判社会理论更为广阔的领域，为空间化了的马克思主义和空间化了的对资本主义发展的批判，进行了强有力的辩护。"①

唯物史观已经超越了单一的客体主义或主体主义，尤其是在进入了社会历史过程的主客体辩证法之后，由生产方式矛盾运动分析所得出的时间和空间，一方面它本身具有客观性的维度，是资本内在矛盾运动不断发展过程中的时间维度，却不是流俗意义上的时间观；另一方面它具有主体性维度，也就意味着上述内在矛盾运动发展最终走向的是私有制的灭亡，并迎来人类的解放，但这也不是纯粹主体性的意义上来建构时间。与时间的建构一样，空间并不是指单纯的位置或者说地方，它更多的是资本的扩展及其所到之处，它的布展主要是因为资本的内在矛盾运动。空间并非生产关系，而是生产关系矛盾性的表现形式。空间成为资本增值过程中的各种要素之一，类似于工人成为劳动力资本，机器变成了不变资本等。更为关键的是，必须要从历史唯物主义的角度来理解此处的资本，而不是从资产阶级政治经济学的角度。

但是空间这一资本要素的本质并不在于要素本身，而在于内在矛盾性的资本特性。在与列斐伏尔的"空间的生产"进行比较时需注意，前述一直强调列斐伏尔所理解的空间在本质上是和生产关系的再生产联系在一起的。"因此，这个空间既是抽象的又是具体的，既是均质性的又是断离的。它存在于新兴的城市中，存在于绘画、雕塑和建筑中，也存在于知识中。"② 在列斐伏尔看来，空间正是在上述意义上成为生产关系再生产的场所。空间的矛盾来自"实践的、社会的、特别是资

---

① ［美］爱德华·W. 苏贾（即索亚）：《后现代地理学：重申批判社会理论中的空间》，王文斌译，北京：商务印书馆2004年版，第100页。
② ［法］列斐伏尔：《空间与政治》，李春译，上海：上海人民出版社2015年版，第33页。

本主义的内容"①。这种比较并不在于生产与再生产，而是如何生产与再生产，也就是说，考虑的是经验性生产关系的不断再生产所带来的铺天盖地，还是矛盾性生产关系的生产与再生产所带来的资本制度的危机和灭亡。

如果说哈维从客观物质的角度出发去阐述历史发展过程中的根源性矛盾的话，这部分可算作是对马克思历史唯物主义思想的继承。但是要注意哈维的历史地理唯物主义与马克思的历史唯物主义之间的根本差异在于：马克思的历史唯物主义主要把关注点放在历史性的维度上，比如资本全球化、殖民化、西方统治东方、城市的文明等。这些说法都是比较模糊的概念，它们是建立在对空间阐述这一抽象的层面之上的。而在哈维的分析中，地理是人为的，资本是通过地理来建构的，这一点是对马克思的推进。换句话说，以往对空间的理解在马克思那里是抽象的，而哈维是从客观物质条件来进行理解的。

空间消费与消费空间

如果说上述资本的空间化转向空间的资本化是出现在工业社会的话，那么从空间消费到消费空间的转变则是消费社会所面临的必然现象。工业社会过渡到消费社会并非是纯粹的自然过程，而这个过程的主要特点是空间的直观变化，因为空间的改变是生产和消费的共同作用。② 正是在这一背景下，本目试图解决的问题是：为什么出现从空间消费到消费空间这一转变？如何理解消费社会里的空间概念？转向消费空间的动力或者本质是什么？列斐伏尔在《空间：社会产物与使用价值》一文中指出："当我们到山上或海边时，我们消费了空间。当工业欧洲的居民南下，到成为他们的休闲空间的地中海地区时，他们正

①［法］列斐伏尔：《空间与政治》，李春译，上海：上海人民出版社2015年版，第41页。
② 胡大平：《城市与人》，南京：南京大学出版社2015年版，第70页。

是由生产的空间（space of production）转移到空间的消费（consumption of space）。"① 在列斐伏尔看来，人们以前是在广义维度的空间之下进行消费，但是现代社会所建立的娱乐休闲场所不仅仅是作为一个空间而存在。当人们根据自身需求从纷繁复杂的场所中攫取其中一个时，空间就变味为以消费为主导。

法兰克福学派的技术批判理论强调科学技术的奴役效益促使整个社会文明走向冻结，与此同时指出战后出现的消费社会带来了资本主义的丰裕状态。可这种丰裕状态又携带着匮乏，表面上自由实则束缚。至此，西方马克思主义者开始追问资本主义究竟产生了何种问题，它的未来和希望又在何处。所以，在这种反思式的背景下，出现了一条与法兰克福学派并行不悖的路线，即消费社会理论。列斐伏尔的日常生活批判理论最初把对于资本主义生产关系的生产与再生产是如何运作这一问题，与流行的消费社会理论进行对立，他从马克思主义的角度提出后工业社会是一种消费被控的官僚社会。鲍德里亚的《消费社会》里面强调资本生产是垄断的，但过去列斐伏尔对垄断的批判集中在对商品生产的垄断上，而鲍德里亚认为焦点问题在于目前资本生产已经完成了商品生产的垄断，逐渐走向个性和差异的垄断。同时这涉及整个社会符号化的问题，符号化是以数学方式来固定意义和再现形式，并且这个意义本身源自内在对世界的反应。如果发出巨大的声响，以往在人们的内心深处会对此产生回应，并且会对这一声响心生好奇并询问相关的情况。但是身处现代性这一领域中的人们对于轰然一声的反应已经被标准化，人们的好奇早已被媒体世界所磨平。这是具化的经验是如何被塑造的过程。当下人们已经习惯了"反应"，而且人们对于第二天的预期变得格式化，这是由各种媒体所导致的异化。从具深化经验的角度，需了解之前的思想家们对现代生活的基本判断。

① 包亚明主编：《现代性与空间的生产》，上海：上海教育出版社 2002 年版，第 50 页。

现代社会的内在统一性的机理表现为今天再现世界的方式符号化，意义被抽空了，这是一种外在的定义。如果消费是维系这一社会并使社会再生产继续下去的手段，那么结果是刺激更多的消费。以现代化的眼光来看，任何社会都要经历从起飞到增长再到大众消费社会的兴起这一过程。并且大众消费社会兴起的重要特征是当生产力已经发展到生产人们生存和发展所必需的物质生活资料都能保障时，意味着从最基本的生存角度来说物质生产已经过剩。但整个社会得以运行的条件是促使上述过程得以消耗，如何消耗？即开发人们的欲望和胃口。"今天，生产的东西，并不是根据其使用价值或其可能的使用时间而存在，而是恰恰相反——根据其死亡而存在，死亡的加速势必引起价格上涨速度的加快。仅仅这一点就足以对有关用途、需求等的整个经济学'理性的'公诉产生怀疑，不过，人们知道生产秩序的存在，是以这种所有商品的灭绝、永久性的预先安排的'自杀'为代价的。这项活动是建立在技术'破坏'或以时尚的幌子蓄意使之陈旧的基础之上的。广告耗费巨资实现了这一奇迹。其唯一的目的不是增加而是去除商品的使用价值，去除它的时间价值，使它屈从于时尚价值并加速更新。"[①]广告通过技术破坏或者打着时尚的招牌不断地刺激消费，促使人们为满足自身的欲望而趋之若鹜。在资本主义拜物教之下开发和创造新的需求，这是消费社会的典型问题。消费社会表面上呈现为技术规律的诸多法则，但是这些法则是社会规律的物化形式，这是消费社会里的悖论现象。比如说吉登斯法则，即吉登斯悖论，它是由19世纪著名经济学家吉登斯所提出。当吉登斯研究煤炭使用效率问题时，他发现提高煤炭的效率并非在总体上降低煤炭的消耗。如果煤炭的使用效率越高，总体煤炭需求也就越高，因此煤炭总量消耗越快，人类的需求仍

---

① [法] 让·鲍德里亚：《消费社会》，刘成富、全志刚译，南京：南京大学出版社2014年版，第26页。

然无法满足。这个问题构成了经济学著名的悖论，环境保护同样面临这个问题。越是生产环保产品，生产环保能力的技术越强，最后的结果是越来越不环保。环保行为成了一种"明知故犯"。正是意识到消费社会之深刻的意识形态劣根性，鲍德里亚指出："消费是用某种编码及某种与此编码相适应的竞争性合作的无意识纪律来驯化他们；这不是通过取消便利，而是相反让他们进入游戏规则。这样，消费才能只身取代一切意识形态，并同时只身担负起整个社会的一体化，就像原始社会的等级或宗教礼仪所做到的那样。"①

在消费社会中，城市空间成为集体消费的专门语境。换言之，城市成为消费的场所和对象，抑或城市本身成为消费的空间。"城市不再仅仅是我们生活的人工环境，而且直接就是我们消费的对象。"② 斯蒂芬·迈尔斯（Steven Miles）认为个体与社会之间的关系受到了消费的影响，并且消费空间为个体重新设置社会目标提供了渠道。但是从消费者的视角出发，他们只满足于由消费带来的欲望和需求的满足。表面上消费者收获了能购买到商品的自由，但这种自由并不会如约而至。"消费空间可以说是现行意识形态的一种物质表现。"③ 消费者在消费空间里获取的愉悦感是短暂的，从另一个角度来看，消费行为都只局限在这个消费空间里面。消费者没有自主性选择，同时他们在不知不觉中受到这种意识形态的控制。迈尔斯关注的不是产生消费的空间，而是那种供消费之用的空间，也就是使消费发挥意识形态功能的空间。迈尔斯描述的消费空间这种意识形态的物质表现与鲍德里亚的分析有着异曲同工之处。鲍德里亚认为意识形态的过程"是一个将象征性物质载体还原为、抽象为一种形式的过程。但这种还原性抽象立即成为

---

① [法] 让·鲍德里亚：《消费社会》，刘成富、全志刚译，南京：南京大学出版社 2014 年版，第 78 页。
② 胡大平：《城市与人》，南京：南京大学出版社 2015 年版，第 68 页。
③ [英] 斯蒂芬·迈尔斯：《消费空间》，孙民乐译，南京：江苏教育出版社 2013 年版，第 8 页。

一种价值（具有自主性的），一种内容（超验的），一种意识的显现（所指）"①。可见消费空间是把空间抽象化了，导致消费者失去了空间消费的自主权，这时需警惕空间拜物教的出现。

如何理解空间拜物教，可以从马克思分析商品拜物教的过程中找寻端倪。"商品形式在人们面前把人们本身劳动的社会性质反映成劳动产品本身的物的性质，反映成这些物的天然的社会属性，从而把生产者同总劳动的社会关系反映成存在于生产者之外的物与物之间的社会关系。由于这种转换，劳动产品成了商品，成了可感觉而又超感觉的物或社会的物……相反，商品形式和它借以得到表现的劳动产品的价值关系，是同劳动产品的物理性质以及由此产生的物的关系完全无关的。这只是人们自己的一定的社会关系，但它在人们面前采取了物与物的关系的虚构形式。因此，要找一个比喻，我们就得逃到宗教世界的幻境中去。在那里，人脑的产物表现为赋有生命的、彼此发生关系并同人发生关系的独立存在的东西。在商品世界里，人手的产物也是这样。我把这叫作拜物教。劳动产品一旦作为商品来生产，就带上拜物教性质，因此拜物教是同商品生产分不开的。"② 消费空间在这里如同马克思所言说的商品拜物教，颠倒的社会关系被误认为是空间与空间之间的互动所带来的。尤其在消费社会里，通过电视、网络等传播媒介中的广告营销，人们能够在自己的空间与网络社会的流动空间（卡斯特语）的互动中购买到商品，表面上是在空间里面的消费，实则是在消费空间。因为对于商品的花费，不只局限于商品本身的费用，还有节省空间所带来的费用以及运输货品所消耗的费用。如果没有注意到这一点，就会再次陷进马克思分析过的货币拜物教和资本拜物教所打造的迷窟之中。马克思认为货币拜物教的迷是商品拜物教的迷，

---

① ［法］让·鲍德里亚：《符号政治经济学批判》，夏莹译，南京：南京大学出版社 2009 年版，第 140 页。

② 《马克思恩格斯全集》第 44 卷，中文第二版，北京：人民出版社 2001 年版，第 89—90 页。

"当一般等价形式同一种特殊商品的自然形式结合在一起，即结晶为货币形式的时候，这种假象就完全形成了。一种商品成为货币，似乎不是因为其他商品都通过它来表现自己的价值，相反，似乎因为这种商品是货币，其他商品才能通过它来表现自己的价值。中介运动在它本身的结果中消失了，而且没有留下任何痕迹。商品没有出什么力就发现一个在它们之外、与它们并存的商品体是它们自身的现成的价值形态。这些物，即金和银，一从地底下出来，就是一切人类劳动的直接化身。货币的魔术就是由此而来的"①。如果只关注到消费空间所需要的费用，仅仅是浮在拜物教的商品和货币层面，还需要深入挖掘不为人们的经济生活真正知晓的层面，即从空间消费转变为消费空间，其实是资本内在矛盾的凸显。在马克思看来，"这种神秘的性质，把各种的财富生产上的各种物质要素作为担负物的社会关系，转化为物品本身的属性（商品），并且还更加显著地把生产关系本身也转化为一个物品（货币）。一切有商品生产和货币流通的社会形态，都不免有这种颠倒。但是，说到资本主义生产方式和资本（资本主义生产方式的统治的范畴，它的决定的生产关系），这个荒唐的颠倒的世界就会更厉害得多地发展起来"②。

进入到数字资本时代，生产出来那一刻就不属于生产者本身。人们在享受购物的过程其实是一次数字劳动，消费者的行为受到更为理性的规训。同时在诸多销售平台上形成相应的数据结构之后，就产生了大数据。比如社交网络上的互动行为会构成一个数据，这个大数据会提供喜好推荐。这时消费加快了资本运转的速度，更重要的目的不是消费，而是生产。消费者购买东西后留下的数据痕迹成为商品生产

①《马克思恩格斯全集》第 44 卷，中文第二版，北京：人民出版社 2001 年版，第 112—113 页。
② 转引自张一兵《回到马克思——经济学语境中的哲学话语》，南京：江苏人民出版社 2009 年版，第 619 页。

者进行再生产的重要依据。工业时代的生产是盲目的，而大数据时代会根据订单进行精准生产，商品的积压量远远低于以前的情况。资本的盲目性被一般数据的可预测性所取代，因为这种一般数据是由每个用户的数字劳动所生产出来的。但是这些一般数据实际上被掌握在资本家手中，它们脱离了其生产者并被资本家所占用，从而支配着今天的生产、金融乃至日常生活的许多方面。[①] 尤其为了刺激消费，网络平台的各种直播节目逐渐流行。在虚拟空间所建立起来的消费模式，表面上是在虚拟空间里由主播推荐，然后消费者进行购买，实则为将消费模式从传统的消耗一定的时间和距离来跨越地域限制前往商场或购物中心，转移到通过手机和移动数据在各种平台自带的小程序上按需购买。这时直播间里汇集了来自各个地区的消费者，并且还有针对不同区域的消费者进行精准推送。从现象层面，上述消费模式的转变节省了人们出门所需耗费的时间和空间，但是这些节省下来的费用全部被投入直播间或者平台中，本质上是一种消费空间。所以这种消费空间同时成为一般数据的生产空间，它背后的关键是受到数字资本的控制。

景观与景观 2.0

消费欲求推动着空间的快速流动，从而形成区域景观现象的蓬勃式爆发。随着数字化时代的到来，互联网平台将万花筒般的社会生活全部串联起来，交织出现实社会关系和社会活动这张大网，呈现出新的景观 2.0 社会。首先，要知晓景观社会是如何升级为景观 2.0 的社会，前提需追溯居伊·德波（Guy Debord）创建情景主义国际的时代背景。情景主义国际主要针对法国在 20 世纪 50 年代至 60 年代期间所经历的工业化和现代化时期的社会经济形势。由于人口出现从农村向

[①] 当大公司掌握了大量的用户资源时，将会涉及对这些一般数据的使用问题、软件的生态问题、用户对系统的附着性问题等。并且需注意：用户的生态系统不是公开的，而是由某些资源强行霸占的。（对于这些问题的论述详见下一章。）

城市迁移，家庭收入的增加，消费和购买诸如电视和洗衣机等家用电器的需求增加，整个国家的社会结构发生了重大变化。法国公民社会试图应对跟英国和荷兰等欧洲大陆在内的国家一样所正在经历的现代化进程。从这个意义上，情景主义国际的主要关注点是都市主义，因为原有的城市空间被突如其来的现代化和工业化给彻底改头换面。德波力图将资本主义视为一个社会过程来理解，具体表现为：由现代性引发的社会过程主要反映人们的日常生活，标准化的生活方式规型了郊区化城市模式，超市、旅游景区等实体建筑成为旅游和度假的标志，同时它们是时尚街道和商业中心所倡导理念的主要物化表现。

正如德波在《城市地理学批判导论》一文中所说："在我们所参与的所有事物当中，无论对其感兴趣与否，唯一真正使人兴奋的事情是探索一种新的生活方式。美学和其他学科显然在这方面做得不够充分并且显露出极大的漠不关心。因此，我们应该描述一些临时性的领域，包括在街道上所观察到的某些偶然性和可预测性的过程。"[1] 从德波的分析中可以看出，他主要把自己的关注点放在日常生活中随处可见的、由各种媒介所架构起来的景观现象，只是这种细致入微的现象被人们所忽视了。德波认为需要挖掘出上述表征现象背后的实质，由此他从"景观"这个概念入手。德波最早提出"景观"概念可以追溯到 20 世纪 50 年代，景观是对资产阶级世界观的象征性表现，是一种发达资本主义的意识形态工具。因为它试图通过商品化、制造虚假欲望和无处不在的广告这一过程，将人们与他们的生活相分离。在德波那里，"景观"这一概念随着资本主义的发展逐渐突显出来，并且它的产生基础是与西方文明平行的。从哲学、社会经济和文化的视角来看，景观构成

---

[1] 参见 Guy Debord, "Introduction to a Critique of Urban Geography", in *Critical Geographies：A Collection of Readings*, edited Harald Bauder and Salvatore Engel-Di Mauro, British Columbia：Praxis (e) Press, 2008, p. 23。或者参见 [法] 居伊·德波《景观社会》，王昭凤译，南京：南京大学出版社 2006 年版，第 164 页。

了现代性的条件以及后现代性前提的一种解释。德波认为这种情况从本质上是一种人与人之间的日益疏远。如果按照这样的论述，人们的社会性已经被资本主义严重剥夺，取而代之的是一种工具性的思维和生产逻辑。这种逻辑倾向于通过破坏社会结构和大众文化的有机价值以及用预先定义好的行为、独白和沉默模式来取代人类的正常对话和交流沟通。

其次，景观2.0的提出是基于现在的数字、信息等占主导地位的资本主义现状，形成了对于晚期资本主义及其主体性的总体框架。信息资本主义社会的主要特征是信息通讯技术与劳动力之间的合流，那么所形成的景观是通过一种单一性话语以及包含物流、金融、新媒介和都市主义在内的多种生产环境所形成的交互式网络。并且这种景观通过商品化、剥削和物化的过程，占据着社会生活的绝大部分。景观2.0与景观之间的关系可以表述为：就景观本身所具有的分离特性而言，景观2.0可以说是对这一特性的延伸，在数字资本时代提出景观2.0实则是对于景观的再次改造。具体而言，德波通过提出统一和分离之间的紧张关系，阐明了晚期资本的特殊力量，这种力量经由专业化或者等级化来将所有分离力量的先前形式聚合在一起。正如德波所说："因此，景观汇合着分离物，但是它把分离物当作分离物进行汇合。"①景观2.0也延续了景观的上述特点，并且它是在高连接和个性生产实践，在线上和线下的层面，工作的社会化和私有货币化之间的辩证关系之中被提炼出来。尽管景观2.0是建立在这一核心辩证法的基础上，但是当下资本主义发展的突出表现是信息通讯技术占主导生产模式，景观就逐渐演化成被称之为"景观2.0"的新形态。景观2.0是消费生产和生产消费之间的相互融合，换句话说，景观2.0包含了更广泛的生产性社会关系，它们的结合导致了一个由更广泛的主体性操作带来的高度矛盾的场景。景观2.0通过结合社会关系、价值和主体性的生

①［法］居伊·德波：《景观社会》，张新木译，南京：南京大学出版社2017年版，第13页。

产过程重新看待客观形式与主观形式之间的关系。因此，这种由景观所提供的统一性框架能够反映生产关系的主观方面（即劳动者和媒介使用者）同客观方面（即生产方式和生产关系）之间的辩证关系。在景观 2.0 中，主观性是以数字群体的形式出现，它无法被具化，而是在片段式和偶发式的层面上呈现，也就是关于景观的统一和分离之间张力关系的重新表述。

最后，从景观到景观 2.0 的转变过程彰显了景观的意识形态本质，同时这是唯物史观空间话语中面临的现实境遇。德波提出："如果说资本主义经济的所有技术力量都应该被理解为实施分离，那么在城市规划的情况下，人们与之打交道的是对技术力量普遍基础的装备，是对适合于展开技术力量的土地处理，是对分离技术的开发。"① 德波不认同麦克卢汉提出的"地球村"，他强调麦克卢汉是景观的第一个辩护者，并且他改变了以往大众传媒的用法。"地球村"这一提法是对全球景观的粗俗描述，并且它没有体现景观背后的意识形态性本质。

德波对于城市的分析借用了马克思《德意志意识形态》里对于城乡关系的论述，指出城市化把城市毁灭了，使得城市不再有传统历史城市中社会关系的承接，更多缺失了与乡村之间的自然关联。德波指出："威胁这个衰落世界的历史，也是能够使空间服从于所经历时间的力量。无产阶级革命就是这个人类地理的批判，通过这个批判，个体和群体就有必要建造一些景点和事件，它们不仅要对应于其劳动的占有，而且还要对应于对其全部历史的占有。"② 列斐伏尔也强调过"作为社会文本，历史性的城市不再有一致的指示，不再有与象征和风格相关联的连贯的时代用法。这种社会文本不断地变来变去，一会儿是文献，一会儿是展览，一会是儿博物馆。历史地建构起来的城市不再具有生命，不再被实际地理解，它仅仅是一个用于观光和猎奇的文化

①［法］居伊·德波：《景观社会》，张新木译，南京：南京大学出版社 2017 年版，第 108 页。
② 同上书，第 112 页。

消费对象，热衷于壮美的景致和如画的风光"①。这种城市空间似乎只具备了展示的功能，而丧失了它原本历史积淀下来的那种传统风格，成为仅供人们观赏和娱乐消费的对象。

德波对于空间的看法主要受到黑格尔的影响，他指出，城市这一空间是历史所创造出来的各种事业和社会权力的聚集之处。这一新世界的开创是使空间能够服从于时间，而无产阶级革命则成为人类对地理学的批判，是由个人和集体所创造出来的事件和地点，并在此基础上所形成的整体性历史考量。德波受到了列斐伏尔对日常生活批判的启发，开始对文化进行辩证的批判。根据这种批判，文化领域一方面为反叛的、反墨守成规的，甚至为先锋艺术的革命性思考提供了潜在的机会，另一方面在商品化的过程中为整合、物化和异化提供再生产的领域。在这种意义上，景观和文化产业描述的是类似现象。

实际上，千奇百怪的景观现象是现代性的矛盾表现。表面上各式各样的建筑充满了各种可能性，但实则"我们的小酒馆和都市街道，我们的办公室和配备家具的卧室，我们的铁路车站和工厂企业，看来完全囚禁了我们"②。在社会生活中，由资本打造出的景观有两个层次：一是德波所完成的对整体的分析，但是接下来景观作为商品需要经营，它会被拆成一个一个部分。比如阿联酋诞生了帆船大酒店，它的钢材是世界各地区的以及中国的建筑工人的贡献。景观被拆分了，然后在任何地方加以重新组装。这个景观像一个大积木的拼装，尽管它表面上呈现了多样性，但归根结底是内在的统一性，在各个地方仅仅是量的差别而已，就质的而言完全是一致的，一致之处在于打着愉悦这样一个实际主人的名义，推销的是关于标准的什么是美的、什么是好的、什么是代表有面子的，这是第二个层次。所以世界各地的休闲广场虽

① Henri Lefebvre, *Writings on Cities*, UK：Blackwell Publishers Ltd, 1996, p. 148. 这里转引自胡大平《城市与人》，南京：南京大学出版社 2005 年版，第 204 页。
② 参见［德］本雅明《机械复制时代的艺术作品》，王才勇译，北京：中国城市出版社 2001年版，第 54 页。

然外在差别很大，但本质是一样的。马克思说："此外，只要按照事物的真实面目及其产生情况来理解事物，任何深奥的哲学问题都可以十分简单地归结为某种经验的事实。"①

上述分析的资本的空间化与空间的资本化、空间消费与消费空间以及景观与景观 2.0 等转变，不仅是人们思考唯物史观空间话语对于当代社会现象的回应，而且为进一步思考智慧城市的空间话语转变提供逻辑思路的方向。

三、平台空间对现代资本重塑的最新成果

智慧城市是平台空间对现代资本重塑的最新成果。对智慧城市的探讨须建立在既有资本主义城市化模式批判的基础上，并提供城市研究未来发展的可行性路径。智慧城市的构造和布局主要凭借数字资本，从而对平台空间进行数字化重构。因此上述探讨过程只有遵循马克思主义的基本理论和方法，才能更加透彻地辨析智慧城市在发展过程中呈现的特点以及暴露的矛盾和问题。本节需明确如下问题：智慧城市诞生所顺延的逻辑，构建智慧城市的核心要素，以及智慧城市的辅助区域的新变化。

智慧城市的肇始

进入加速社会，由于技术加速使得空间的现实构造进程加快，这时智慧城市成了未来城市规划和发展的新趋势。在思考这一新趋势的过程中需了解智慧城市是如何出现的？它与传统城市的布局有何不同？智慧城市的空间本质是什么？智慧城市与实体城市之间的关系是什么？分析智慧城市的肇始问题首先需明确一个具有节点意义的问题，即社

———————————

① 《马克思恩格斯文集》第 1 卷，北京：人民出版社 2009 年版，第 538 页。

会加速对空间的重构。具体地说,这关涉社会加速的主要表现问题。德国社会学家哈特穆特·罗萨(Hartmut Rosa)站在社会学的视角对加速问题进行分析,认为社会加速主要包括技术的加速、社会变化的加速和生活节奏的加速。首先,技术加速主要指在运输、通讯和产品的生产过程中的加速,这种形式的特点在于它在测量和证明方面的可控性。比如交通运输速度的变化自工业革命以来出现了大幅度的提高,这给人们带来一种"空间缩小"的感觉。[1] 不仅如此,这还表现在货物的生产、原材料和能源的推陈出新以及服务的加速等领域。从工业革命时期过渡到信息化时代,技术引发的加速从注重生产速度以及与此相关的销售速度、消费速度以及现代性科层系统里面(包括组织、决策、管理和控制)的速度,转变为信息化和数字化的加速。也就是说,"在对流程和生产的虚拟化和数字化的过程中所带来的新的可能性与三个主要的技术加速行驶相互渗透:对诸如录制了音频的媒介或图书这类物品的传统的运输方式通过数字化而被纯粹的信息传输的方式所替代;而物质的生产流程(例如模型或建筑上的样板的开发)也可以以类似的方式通过虚拟化而变成信息处理的过程"[2]。可见,罗萨意义上的技术加速是为了某种目的的实现,伴随着这种目的实现的是社会变化的过程,这一过程不仅包含实践活动形式和行为导向的加快,而且包含结构和关系类型的转变。由此,"社会变化的加速可以被定义为指导行为的经验和期待的失效的速度的提高,以及分别在功能领域、价值领域和行为领域将某个特定的时间段确定为现在的缩短"[3]。这种社会加速的普遍性是在经济、科学、艺术和文化等领域对于"现在"理解的萎缩,这是在具体的社会情境中时间感知的直接体验。最后一方

---

[1] 罗萨在这里其实参照了哈维的"时空压缩"理论。参见 [德] 哈尔特穆特·罗萨《加速:现代社会中时间结构的变化》,北京:北京大学出版社 2015 年版,第 118 页。
[2] 同上书,第 88—89 页。
[3] 同上书,第 92 页。

面是生活节奏的加速，它是"在一定时间单位当中行动事件量或体验事件量的增加。也就是说，这是因为想要或觉得必须在更少的时间内做更多事"①。从主观层面来看，个体在时间体验上可观察到的效应，比如人们经常会感叹一周的时间过得好快，从而发出抱怨担心自己会跟不上社会生活的整体步调。客观角度是对生活速度的测量，一方面是对日常行为的固定时间区间的缩短，另一方面是可以同时进行多任务活动这种时间压缩式的体验。由于我们实际周围一切的速度加快了，比如前面罗萨所分析的生活节奏的加快、交通网络建设四通八达（尤其是高铁的速度可以实现一天之内的跨省市交互流动）等为标志的技术加速以及整个社会变化的加速，促使我们重新思考传统城市的布局乃至规划的依据。

加速时代开始于 18 世纪的工业资本主义时期，这一时期兴起了以资本主义机器大工业代替工厂手工业的工业革命。② 这场革命在促使生产技术产生质的提升的同时，也改变了社会生产关系，使得工业资本主义在英国整个社会经济生活中占主导地位。其中以机器大工业发展为标志，奠定了工业资本主义生产方式的完成。"由此可见，工业资本主义条件下的市场经济彻底打破了旧的生产方式，也深刻地改变了人的社会存在方式，自此以后，工厂手工业中那种有限的自给自足的劳动生产让位于为了市场的发疯式的无限生产，人类生存中的一切时空界限和一切社会关系的凝固性也最终被解构了。"③

---

① ［德］哈特穆特·罗萨：《新异化的诞生——社会加速批判理论大纲》，郑作彧译，上海：上海人民出版社 2018 年，第 21 页。

② 需要注意的是："工业革命"在此是一个抽象概念，这个概念并非先在的，而是后来的研究者们在反思整个资本主义发展过程中所提出的。英国马克思主义史学家霍布斯鲍姆在后续研究中强调这一观点。当时的工人们并未意识到自己是在经历一场工业革命，而是当出现了英国强劲的现代化进程时，才将其称为"工业革命"。"工业革命"一开始并非由人们所号召而进行的一场革命运动，它不是一个概念，而是有一个先验的过程。这个过程在时间的维度上体现为加速，而在空间的层次上是一种高度的集中和布局。

③ 张一兵主编：《资本主义理解史》第 1 卷，南京：江苏人民出版社 2009 年版，第 44 页。

　　资本主义整个工业化发展的同时，伴随着城市化进程。城市化进程的基本格局是空间的集中和布展，这一时期的资本主义是如何进行空间配置的？回溯工业革命时期所取得的成就，主要是在棉纺织业、煤炭工业、钢铁工业以及电气化等技术的革新和发展。首先，作为工业革命早期代表的棉纺织业，主要分布在英国的曼彻斯特市。棉花成为推动曼彻斯特市工商业发展的主要力量，19 世纪早期的各个国家都前往曼彻斯特市购买布匹。此时棉纺业成了曼彻斯特这个城市最为重要的生命线。罗杰·奥斯本（Roger Osborne）在《钢铁、蒸汽与资本：工业革命的起源》一书中有一部分专门强调曼彻斯特这座工业革命城市的重要性，他指出："曼彻斯特向世界展示了一个现代城市为了有效运转必须加强基础设施建设。"[1]

　　早期资本主义的发展是一个加速的过程。铁路的发明是力图以最快的速度把原料运送到目的地，这不仅是生产周期问题，还涉及竞争问题。为了缩短资本周期，需通交通尤其是铁路的发展，使各个地区的资源迅速集中到少数的空间节点。可见，借助于蒸汽机，传统运输中的移动问题已从有机枷锁中释放出来，并且蒸汽机与它能覆盖的空间之间的关系也发生了重大变化。"只要是对空间的征服还得系于畜力，就不得不在动物体能的限制内行进。要对旅行的距离有直接感受，一种办法就是观察拉车的动物是不是精疲力竭了。要是它们被压垮了，就被视为'摧毁畜力'。蒸汽动力既无法耗尽，又能无限制地加速，使得桀骜不驯的自然（也就是空间距离）和机车发动机之间的关系发生了翻转。自然曾使得动物版的'机车发动机'把自己拉到筋疲力尽，而现在，自然不得不屈服于铁路这种新的机械动力引擎，就如人们经

---

① ［英］罗杰·奥斯本：《钢铁、蒸汽与资本：工业革命的起源》，曹磊译，北京：电子工业出版社 2016 年版，第 197 页。

常打的一个比方，'像一颗子弹一样射出去'。"①可见，蒸汽动力似乎能从外在的自然中独立出来，而且能战胜自然，成为一种与自然力量相抗衡的人造能量。尽管人们最初在蒸汽船中感受到这一点，但随着畜力后来被机器力量所取代，这一点才变得更为清晰。因此，蒸汽的出现改变了传统自然空间的绝对力量，从而使得自然空间被一种机器力量所操控，形成了一种新的空间性。

在农业社会里面，除了极少数城堡以外，一个郡与另一个郡之间的差别很小。但在工业社会，就会出现一个空间节点比另一个节点还重要，比如英国的西海岸就比东海岸更重要，苏格兰的东北海岸比高地更重要。可以看到在工业上已经出现了严重的不平衡状况，比如法国，为什么大巴黎地区比它的南部更加重要，不仅仅是因为巴黎是首都，还由于巴黎更靠近海岸，到敦刻尔克和加来等沿海峡区域很近，可以依靠英吉利海峡和巴黎塞纳河港口来实现对外运输。基于上述分析，资本在此起到了非常重要的作用，即它决定了空间的扩张范围。②因为在欧洲，最典型的空间形态是城堡，所有的城市都建立在山顶上。城堡主要是起防守性的作用，使得外部敌人无法入侵，从而保证领土的安全。封建社会时期对于城市空间的设计亦如此，即把君主与城民隔离开来，以此保证君主的权威。进入资本主义社会，资本家们所考虑的是选择靠近河岸的区域，比如在巴黎是塞纳河两岸，在伦敦是泰晤士河沿岸。这时期资本主义的空间规划考量不同于封建社会中围绕城堡展开，主要体现为依靠交通最为便捷的地方，比如在便于马车运输的城市区域内。上述属于典型的空间问题，所讨论的空间都是城市空间。

作为城市建设的新趋势，智慧城市（smart city）通过物联网技术

---

① ［德］沃尔夫冈·希弗尔布施：《铁道之旅：19 世纪空间和时间的工业化》，金毅译，上海：上海人民出版社 2018 年版，第 28 页。

② 本章第二节已经对空间与资本的关系进行详细论述，这里不再赘述。

和大数据的应用，以环保、创意、知识为核心，开发适应新型生活方式的智能基础设施。维基百科给予"智慧城市"的定义是："智慧城市是一种城市发展愿景，它以安全的方式集成多种信息和通信技术（ICT）和物联网（IoT）解决方案，以管理一个城市的资产——城市的资产包括但不限于当地各部门的信息系统、学校、图书馆、交通系统、医院、发电厂、供水网络、废物管理、执法和其他社区服务。"① 智慧城市的发展不能完全与传统城市相背离，它的出现并不意味着实体城市的衰败或者消失，相反，智慧城市的良序运行会推进实体城市的发展。在某种程度上不同于以往的赛博空间，智慧城市是一种网络上高度聚集的拓扑结构。不同于城市空间，智慧城市可被理解为一种平台空间，它是由数据和算法等架构起来的外部环境的空间聚集或离散。智慧城市的空间并非一个完全孤立的空间，而是借助一般数据与赛博空间、电子空间和表象空间等交错叠加在一起的。可以说，智慧城市存在于平台空间之中，对相应的实体城市进行补充，并为实际的城市社区提供辅助信息。智慧城市与实体城市之间相互叠加和相互补充，而架构起智慧城市与实体城市之间桥梁的是感知信息技术基础设施之中的计算机视觉技术，所以智慧城市的功能一方面在于收集和整理相应城市的数字信息，另一方面为居住或者浏览城市的人们提供公共信息空间。以往人们接触到实体城市所带来的显性层面，而无法接触到实体城市背后的一整套运行机制和操作理路，智慧城市则弥补了这一层面。人们对于城市的感知愈来愈受到信息通讯技术网络的影响，从而形成了诸如虚拟存在和增强现实等新的空间体验。虽然智慧城市的不断发展使得实体城市出现了相应的延伸和变形，但需注意的是，随着城市对于技术时代的适应，人们不太可能远离城市生活。智慧城市

---

① 转引自 *Big Data Support of Urban Planning and Management*：*The Experience in China*，ed. by Zhenjiang Shen & Miaoyi Li, Switzerland：Springer International Publishing AG, 2018, p. 3。

的发展离不开传统城市作为支撑，传统城市意义上的电力系统、水力系统等基础设施建设则是逐渐演化为以人工智能、云计算、物联网、5G 无线宽带技术等为依托的数字基础设施建设。由此数字基础设施的重要意义就得以突显，这是接下来需要讨论的问题。

智慧城市构建的核心要素

明确智慧城市的空间定位之后，需进一步追问智慧城市构建的核心要素。这些要素共同支持智慧城市的良序运行，首先包含信息通讯技术对智慧城市的基础性作用。由互联网构建起来的"信息高速公路"，通过泛在的网络信息接入设施，便捷的"互联网＋"出行信息服务、全天候的指尖网络零售模式、"一站式"旅游在途体验、数字化网络空间学习环境、普惠化在线医疗服务、智能化在线养老体验等，全面开启了人类智慧生活的新时代。① 这是世界互联网发展 50 年来出现的新变化，其中在打造智慧城市这一普惠发展模式过程中，信息通讯技术占据着地基性位置。具体来看，移动互联网的发展最为突出，主要是服务类应用的增长。比如各种类型的视频直播、短视频、小程序等应用缩短了人们与世界之间的距离，人们的日常生活可以通过移动购物、生鲜送达等应用来满足，休闲也可通过手机游戏等方式实现。上述应用渠道促使移动互联网的接入流量持续增长，并且由互联网带来的空间适应感的转变，也在逐渐融入社会生活的方方面面。

信息通讯技术可以提升城市的运行效率，从这一视角看，理想状态下的智慧城市需要数字技术作为支撑背景。这不仅关乎提升城市生活水准的技术发展和应用问题，而且涉及智慧城市的治理问题。城市与城市乃至城市与世界之间的关联日趋智能化，依靠的是全球信息技术产业链的运作。在数字资本时代，尤其在数字城市的建造过程中，

---

① 参见《世界互联网发展报告》(2019)，北京：电子工业出版社 2019 年版，第 4 页。

依旧不能忽视网络基础设施发挥的巨大作用。越来越多的信息是基于"始终在线"的假设进行组合的，这些假设构成了电子信息系统，它们成为数字资本时代的命脉，逐渐打造一个数字信息、交易、互动和娱乐的世界。"网络空间的重要物质基础基本上是无形的和潜在的。它们还与电子基础设施和城市的其他基础电路紧密相连，因为它们是通过数字媒体组织起来的。"① 在智慧城市里面，信息通讯交流充分进而更加智能化，使得数字世界和真实世界相互渗透、相互作用。换言之，数字技术搭建起现实世界与虚拟世界之间沟通的桥梁，但是在智慧城市的空间构造过程中会出现由于网络延迟导致沟通不及时的现象，这是目前信息通讯技术在情境交互等方面无法避免的问题。

其次，数据集中处成为智慧城市布局的中心地段。对照于实体城市必备的城市基础设施建设，智慧城市需要的是数字基础设施。大数据来自智慧城市的物联网传感器，随时随地都在被人们周围的一切所生成。面临信息通信技术和物联网的智慧城市建设新时代，大数据是城市规划和管理的一种新型数据源。智慧城市成为城市建设的新趋势，即通过物联网技术和大数据的应用，以环保、创意、知识为核心，开发适应新型生活方式的智能基础设施。基础设施建设满足了信息通信技术和物联网领域在商业流程、生产和服务方面的新需求。因此，大数据是存储在智慧城市数据库系统中的一种信息产品，可以有效地处理实时的安全、交通等信息。此外，基于智能电网系统等智能基础设施的大数据可以对城市能源管理的能耗进行实时监控。

作为企业经营和公众生活的主要空间载体，城市的数字化和智能化水平是建立在数字基础设施和信息通讯技术不断完善的基础之上。基础设施数字化的运转首先得建立一个高度精确化的三维数字模型，

---

① *Disrupted Cities*：*When Infrastructure Fails*，edited by Stephen Graham，New York and London：Routledge，2010，p. 1.

将传统城市各项基础设施（如照明、燃气、供水、供热、排水和消防等）进行数字化模拟，随时关注城市管网的运行状态，从而实现对城市的精细化管理。以纽约和牛津为代表的城市基于地理信息系统将城市的管线属性和相关空间信息进行数字化建模，运用物联网技术对管网流量、温度和压力等运行状况进行智能感知，对于以前容易出现问题的设施进行有效预测，第一时间掌握这些问题并及时处理。作为智慧城市最前沿的模式，数字孪生城市主要是通过对城市物理空间的要素进行数字化，在网络空间里面打造一个与之相对的虚拟城市。这种信息维度上的数字空间与物理维度上的实体空间是相互映射、虚实对应和协同交互的。比如法国雷恩市建立城市 3D 数字模型，主要运用于城市规划、决策、管理和服务市民。加拿大多伦多市计划在其沿海部分区域建设高科技社区，通过安装多类别传感设备收集车流密度、噪音、空气质量、能耗、出行方式、垃圾处理等信息，从而深刻观察城市的运行规律，优化城市运营。中国的雄安新区在建设初期就坚持数字城市和现实城市的同步规划、同步建设，推动全域智能化应用服务实时可控，打造具有深度学习能力、全球领先的数字城市。[①]

事实上，这关涉如何理解以智慧城市为最新形态的数字城市。对于"数字城市"的定义并没有确定不疑的标准，因为它的内涵并非由它所包含的东西来界定，而是由数字空间（赛博空间）的整合模式，抑或由数字所架构的外部环境的空间聚集或离散这一层面来界定。由此进展到第二个问题：数字对空间的重新架构即对数字空间（赛博空间）的理解问题。按照穆尔的说法，赛博空间是"一种创制可能的世界的本体论机器"。[②] 在列斐伏尔的讨论域中，"空间作为一个整体，进

---

① 参见《中国互联网发展报告 2019》，北京：电子工业出版社 2019 年版，第 133 页。
② ［荷］穆尔：《赛博空间的奥德赛：走向虚拟本体论与人类学》，麦永雄译，桂林：广西师范大学出版社 2007 年版，第 31 页。

入了现代资本主义的生产模式：它被利用来生产剩余价值"①。空间在列斐伏尔那里被视为一种社会产物，它具备生产资料和消费对象的作用。而且在国家层面空间为政治服务，有些甚至成为阶级斗争的工具。这时城市空间成为资本主义社会中生产关系再生产的中介和场所，实现了从空间中的生产到空间的生产的转变。进入后现代语境，城市空间从空间生产领域转向消费领域，"在消费社会结构中，城市不只是消费活动得以发生的场所，而且直接成为消费对象，一个激发消费者欲望、让其产生消费愉悦的纯粹表象"②。作为后现代社会核心主题的消费直接成为城市的主要内涵，城市空间的最初语境也随着时代文化变迁、现代信息技术突破乃至互联网和数字经济发展态势而发生相应的转变，而且出现了一种与城市空间类似平行的赛博空间（或叫网络空间）。

　　在卡斯特看来，网络带来了一种新的社会形态，它改变了生产、经验、权力和文化过程中实际的操作和结果。卡斯特将其视为网络社会。在这个社会里，全球性资本进入电子网络化经济的积累过程之中，并且地域与活动的结构性意义消失了，它们被新支配形式的时间与空间所建造的后设网络所掩盖。于是出现了"价值被生产，文化符码被创造，而权力被决定"③ 的情况，这种网络社会所形成的新社会秩序似乎是由于这种后设网络的失序带来的，使得市场逻辑、技术和地缘政治秩序变得不受控制。索亚在《后大都市——城市和区域的批判性研究》中追溯了网络空间的起源，他指出网络空间最初产生于小说家的超现实想象之中，这些设想隐含了跟网络空间、虚拟现实和电脑媒介等相关的话语。在索亚看来，虽然这种网络空间的发展表面上带来的

---

① 包亚明主编：《现代性与空间的生产》，上海：上海教育出版社 2001 年版，第 49 页。
② 胡大平：《城市与人》，南京：南京大学出版社 2015 年版，第 72 页。
③ 曼纽尔·卡斯特：《网络社会的崛起》，夏铸九等译，北京：社会科学文献出版社 2001 年版，第 577 页。

是"地理学的终结",但当人们在浏览网页或网上聊天时,依然处于经过重构的城市空间、知识和力量的联结中。索亚还强调网络空间成为被争夺的政治空间,这种空间不仅被用来拥护譬如穷人、老人、弱势群体等社会群体的上网权利,还具备非等级化、多中心、多文化乃至后殖民等后现代政治所具备的特点。

尼克斯·可姆尼诺思(Nicos Komninos)曾这样分析当下世界:"一个新世界正在崛起,并向已有的西方经济秩序和霸权地位发出挑战,这个新世界不仅有信息技术、强竞争力以及全球知识交流作为后盾,并且充满区域性创造力与用户主导型创新思想。"① 在以信息技术等为标志的新一轮科技革命和产业革命的萌发情形下,通过数字技术对城市的重塑,形成了诸如数字城市、网络城市乃至智慧城市等一系列城市新形态。人们在塑造城市的同时,城市也在塑造着人们。这时城市不再是传统工业化时期中囊括一切人力、金融和原材料等的聚集地,而是一种借助于无线网络、移动设备、渗透性电脑计算和代理技术等相关数字化路径所构成的智能化空间。之所以形成空间智能化,是因为知识处理、大数据在城市化体系中的运作、每个人所需掌握分布式技能的结构、工具、学习环境、符号性具象和数字化协助等因素的多重作用。这种智能最简单的一种形式是"由镜式数字化城市带来的具象化智能"②,类似于拉康所说的"镜子阶段的功能就是意象功能一个殊例。这个功能在于建立起机体与它的实在之间的关系,或者如人们所说的,建立内在世界(Innenwelt)与外在世界(Umwelt)之间的关系"③。换言之,与镜子一样,一张图片能表达出各种话语内容。数字城市空间的智能化在某种程度上改变了人们的存在状态,从而带

---

① [希]可姆尼诺思:《智慧城市:智能环境与全方位创新策略》,夏天译,北京:机械工业出版社 2015 年版,第 14 页。
② 同上书,第 19 页。
③ [法]拉康:《拉康选集》,褚孝泉译,上海:上海三联书店 2001 年版,第 92—93 页。

来了对于人与人、人与外部世界之间关系的重新思考。

智慧城市的辅助区域

智慧城市格局的变化触发了它的辅助区域即智慧乡村的出现。前提需追溯马克思主义是如何阐释城市与乡村之间的关系。在马克思生活的年代，不断扩大的分工促使生产和交往的分离。商人这一特殊阶层的出现把交往从一个城市扩展至另一个城市，使得各个城市之间也出现了新的分工。在从工厂手工业发展至机器大工业时期，随着交通状况的改善和提升，形成了世界市场。在这一过程中衍生出城市与乡村的分离现象，以往那种绝对的地域限制逐渐消失。其实城乡对立一直贯穿在整个人类文明史的发展以及国家制度形式的过渡之中。在马克思看来，城市与乡村之间的分离是物质劳动和精神劳动分工后的结果。"城市已经表明了人口、生产工具、资本、享受和需求的集中这个事实；而在乡村则是完全相反的情况：隔绝和分散。城乡之间的对立只有在私有制的范围内才能存在。城乡之间的对立是屈从于分工、屈从于他被迫从事的某种活动的最鲜明的反映，这种屈从把一部分人变为受局限的城市动物，把另一部分人变为受局限的乡村动物，并且每天都重新产生二者利益之间的对立。在这里，劳动仍然是最主要的，是凌驾于个人之上的力量；只要这种力量还存在，私有制也就必然会存在下去。消灭城乡之间的对立，是共同体的首要条件之一，这个条件又取决于许多物质前提，而且任何人一看就知道，这个条件单靠意志是不能实现的（这些条件还须详加探讨）。城市和乡村的分离还可以看做是资本和地产的分离，看做是资本不依赖于地产而存在和发展的开始，也就是仅仅以劳动和交换为基础的所有制的开始。"① 城乡对立存在的前提条件是私有制，不同种类的劳动分工使得一部分人被限制

---

① 《马克思恩格斯文集》第 1 卷，北京：人民出版社 2009 年版，第 556 页。

在城市之中，另一部分人则停留在乡村区域。从本质上看，这种城乡对立受到资本和地产的操控，导致城市与乡村之间的冲突变得尖锐化。"与资本主义生产中的时间商品化联系在一起的是空间商品化。这又使我们回到了城市理论。……在阶级分化社会，城市是国家的'权力集装器'，城市——乡村关系构成了这些社会的基本特征。资本主义的城市化并不仅仅是以乡村社会生活为代价下的城市的扩张：它表明了资本主义所带来的作为一种新型社会整体的结构性转型。资本主义的城市化消解了城市与乡村之间的分化，这种分化构成了阶级分化文明的结构性基础，取而代之的是当代城市生活的'人造空间'的发展。"① 可见，资本主义城市化的过程实质上是城市对于乡村区域的扩张。并且城市与乡村之间的区分标志着社会整体阶级划分的出现，开启了人为空间的发展。

其次，在城市空间基础上创建一个数字空间，其中所展现出的空间布局矛盾仍然是当代城市管理面临的一大挑战。城市这种社会空间和实体空间因第三类数字维度而变得丰富起来，它同时挑战着城市的积极和消极外部效应、城乡之间的动态关系。传统工业城市的发展把整个社会断裂为城市和乡村两级，使得城乡对立成为现代性的社会存在维度之一。马克思恩格斯在《共产党宣言》中描述过这一现象，"资产阶级使乡村屈服于城市的统治。它创立了巨大的城市，使城市人口比农村人口大大增加起来，因而使很大一部分居民脱离了农村生活的愚昧状态。正像它使农村从属于城市一样，它使未开化和半开化的国家从属于文明的国家，使农民的民族从属于资产阶级的民族，使东方从属于西方"②。这是大工业时代出现的空间布局矛盾，通过资本扩张，空间不再是地理学意义上的自然空间，而是经过商品生产和流通改造

---

① [英] 安东尼·吉登斯：《历史唯物主义的当代批判：权力、财产与国家》，郭忠华译，上海：上海译文出版社 2010 年版，导论第 9—10 页。
②《马克思恩格斯选集》第 1 卷，北京：人民出版社 2012 年版，第 405 页。

的资本化空间。

上述矛盾出现的背景是：中心城区由于土地不足并且无法突破行政界线去进行必要的空间调整，而郊区乃至乡镇出现了企业遍地开花、房地产过热开发和工业小区规模小、布局不合理等现象。空间分割使得一些企业无法进行跨区域合作和扩张，阻碍了产业聚集和城市功能提升。这种城乡社会管理上的混乱被当做城乡空间矛盾的结果。空间生产在走向高度发达的工业文明的过程中，主要关注的是生产具有明确使用价值的、实在的空间产品；进入后工业文明时代，空间生产则聚焦在生产空间情感的、具有虚幻意义的空间符号。正如米切尔在《伊托邦——数字时代的城市生活》一书中所言："真实的地点与虚拟的场所是相互依存、相互作用的，通常它们是在城市生活模式转变的过程中相互补充，而不是在现存的模式下进行替代。"[①] 但随着物联网的快速发展，建立在城市空间之上的数字空间同样面临空间布局矛盾的挑战。若城市率先完成智慧化，必然致使城乡之间差距扩大，出现新的城乡区域不均衡。尽管智慧乡村是伴随着智慧城市而逐渐兴起的，但依旧脱离不了空间虚拟导致的布局矛盾，需要各种组织信息化的交互模式，技术与服务的结合。

数字城市乃至智慧城市的发展是批判城市化理论遭遇到的新境遇，在对其进行梳理的过程中形成了对空间的新认识。反观发达区域内城市现状，出现了一种"产城融合"现象。在这些地区，不存在农村和城市的截然对立，更多呈现的是数字城市。再者，城市与城市之间的差距不再局限于地理学意义上的位置，更多的是一种跨越地理界限的功能区分。这种差距表面上看是在不断地缩小，但实则是贫富差距的扩大。一些欠发达地区，以贵州为例，依然存在着农村现象。但由于

[①] ［美］威廉·J. 米切尔：《伊托邦——数字时代的城市生活》，吴启迪等译，上海：上海科技教育出版社 2005 年版，第 163 页。

贵州得天独厚的地理优势，以大数据和区块链为特征的数字经济偏向于这一地区，苹果、阿里、腾讯、华为、百度等各大巨头都将大数据和云储存放在贵州，出现了数字经济的"贵州现象"。虽然马克思恩格斯在《共产党宣言》里面提出了"资产阶级是农村屈服于城市的统治"，但只是一种理想状态，现实的情况并非如此。更为重要的是，在走向数字城市的过程中，不是城市消灭了农村，更不是数字城市完全替代了实体城市。这是在理论研究过程中需要警惕的。

　　与智慧城市共生发展的是智慧乡村的建设，它触发了对于城市与乡村关系的重新思考。"乡村和城市自身以及它们之间的关系都是不断变化的历史现实。此外，在我们自己的世界中，它们代表的仅仅是两种居住方式。我们的真实生活经历不仅仅是对乡村和城市的最独特形式的经历，而且还包括对二者之间的许多中间形式以及对新的社会、自然组织的经历。"① 可以说，城市与乡村的发展模式具备独特的历史性，其中当乡村发展进入数字化信息化阶段，最为典型的形式是农村电商物流。农村电商物流以大数据、云计算和人工智能技术为支撑发展出丰富多样的应用场景，不仅促使乡村和城市之间连接更加密切，而且迅速将乡村空间和城市空间汇集在由信息数据所搭建起来的虚拟空间之中。通过搭建各种数字平台，实现城市与乡村之间信息、资源和组织等元素的互动，从而消弭城市与乡村之间的数字鸿沟。例如各种电商微信群的出现，主要是通过某一乡村地区的农业生产为城市居民提供各种生鲜食品，电商负责人在群里列出相关产品的图片和价格，群成员则根据自己的实际情况以群接龙的方式提出自己的购买需求，然后这一乡村地区则可根据需求提供相应的商品。同时这种电商物流的方式消除了消费者亲自前往乡村区域购买绿色生态食品的需求。因

---

① ［英］雷蒙·威廉斯：《乡村与城市》，韩子满、刘戈、徐珊珊译，北京：商务印书馆2013年版，第393页。

为随着生活方式的不断提升，人们更加追求纯天然无污染食品，在这种返璞归真式的欲望驱使下，尤其是某些特殊时期人们无法远距离出门的情况，倒逼农村电商物流进行变革以适应新的消费习惯。

农村电商物流的主要模式包括邮政的"邮乐购"站点、阿里巴巴的"村淘"＋"菜鸟"的农村物流网络、拼多多依托创新的"拼农货"模式、"京东农村超市"模式、汇通达的"乡镇夫妻店"模式以及顺丰的物流无人机配送模式等①，这些模式的出现打破了城市与乡村二元对立的空间格局。通过物流网络把城市与乡村紧密地联系在一起，但是这种新格局面临着不可避免的冲突和矛盾。首先，农村电商物流一方面因为农村空间以及农村基础设施（包括城镇与农村、农村与农村之间的基础设施）建设薄弱，另一方面是因为农村电商主要集中在县级和乡镇服务站，导致组织比较分散，管理比较困难。其次，电商物流在农村层面会出现区域失衡现象，因为在运输过程中会出现农产品损耗的问题，并且导致由于运输时间过长带来的高损耗等问题。再次，农产品生产和消费在区域空间上的不平衡性，局部与全区域在生产等领域存在着不相匹配的情况。在乡村空间存在着不同的市场主体和物流主体，各类主体之间的差距也在扩大。最后，城市乡村发展的矛盾性没有考虑到乡村发展的独特性。尽管电商网络交易可突破地理区域这一局限，但是物流实体依然受到具体的地理范围限制，快递引流的作用消失以后，一些业务繁重且效率低下的企业就会遭到淘汰，这也会进一步追加对于专业化的要求。

所以，智慧时代以来对于城市与乡村关系的本质探讨依然延续历史唯物主义的分析方法。从表面上看，随着各种信息通讯技术的快速发展，似乎城市与乡村之间的差别不再明显，但是正如马克思所分析

① 具体参见《中国农村电商物流发展报告》，2020 年 4 月 24 日，见 http：//finance. people. com. cn/n1/2020/0424/c1004 - 31686746. html。

的那样，城市与乡村之间的分离其实是资本操控的结果。所以无论是工业资本主义时期城市的发展，还是目前数字化时代里智慧城市的出现，其衍生的乡村这种周边区域空间所带来的矛盾将不断被激化。城市的发展历经了五千多年的变化，今后还会呈现更多不同形态，所以思考数字资本时代下的城乡关系，延伸问题域讨论是必要的。但是，"迫切需要的革新并不是物质设备方面的扩大和完善，更不在增加自动化电子装置来把剩余的文化机构疏散到无一定形式的郊区遗骸中去。正相反，只有通过把艺术和思想应用到城市的主要的人类利益上去，对包容万物生命的宇宙和生态的进程有一新的献身精神"①。也许这是人们在分析城市进展过程中需一直秉承的信念，因为城市的变革并非一蹴而就，而是不断地处于历史的变化发展之中。人们要善于发现诸多改变背后未变之处，这是在分析表象时牢牢抓住问题的关键。同时对于变化和问题的挖掘为接下来的社会批判打下坚实基础，这就进入到下一章的讨论。

---

① [美] 刘易斯·芒福德：《城市发展史——起源、演变和前景》，宋俊岭、倪文彦译，北京：中国建筑工业出版社 2004 年版，第 586 页。

第四章

平台空间的社会批判

批判自己刚刚创造了这个"整体本身",可见它的这种创造本身就是这个整体存在的前提。

——马克思、恩格斯:《神圣家族》

这种批判的主要目的在于,防止人类在现存社会组织慢慢灌输给它的成员的观点和行为中迷失方向。必须让人类看到他的行为与其结果间的联系,看到他的特殊存在和一般社会生活间的联系,看到他的日常谋划和他所承认的伟大思想间的联系。哲学揭示出了那些,就人类在日常生活中必须依赖孤立的观点和概念而言,人类陷于其中的矛盾。

——霍克海默:《批判理论》

本章主要基于批判思考的角度：数字时代的平台空间是由于数字资本介入互联网而搭建的，具言之，每一个平台背后都有一个资本所有者。此处批判的并非数字本身，而是数字技术、数据以及空间被资本所操控。换言之，主要批判的是数字资本对平台空间的侵入、占有和垄断，具体内容为：平台空间下人的异化、平台空间下的技术批判以及平台空间的资本批判。

一、平台空间下人的异化

目前人们的社会生活被各种数字化现象所包围，尤其日常生活中人与人的交往和沟通都被重新构筑，造成了平台空间下人的异化，主要表现为疏离化、数据化和扁平化。

疏离化

相较于都市空间把人们隔离在物理框架之中，平台空间则把人们定格在电脑屏幕前，或者各种移动式设备前，这时人们切身感受物理空间的方式发生了变化，导致他们与这个世界呈现出一种距离感。可见平台空间导致的疏离化比都市空间更加严重，因为这种隔离使得人们对待周围所发生的一切不会产生过激的情绪波动，甚至是一种极致冷酷和麻木。"空间终于在物理的运输过程被电子的信息传送所代替的地方，完全失去了它的导向智能：在因特网中，尽管仍然记录了数据输入和查询的时间，但是不再登记它们的地点了——后者对于很多事件都已经变得没有意义了，而与此同时，有关时间的报告进一步在全球活动链条的协调和同步化方面赢得了重要性。越来越多的社会事件将通过这样的方式在全球化时代变得仿佛是'没有地点的'。"[①] 当空间

[①] ［德］哈尔特穆特·罗萨：《加速：现代社会中时间结构的改变》，董璐译，北京：北京大学出版社 2015 年版，第 119 页。

的资本化发展进入平台空间模式时，个体之间的身份关系层次变得复杂。人们更倾向于在网络上进行互动交往，之前那种发生社会性关系、具有历史性的和身份特征的"地方"，被一种无法定义为社会的、历史的和身份的"非地方"所取代。这是法国人类学家马克·奥热（Marc Augé）所提出的观点，他认为超级现代性的发展促使"非地方"取代了"地方"。比如人们在有限网络、显示屏和通讯等这些空间场所产生的消费是转瞬即逝的，并且人们只需提供相关身份证明就能进入其中，指定时间一到，活动结束，人们不再进入空间之中，从而不会赋予过多的情感。按照奥热的说法："非地这种空间既不会创建单一的身份，也不会创建关系，只有孤独和相似。"[1] 这种"非地"空间本身具有的空洞性和无意义，制造了巨大的焦虑感。追溯这种焦虑的产生，其实是法兰克福学派倡导的启蒙辩证法的一种延伸。上述空间中出现的问题主要会遭到技术组织模式的干扰，并且在当下表现得尤为突出。[2]

"非地"这一现象的出现是受到后现代性的强烈影响，或者按照奥热的说法是"超级现代性"的产物。在奥热看来，超现代的确切特质是"过剩"（excess），包含时间的过剩、空间的过剩以及自我和个体的过剩。其中空间的过剩类似一种诱惑，一种无法识别的诱惑。超级现代性的世界无法与人们所生活的地方完全匹配，人们依旧没有完全学会去观察它，所以奥热认为需要重新学习如何对空间进行思考。换句话说，超级现代性的空间过剩只是奥热对于当今世界客观状态的一个分析。如果不关涉社会关系、历史和个人发展，那么"非地"可视为一种"地方"概念。正如爱德华·凯西（Edward S. Casey）强调，尽管"地方"这一概念被冠以不同的名称，并且其本身内含着不同的事

---

[1] Marc Augé, *Non-Place：Introduction to an Anthropology of Supermodernity*, trans. John Howe, London：Verso, 1995, p. 103.
[2] 参见胡大平《生活在别处——地点的褪色与城市文化焦虑》，载《华中科技大学学报》2018年第1期。

件和体验，但它总是与空间（或者时间）紧密联系在一起。对于地方性概念的包容理解使得它所涵盖的丰富内涵成为可能。[①] 但"非地"这个概念并非奥热的独创，爱德华·雷尔夫（Edward C. Relph）已经提出过"无地方性"（placelessness）这一概念。它主要描述了这样一种环境，既没有重要的地方，也不会怀有承认地方重要性的态度。"无地方性"主要深入到"地方"的最深层次，不追溯起源，去除象征，用多样性替代概念秩序的一致性和经验性。[②] 相较于"地方"这个概念，"无地方性"追求的是多样性和差异性，所持的是一种不确定的感觉。正是这种虚无感成了"无地方性"概念的核心特征。如果"地方"概念呈现的是社会关系和历史关系的确定性和一致性的话，那么"非地"和"无地方性"等概念是对"地方"概念的反叛性体验，是一种过剩和虚无感。换句话说，为什么人们在长期上网冲浪之后，更多感受到的是烦躁、暴动和冲动？因为长期沉浸于其中，所以人们对于空间或者地方的认识，抑或人们的切实体验无时无刻处在一种焦虑的情感之中。这是在发现了信息化时代产生的日常生活和网络空间中的"非地"概念之后，奥热、雷尔夫等学者进行的深刻反思。从表面上看这是一种否定性批判，但实则深谙对于地方概念的重新认识。

平台空间里出现的非地化倾向一方面淡化了人的身体属性，另一方面打上了盲目追求价值属性的烙印，这些表现都凸显了非地化现象带来的焦虑氛围。"因此，在非地方，社会性别属性，或甚至是我们的生理性别身体（sexed body）都变得无关紧要，开启了一个自相矛盾的控制与解放空间。虽然我们或许能够短暂地，或者持续数几个小时，逃脱我们的人际关系和责任，但这些交易也受到周密监控，我们一举

[①] 参见 Edward S. Casey, *The Fate of Place：A Philosophical History*, California：University of California Press, 1998, p. 339。

[②] 具体分析参见 Edward C. Relph, *Place and Placelessness：Research in Planning & Design*, Routledge Kegan & Paul, 1976, p. 143。

一动都受到各种电子监视形式管制。"① 当人们浏览网页的时候，人们的身体属性变得不再重要，相反，这种流动性成为身份象征，它能够以任何自己喜欢的形式进入到网络空间的聊天室里面。这与曼纽尔·卡斯特对信息社会的分析有着异曲同工之处。

在平台空间里面，各种商家善于利用消费者的好奇心、同理心乃至内心深处的善意来制造一种无意识的假象，似乎消费者不购买这种商品或者不下载相关 APP 就无法进行下一步的操作，从而产生"落后""赶不上潮流""不合流"等一系列焦虑和烦躁的心理，进而前往网络空间中追寻内心的平静和归属感。这一方面印证了马克思的观点，即"这个时期，甚至像德行、爱情、信仰、认知和良心等最后也成了买卖的对象，而在以前，这些东西是只传授不交换，只赠送不出卖，只取得不收买的。这是一个普遍贿赂、普遍买卖的时期，或者用政治经济学的术语来说，是一切精神的或物质的东西都变成交换价值并到市场上去寻找最符合它的真正价值的评价的时期"②。马克思看到的是大工业时期整个社会商品化的整体趋势，而在信息化时代当网络空间被笼罩上一层商业性浓雾时，人们对于这种环境的依赖感更加确信不易，但他们在试图拨开迷雾的过程中充斥着无意识的焦虑和不确定感。

从社会文明发展的角度来看，整个社会呈现出来的麦当劳化或者迪士尼化现象，可以算作是"非地"概念在文化方面的反映。这种麦当劳化或者迪士尼化的世界容易让人迷失方向，从而难以产生自主性意识。由于这种空间以及与它相关联的具体空间都发生了剧烈的变迁，人们也不清楚自己到底身处何地，所以他们需要新的空间指引。③ 不禁要追问：构建平台空间的数据，或者说构建数字城市的数据究竟具备

① ［英］琳达·麦道威尔：《性别、认同与地方》，徐苔玲、王志弘译，台北：群学出版有限公司 2006 年版，第 8—9 页。
② 《马克思恩格斯全集》第 4 卷，中文第一版，北京：人民出版社 1958 年版，第 79—80 页。
③ 参见 ［美］乔治·里茨尔《社会的麦当劳化——对变化中的当代社会生活特征的研究》，顾建光译，上海：上海译文出版社 1999 年版，第 255 页。

何种特征？或者说在奥热看来，各种非地以及由此组建的结构体系是超级现代性的状况表现或者超级现代性本身。尽管目前可以实现在网上自由冲浪，或者说轻松实现从一个地方转移到另一个地方，可世界对于人们来说仍然是空洞和抽象的。如果连城市本身都成了热衷时尚、折中主义以及对无永恒意义的追求这样一种空间，那么它本身不再具备创造性与功能性，只剩下抄袭和虚构，最终演变为只有外在形象而无内在实体，只有瞬时快感而无深刻内涵。非地现象将逐渐增多，甚至扩散到整个世界，空间荒芜化更加凸显。正如《虚无的全球化》里谈及目前时代具备的基本特征是虚无的大面积扩展，并且在未来还会呈现出虚无的全球性大规模扩散这一趋势。①

这并不意味着非地或者流动空间没有意义了，在卡斯特看来，它的意义恰恰在于这种非地方性是通过跨文化和跨历史来进行证实的。"重要的不是无意义，而是不同的意义符码具有的令人怀疑的可交流性。如果人们的经验在具有由特定文化的地方被碎片化，权力、生产、财富、创新，以及通讯的功能逃到一种围绕着流动空间的真实虚拟形成不同的符码，那么在城市体验中就不再有传播符号。"② 卡斯特力图想为非地方性找到它本身的意义之所在，因为他认为如果在非地方和实际的流动空间之间没有可以沟通的桥梁的话，可能会引起新的文明危机。所以对于平台空间所引发的非地方这一现象，以及由此带来的疏离化，卡斯特的评价有其借鉴之处，而更为关键的在于透析疏离化背后的实质。

数据化

当数据充斥着人们的日常生活、学习、工作乃至生产的全部过程

---

① 详细参见〔美〕乔治·里茨尔《虚无的全球化》，王云桥、宋兴无译，上海：上海译文出版社 2006 年版，第 153—158 页。

② 汪明安等主编：《城市文化读本》，北京：北京大学出版社 2008 年版，第 60 页。

时，人们所查看的文字和图片都是经过后台处理，最终以数据形式呈现的。由于移动互联网的迅速普及以及物联网的加速发展，全球数据不断增加，类型多变。这时需思考平台空间的构成要素，即一般数据，从而为探索平台空间重组的新路径奠定基石。

随着互联网、大数据技术、区块链技术和 5G 技术乃至 6G 技术的迭代更新，推动着一个映射现实的平台空间的形成。当这些技术逐渐应用于社会各个层面，人们解决问题的思维方式开始转变。可以说，它们正在打破以往的边界，守护着人们赖以生存的生态空间，从而形成了独特的数字生态（digital ecology）。从政治经济学批判的角度来审视数字资本时代的相关问题，需了解一般数据的基本情况。一般数据具备三个特征：第一，一般数据是所有数据的抽象化，数字资本时代下所有事物经历数字化之后，全部集中在云计算的平台上，进一步建立相应的社会关系；第二，一般数据是用户数字劳动的产物，是在数字化环境中被生产出来的产品；第三，数据被私人占有并且从中获利，这是一般数据成为数字资本的前提。① 可以进行补充的是，一般数据在不断被收集、整理和分析之后，形成了数字基础设施。这种数字基础设施如同房子的地基一般，是整个数字化架构和空间重组的重要组成部分。

从哲学的角度看，在探索平台空间的过程中，涉及如何看待构成这一空间的核心要素问题，即如何理解数字化空间中的各种对象问题，对于上述问题的回答首先需追溯到吉尔贝·西蒙东（Gilbert Simondon）对于技术对象的探讨。西蒙东认为，就其本质而言，只要技术对象被创造、思考和需要，那么它会成为这种关系的媒介和象征，

---

① 具体阐述参见蓝江：《数字资本、一般数据与数字异化——数字资本的政治经济学批判导引》，载《华中科技大学学报》2018 年第 4 期。

人们将其命名为"跨个体"。① 换言之，技术对象得以建立的条件是个体之间的集体现实，即上述"跨个体"真实存在。因为数字对象在不同对象的创造力和组织力之间构造了一种耦合，在明确的、非异化的、按照不异化的状态下使用的技术对象的存在与这种跨个体关系的构成之间，存在着一种因果关系和相互制约关系。② 斯蒂格勒在为许煜的《数字对象③的实存》一书撰写序言时提出在数字技术时代背景下对于对象问题的新看法。从现代思想的角度来看，数字对象这个问题依旧是耐人寻味的，它既不是经验对象，也不是康德意义上的直观对象，而是由数据、元数据、数据形式、"本体论"以及其他形式所组成，并且上述这些都被语法化了，也就形成了一个将所有关系和其他对象都囊括其中的数字环境。④ 同斯蒂格勒的思路一致，许煜研究的数字对象其实是形成于电脑程序之中，并且是由元数据和被赋予语义功能的相关结构组成。在数字对象里面，形式概念已经成为计算的技术趋势，如今它成为普遍化的标准。形式成为抽象的蓝图，而标准成为具体的对象。⑤ 数字对象是由形式关系和结构关系所组成，这一点很容易被理解，但是许煜提出疑问：这些数字对象仅仅是对开发和使用它们的人而言才具备意义？再者，在譬如计算机、手机等机器运转的过程中，是否可以假定它们成了机器的对象？换句话说，这是否意味着机器具备了一种直觉能力？对于这些问题，许煜谈到了机器的意向性问题。通过借用坎特韦尔·史密斯（Cantwell Smith）的观点，许煜提出把计

---

① 参见 Gilbert Simondon, *On the Mode of Existence of Technical Objects*, trans. Cécile Malaspina and John Rogove, Minneapolis：Univocal University, 2017, p. 252。

② 参见上书，第 257—258 页。

③ 该书的中文版名称为《论数码物的存在》，将 digital object 译为"数码物"。本文为了上下文的连贯依旧采用数字对象译法，在具体的引用中采用中文版的译法。

④ 参见 Xuk Hui, *On the Existence of Digital Objects*, Minneapolis：University of Minnesota Press, 2016, p. xi。参见中文译本许煜《论数码物的存在》，李婉楠译，上海：上海人民出版社 2019 年版，前言第 5 页。内容有改动。

⑤ 参见同上英译本第 37 页；中译本第 60 页。内容有改动。

算数据视为一种"意识流"，在算法的意向下，元数据作为范畴，从数据流中创建客体形式，呈现出客体形式。许煜强调史密斯的贡献在于，他指出了计算机科学家们平时忽略的主体与意向性问题，其中涉及的主客体的研究方法不仅可用来反思人类，还可用来反思机器。同时，许煜认为应把数字对象放在网络空间这一整体环境下进行考量，这从另一个角度说明了要论述数字资本时代下的空间重组问题，前提是明确类似于一般数据的数字对象的基本特征。虽然目前还无法对数字对象作出明确定义，因为伴随着数字经济的不断发展，其延续下来的社会历史背景纷繁复杂，所以这个概念是无法穷尽的，但是许煜对于数字对象的思考在上述情境下提供了新的理论触发点。

前面分析了一般数据尤其是大数据在空间重组过程中发挥着中坚力量，同样，人类在社会历史发展过程中累积下来的经验数据也占据着重要位置。譬如制造业中的高炉每年产生的数据量达到 315TB（太字节）以上，这些数据的积累以前纯粹是靠炉长的口头总结和定性归纳，但是在进行大数据技术改造的过程中会面临一些大数据无法处理的情况，这时人类的经验知识总结反过来会促使大数据技术变得不断完善和精准。这是在探索平台空间的批判性路径过程中需反思的问题，虽然大数据在实施过程中能够实现精准预测，而且愈加呈现智能化趋势，但是不能忽视人类在现实的生产劳动过程中积累的具有规律性的知识和可供参考性的价值。

从全球到地方、城市社区乃至个体生活各个层面，平台空间的打造主要是由一般数据来驱动。首先，国际合作组织趋向于信息化、数字化发展，那么这种全球化的网络空间命运共同体则关涉每个国家的数字治理问题。尤其当遭遇重大公共突发事件时，对于数据的实时把控成为国家治理程度的重要参照。这时信息共享在整个治理过程中起着重要作用，而且大数据为政府决策和公共服务提供了精准参照，在一定程度上可辅助采取应对措施。具体地说，当大数据运用于公共卫生事件防控时，整个防控在由一般数据所构造的平台空间里进行，真正实现万物互联、人机交互和天地一体。尽管防控脱离不了实体空间的保护，但是平台空间能让人们迅速掌握整个世界每个国家和城市的具体状况。平台空间成了未来政府治理乃至全球治理多维度的一个层面，它不断丰富了人类命运共同体理念。但是作为一种技术类型，一般数据其实是掌握在少数人或者少数企业和集团手中，那么对于数据的运用问题则是需要商榷的。因为技术本质上是资本主义的产物，如果从技术批判的角度来看，当平台空间治理面临各种问题时，需警惕一般数据被造假和隐藏起来的特质。

其次，前述已经分析城市布局主要以数据集中处作为参考，同时它成为未来城市规划和国家治理着重考虑之处。未来的城市趋势是倾向于生产生活与生态空间相适应、自然经济和社会人文相互融合的一种复合式系统。其中包含物质空间、社会空间和数字空间相互配合，并且空间规划融入了 5G 技术、区块链技术等，形成了一种高效、低碳和环境友好的生态空间发展模式。[①] 随着信息技术的不断发展，人类用科学的方法来解决社会问题成为潮流，而科学的落脚点往往在于技术，比如说利用大数据来解决城市通勤圈的问题。随着中国城市化和交通网络的迅速发展，一个又一个超级城市群正在形成。城市的行政边界是明确的，但是通勤圈的范围却是非常广泛的。传统的交通规划主要借助于人工的方式，周期长，采样率低，这样产生的效果很不理想。而大数据技术对于庞大的用户基数所产生的海量多维数据进行有效分析，这为如北京这种大型城市解决通勤问题提供了可能性。但是大数据技术的数据输出并非一开始是准确的，它必须根据具体的情况给出相应的调整方案，不断地完善数据分析模式。最终大数据的分析报告是为相关道路交通规划提供决策依据，促使整个系统效率的进一步提升。

----

① 详细参见武廷海《中国城市规划的历史与未来》，载《学术前沿》2020 年第 2 期。

最后，人们的生活空间被大数据给包裹起来。移动互联网时代和数字时代的到来，使得人们的个体生活不断地被量化。比如人们的手机 APP 里会汇集人们的聊天记录、消费记录和出行记录等，其中年度报告都是通过大数据的后台计算得出来的。换句话说，人们的一言一行或者生活方式不再是传统的图片、音频式记录，虽然现在仍有这些相关形式，但它们都是经过大数据处理分析之后，根据每个人的喜好进行相应的推送，从而在人们的消费趋向和选择上占据主导。此外，在大数据给人们提供便捷的同时，仍然会出现一些意想不到的问题。即在使用支付软件过程中遭遇大数据"杀熟"现象，比如当不同系统的手机使用同一款打车软件时，同样的路线和车型，使用 IOS 系统的手机在结算时比安卓系统的手机一般贵约五六元。如果没有对比，那么大部分人会因沉浸在大数据操作系统带来的便利快感而忽视上述情形，从而使得大数据操作钻了空子。这种大数据"杀熟"现象或者在使用支付软件过程中所存在的各种问题，不能因为它们是新技术的产物就一味地否定，而是需要理智地推敲这一现象或问题背后的实质。这些现实问题关涉资本的新样态，即从各种数字平台当中演化出的数字资本。"数字资本把每一个个体和对象加以数据化，进入它所需要的运算系统之中，数字异化成为我们在数字资本主义时代的存在方式。"①哈维强调大数据会导致意识形态拜物教，比如智能城市通过挖掘大数据的潜能来解决城市的弊病（包括贫穷、不平等、阶级和种族歧视，通过驱逐获取财富以及通过剥夺的其他积累方式），这种想法在哈维那里是不可能实现的。哈维认为这种想法创造了一种拜物教的迷雾，即在政治行动主义和都市现实之间形成了一种分离。②而福克斯认为数字

---

① 蓝江：《数字资本、一般数据与数字异化——数字资本的政治经济学批判导引》，载《华中科技大学学报》（社会科学版）2018 年第 4 期。

② 参见 David Harvey, *Marx*, *Capital and the Madness of Economic Reason*, New York：Oxford University Press, 2017, p. 126。

化和大数据资本主义是对立的社会形态，它加深了异化和剥削的同时蕴藏着解放的潜能。在由一般数据所组成的世界里面，使用工具逻辑来计算人类需求的算法可以自动计算出人类活动轨迹并且帮人类作出决策，但问题在于算法和机器是没有伦理和道德的。一般数据变得商业化则意味着新的社会不平等的出现，从而加剧互联网的剥削倾向。

扁平化

平台空间的出现导致整个社会关系和思维方式的扁平化，个体成为社会繁荣的一个典型资源。当个体生存于上述关系的环境时，不断被抽象化，这种抽象化表现为个体成为一般数据的来源。一旦个体迷失在如洪流般的一般数据里，会变得无所适从，从而无法形成自己的独立判断。并且这种扁平化会逐渐演化出精英阶层，使得与大众之间的分化愈加显著。

首先，流动空间的出现是导致扁平化现象的原因之一。卡斯特的流动空间理论强调社会是由具备特定支配利益的不同要素所建构起来。这种支配性并非纯粹结构化的，而是由社会行动者所发动、构想、决定与执行。在流动空间里出现了精英管理组织，他们占据着整个社会支配形式里的绝大部分。"精英之间的接合与大众之间的区隔化和解体，似乎是我们社会中社会支配的孪生机制。空间在这种机制里扮演了基本的角色。简言之，精英是寰宇主义的（cosmopolitan），而人民是地域性的（local）。"① 可见，权力和资本的空间布展主要是在全世界范围内，而大众的生活体验则是一种地方性的呈现。如果社会组织没有受到地域性的和非历史性的限制，那么作为一种理论逻辑的全球权力，不再是传统地缘政治所强调的国家社会—政治控制。在卡斯特看

---

① [美] 曼纽尔·卡斯特：《网络社会的崛起》，夏铸九、王志宏译，北京：社会科学文献出版社 2001 年版，第 509—510 页。

来，流动空间里的精英文化具体表现为：一是由精英组建的社会成为具备象征意义的社区，这种社区的外部显现是个人微观空间，并将自身的利益投放到全球互动的功能性空间之中。流动空间的节点不仅具备休闲娱乐功能，而且兼有创造文化氛围和艺术鉴赏的价值转化。从权力的顶峰和其文化的起点开始，依次往下形成了许多具备象征性的层级—空间结构。但是在每一个层级又会形成高低不同的层次，处于底层的空间社区就会被隔离起来，结果造成社会—空间的断层化和片面化，无法形成系统化的空间结构。第二种形式是流动空间里的精英阶层更加倾向于营造一种适合全世界精英的象征环境，这种环境具备独特的空间形式和生活方式，以此区别以往带有地域性特征的抽象环境。比如世界级的连锁式酒店会被打上带有独特酒店文化的烙印，尤其是在房间设计方面都会存在着相似性；企业的精英圈子里面会有着独特的一套仪式系统和处理程序。再者，精英文化之间的生活方式呈现为一种均质化的倾向，由于信息流动的带动，把全世界的文化方式融到一起，从而形成了一种独具特色的文化模式，力图超越一切社会的文化边界。

上述现象背后是空间格局与权力分配之间的对峙，不仅涉及空间自身布展的自由，而且关涉一个地方所具有的权力。但是一方面掌控资本和拥有技能的人可以利用商业贸易和投资实现世界各地之间的流动，与此同时，他们在富有的社区或者在生产知识和高科技的精英圈子里面能够守护住自己的空间。可是那些被边缘化的人们或者不具备技能的人们，只能被迫等待或者开放自己的边界。[①] 因此，上述精英与大众之间的分化，由于信息差异导致的空间或者地域桎梏变得更加突兀，更加根深蒂固。

---

① 参见［英］多琳·梅西《保卫空间》，王爱松译，南京：江苏凤凰教育出版社 2017 年版，第 119 页。

　　其次，资本信息化在全世界的普及催生了一种新的资本—技术精英的空间模式。信息化的出现改变了以往的工作和管理模式，这种模式不再受到地理位置的限制。依靠发达的信息通讯，人们可以根据不同的工作性质选择在不同的地点进行汇集。这种以资本—技术精英为主导的空间模式囊括了办公空间和交往形式、区域差异性生产、集中信息管理和生产单位等。从更广域的视角来看，世界性的资本主义生产模式的扩张和整合，促使了劳动的国际分工，在世界级的生产线上组织生产，开放世界市场等。这种占据主导阶层的空间模式阻断了大众与空间之间的关联，进而阻断了日常生活和都市意义之间的关联。可以看出，通过等级化信息的交流互享平台，资本逻辑一方面能建构突显以"精英—大众"为特色的劳动分工系统，另一方面给"精英—大众"的对立局势打上了劳动区域性的地理学烙印。这促使刚性的劳动与资本之间的矛盾经过组织化管理模式的柔化之后，转变成为具体的城市职能在地缘结构上的施展。① 由此，精英阶层因占据着信息的优势资源而具备难以撼动的地位，大众则被排挤到边缘地区，从而不得不接受结构化的变迁。

　　从全球视野来看，这是一个精英的虚拟阶层所居住的生活空间：越来越多的公民，无论是消费者还是生产者，都发现自己在无形之中受到通讯方式的操控。这是卡斯特所说的全球政客（一半是存在，一半是流动）。同时是前述奥热所称的非空间的虚拟世界，即一种同质的机场和旅馆客房的文化，在这种文化中，个人的社会地位更多地取决于物质、信息和资本的国际流动，而不是地理位置的特殊性。除了由这个精英虚拟阶级绘制的网络化社交空间的地形图之外，还将考虑异类的生活实践是如何阐明一些倾向的。这些倾向使人们能够进入社交

----

① 具体参见温权《发达资本主义社会的网络信息体系与二元城市结构——曼纽尔·卡斯特的马克思主义城市社会学批判》，载《自然辩证法通讯》2019 年第 9 期。

空间的主导过程，而不需要在他们进行沟通的权力领域内形成规范和统一。尽管所有这些实践都落实在网络空间的地图上，而不是脱离开网络空间的地图，但这里的"全球"指的必须是确定网络社会中规范成员和异常成员的日常生活结构。

精英和大众两极分化的实质是暗藏在信息技术区域分布下的资本权力之争中。在信息化时代，政治的主要表现方式是文化符号，它体现了机构或者制度的决策。这时权力变得无处不在、无时不有，并且能够于无形之中凌驾日常生活的方方面面。正如卡斯特所讨论，信息资本时代的权力主战场集中在信息交换与象征遮蔽的网络之中，通过各种技术手段与社会行动者、组织机构和文化部门等发生有效关联。这种稳定的权力主要来自精英阶层，他们凭借手中的政治特权，获取社会关系与物质资源。信息时代下社会阶层的基础是作为权力来源的文化和作为资本来源的权力。[1]

这种分化导致了精英与大众之间的利益冲突，即对知识和信息价值进行剥削的问题。劳动阶层在空间上的重构，一方面推动劳动力的循环、降级和调整，从而构造出一系列地域隔离、文化分割和社会不平等的社区。这些社区无法在新的生产关系中形成一个完整的阶级，从而不断扩大地域分化的差距。另一方面，那些占据着信息生产高地并且具备较高文化和教育水平的精英阶层能够得到更多优势资源，获取丰厚的回报，进而具备掌控社会影响的组织能力。精英阶层从根本上塑造了社会的霸权空间，这体现出它特有的文化价值和功能作用，彰显了这种霸权性并为它提供物质条件。相较而言，那种处于碎片化空间结构的劳动力，无法通过他人经验来修复自己的文化和地域位置，从而破坏了社会格局和不同社区之间的沟通模式。从另一个角度来看，

---

① 参见［美］曼纽尔·卡斯特《千年终结》，夏铸九、黄慧琦译，北京：社会科学文献出版社2003年版，第417页。

这种分化的结果是城市二元结构的表现之一,并且暗示了信息化时代下出现的社会主导类别,打破了原有的劳动类型,从而将新劳动类型融入新经济结构之中。这种二元城市结构所引发的精英与大众之间的对抗,体现了资本主义条件下劳动分工的失衡,具备转移政治风险的嫌疑。马克思强调:"资本主义生产的整个体系,是建立在工人把自己的劳动力当作商品出卖的基础上的。而分工则使这种劳动片面化,使它只具有操纵局部工具的特定技能。"① 在马克思看来,分工使得劳动力变得片面化,它主要是受到操控它的技能所影响。那么,到了信息资本主义阶段,精英和大众之间的划分,以及与之相应的在流动空间上的不同区域分布,将会产生诸多问题。

这些问题在流动空间里似乎没有明显的阶级区分,大众可以不付出任何代价就能够轻易获取相关优势资源。标榜的自由使得大众对于上述差异并不敏感,进一步加剧大众被"隐形剥削"的现状。更有甚者,在信息时代里,由于组织形式的更新和技术的升级所带来的弹性生产模式,促使被剥削的大众阶层无法得到相应的保障制度。这种因信息加速换代所导致的各方压力,使得生产必须灵活多变。但是之前固化的劳动力被束缚在流动空间里,不再具备自主性。卡斯特看到了这种分化结构的深层内核,即信息化工作触发了劳工的分离和重组,从而开创了网络社会。② 但是大众创造出的价值和社会智力受到金融体系的巨大影响,可见上述劳动力的重新架构仍然逃脱不了资本的捆绑。"知识和技能的积累,社会智力的一般生产力的积累,就同劳动相对立而被吸收在资本当中,从而表现为资本的属性,更明确些说,表现为固定资本的属性,只要后者是作为真正的生产资料加入生产过程。"③

---

① 《马克思恩格斯全集》第44卷,中文第二版,北京:人民出版社2001年版,第495页。
② 参见〔美〕曼纽尔·卡斯特《网络社会的崛起》,夏铸九、王志宏译,北京:社会科学文献出版社2001年版,第343页。
③ 《马克思恩格斯全集》第31卷,中文第二版,北京:人民出版社1998年版,第92—93页。

　　从 20 世纪 20 年代到 60 年代，左派和激进主义理论对当代资本主义的批判依赖于意识形态批判，以致每一个理论家都发展出自己的意识形态批判理论，反而使得意识形态的问题变得分散。詹姆逊强调："我们毕竟都陷身于意识形态，因此意识形态批判必须也同时具有自我分析、自我意识和自我批判的形式。意识形态在某个意义上说，是异化在意识或思想领域内所采取的形式：它是异化了的思想。①然而正是在这一语境当中，由于资本主义生产力的变化、技术的开发，由于它从直接生产过程的社会组织模式的变化，即管理革命，以及由于整个社会的结构化，再到文化的变迁，按照马克思主义的说法是内在的矛盾和危机愈加严重，因此在表象上冲突和混乱愈加突出。但是经过 20 世纪 60 年代左翼的社会运动或者文化革命的洗礼之后，出现了另一个问题：从争取工人阶级解放的 20 世纪早期的罢工斗争到革命，再到整个社会运动和文化革命，一波激进改造世界的运动受到挫折，在这一社会历史条件下，难以设想早期具有革命意义的对资本主义的改造。赫伯特·马尔库塞（Herbert Marcuse）的《单向度的人》和安德烈·高兹（André Gorz）的《告别工人阶级》表达了另外一个问题：革命主体的消失，意味着幻想改造世界的运动没有人来操作。但是这个世界充满了矛盾、冲突、对立、危机和混乱，需要人们去改造。伴随着对现实的逐渐不满，绝大部分人失去了掌握这个世界的契机，支配社会历史运动的客观力量反而越来越疏远。

　　今天谈论科技革命以及工业革命 4.0 等最新表述，这种高技术的突破能够带来人类的福祉，因此也谈论与此相关的新经济，谈论全民创新。但是不能忽略一个问题：高技术表面上为每一位个体介入社会历史的变迁提供了广泛的机会并打开了新的图景，但是实际上这个高技术本身的创新方向和力度恰恰是由少数几个大公司所把握，更准确

①［美］詹姆逊：《后现代主义与文化理论》，北京：北京大学出版社 1997 年版，第 255 页。

地说是受到少数的垄断集体和权力的操控，这就是马克思所讲的现代社会经济和政治的垄断和合谋主导着整个世界。在这种背景之下，简单设想精英革命和大众革命是不可能的，实际上公众在某种意义上越来越远离权力的中心。美国激进左派学者在回应这个问题时，一方面出现了以詹姆逊为代表的在艺术和文学上的突进，它是金融垄断的资本主义对整个社会生活的"座驾"。这种探讨的方向是对的，但研究略显不充分。另一方面产生了以 E. A. 罗斯（Edward Alsworth Ross）为代表的广义的社会建构论，它在某种意义上从理论的逻辑来说，使用福柯的批判理论来回应高科技的资本主义，其中核心问题之一是科学技术是一种社会建构，因此成为一种意识形态。上述学者试图打开理解当代世界的一个维度，但是他们掀起的科学大战证明了这是不可能的。这是当代国外马克思主义研究面临的问题，即对于高科技问题的相关追问。在自然科学的基本常识的理解上，这个常识是自然科学推动了世界观的进步，构建了自然世界科学家共同体，但是它的常识性工具是否得到了较好的理解？在谈论广义相对论的时候，是否对此有着更为深刻的理解？如果说科学代表的是近代的理性主义，那么如何回应知识主义？由此，引发的反思是如果无法做到反知识主义，或者无法做到反知识主义的蒙昧主义，那么需要比自然科学站在更高的落脚点，这样才能驾驭数字资本主义、网络帝国主义等问题。在此意义上讨论马克思的基础理路，并且审理技术批判理论的进步环节，这些都需要在理论纵深中去解决一些问题，其中之一是在各个领域研究与国外保持表面上的同步。就马克思主义研究而言，社会批判理论往往存在着一个陷阱，即倾向于从外在角度对它们的后果和机制进行批判，这是在认真审理技术批判理论的重要环节时需进行规避的地方。

二、平台空间下的技术批判

整个人类文明史是利用和开发技术的历史，随着数字技术作为技术演化过程中的最新形式，人类的社会生活无时无刻不被数字化的产物或者媒介所囊括。那么平台空间下的技术批判主要包括平台空间的技术加速、平台空间的技术霸权和平台空间的技术治理，以此来应对现代性发展的临界时刻，进一步回应数字技术在历史发展过程中所引发的各项抽象机制问题。

平台空间的技术加速

在某种意义上，技术并非作为一种单独的现象出现，而是一种交织着政治、经济和文化各项制度的社会现象。作为形式，技术是历史的产物。但就技术所引发的挑战和暴露的暂时性缺失而言，不能只针对新技术本身进行探讨，而应从整个历史过程的角度展开现代性反思和批判。探索平台空间的技术加速的背景，首先需对技术批判进行思想史梳理，即明确传统资本主义时代是如何讨论技术及其技术批判的。

虽然马克思没有对技术进行理论化的说明和阐述，但他却是技术史研究和现代性批判的先驱。或者说，现代性技术批判的领域无法绕开马克思对于从工厂手工业到机器大工业的分析。马克思生活的时代正值资本主义工厂手工业加速发展，但工厂手工业狭隘的技术基础无法满足由它自身所创造出来的生产需要。资本家为了解决上述矛盾，采用机器生产代替手工业生产，以此攫取更多剩余价值。马克思在《资本论》中明确说"机器是生产剩余价值的手段。"[①] 为了更好地分析机器的发展，马克思对整个工艺史进行了详细研究。首先，马克思以

---

① 《资本论》第1卷，北京：人民出版社2004年版，第427页。

工具机为研究起点，探讨了工场手工业生产是如何过渡到机器生产的。"工具机是这样一种机构，它在取得适当的运动后，用自己的工具来完成过去工人用类似的工具所完成的那些操作。"① 在马克思那里，原本简单的工具在工厂手工业时期发展成为机器，而正是工具机的创造才出现了蒸汽机的革命。所以马克思说："大工业最初的科学要素和技术要素就是这样在工场手工业时期发展起来的。"② 机器产生于工厂手工业时期，并且它的生产是与它现有的物质基础是不相适应的。在某种程度上，机器的发展推翻了自然兴起的物质基础，建立起与自身的生产方式相适应的新基础。进而大工业获得了用机器来生产机器的条件，形成了与之对应的技术基础。这时分析过渡到了机器生产，其中技术作为一种要素显现出它的基础结构。再者，工具机的发展进一步推动了动力机的出现，而工具机和动力机之间的传动关系经历了由简单到复杂的协作分工，在相互作用中形成了机器体系。"自动的机器体系不过是最完善、最适当的机器体系形式，只有它才使机器成为体系……"③，在马克思看来，机器体系的产生体现了固定资本的形式，它已经被打上资本一般的烙印。

当机器体系日渐呈现自动化的趋势时，标志着发达工业社会的来临。在这种资本主义的生产过程中，感性的人成为机器的附庸。如果把感性的人当成理性的抽象的个人，就会出现人奴役人的现象。这一理论背景成为法兰克福学派进行技术理性批判的触发点，他们把关注的重点放在了如何把感性的人变成了理性的抽象的人。为了回应这一点，马克斯·霍克海默（Max Horkheimer）延续了卢卡奇在《历史与阶级意识》中借助于马克斯·韦伯（Max Weber）的形式合理性这一分析方式，在《科学及其危机札记》中第一条就指出"马克思的社会

---

① 《资本论》第1卷，北京：人民出版社2004年版，第430页。
② 同上书第1卷，第433页。
③ 《马克思恩格斯全集》第31卷，中文第二版，北京：人民出版社1998年版，第90页。

理论把科学视为人类的生产力之一"①。基于科学技术的结构生成，作为物质生产的三种条件之一，科学技术推动了现代工业体系的形成。就科学技术的功能输出或者科学技术创造的价值而言，科学技术表现为一种生产手段。在明确了上述基本前提之后，霍克海默以社会对立为抓手，开始阐述科学危机问题。在霍克海默看来，掩盖危机的方式是把生产危机的责任归于理性的、科学的思维。但问题的实质并非科学技术本身，而是对于科学技术的资本主义应用，所以研究科学危机的重点在于对社会历史条件的研判。相较于马克思所处的时代，霍克海默面临的是更加体系化和自动化的机器时代。从社会发展角度看，这一转变是时代进步，但随之引发的矛盾和冲突变得异常尖锐。针对卢卡奇在《历史与阶级意识》中谈论的科学为现行制度进行辩护这一物化问题，霍克海默指出："不仅形而上学、而且形而上学所批判的科学本身都是意识形态，因为科学保留着一种阻碍它去发现危机的真正的原因的形式。当然，说科学是意识形态并不等于说科学实践者不关心纯粹真理。任何掩盖建立在矛盾之上的社会的真正本质的人类行为都是意识形态。"② 可以说，以往对于科学技术的形而上学的理解，遮蔽了危机产生的原因。在霍克海默那个年代，由于技术理性已经达到一种顶峰，所以它推动了社会结构的崩溃和再生产。同时霍克海默早期思想的形成承接了德国哲学的反思传统，这促使他遭遇到的问题是科学成为一种意识形态。但是霍克海默仅仅通过一些基本原则来回答这一问题，还未达到深入剖析科学技术的程度。

后续霍克海默和西奥多·阿多诺（Theodor W. Adorno）在《启蒙辩证法》一书中对上述问题进行了完整阐述。为了论证科学如何变得非理性，霍克海默和阿多诺再次重申由马克思提出的现代社会的异

---

① 《霍克海默集》，曹卫东编，上海：上海远东出版社2004年版，第158页。
② 同上书，第161—162页。

化和颠倒是欧洲理性主义历史发展的必然结果。当霍克海默和阿多诺的论述视角开始投向法西斯主义的崛起、技术大众的性质、技术成为统治的力量以及技术开始否认人等现实时，推动技术或者理性的启蒙力量陷入了一种颠倒。为什么会出现颠倒？这需在一般意义上去理解启蒙。首先霍克海默和阿多诺以现代社会启蒙为开端，揭示启蒙本身的缺陷。与此同时，借助于现代社会的启蒙形式，回溯性地探索启蒙的内容。霍克海默和阿多诺强调："启蒙的根本目标就是要使人们摆脱恐惧，树立自立。但是，被彻底启蒙的世界却笼罩在一片因胜利而招致的灾难之中。启蒙的纲领是要唤醒世界，祛除神话，并用知识替代幻想。"① 启蒙对于一切事物的掌控主要是通过知识来获取的，最终达到祛魅的目的。并且主体在自我客体化的技术过程中，理性成为一般性意义上的制造其他工具的"工具"。在这里，技术与知识合谋了。"技术是知识的本质，它的目的不再是概念和图景，也不是偶然的认识，而是方法，对他人劳动的剥削以及资本。"② 在霍克海默和阿多诺看来，工业发展推动了整个世界的转变，这一知识观念早已深入人心。从某种意义上来说，启蒙不再是进步精神的代言，而是走向了自身的反面，即"在为现实社会服务的过程中，逐步转变成为对大众的彻头彻尾的欺骗"③。由此霍克海默和阿多诺阐述了启蒙之所以颠倒为神话，是因为它最终采取了神话的形式，并且发挥着神话的功能。这时启蒙就成了它自身所反对的奴役的来源。启蒙的最终机制是摧毁多样性和异质性，使每个人被还原为单个的原子，从而导致社会的整体运行全部按照一系列冰冷的数字来进行分割和重组。"启蒙的本质就是一种抉择，并且不可避免地要对统治进行抉择。人们总是要在臣服自然与支

---

① ［德］马克斯·霍克海默，［德］西奥多·阿多尔诺：《启蒙辩证法——哲学片段》，渠敬东、曹卫东译，上海：上海人民出版社 2006 年版，第 1 页。
② 同上书，第 2 页。
③ 同上书，第 34 页。

配自然这两者之间作出抉择。随着资产阶级商品经济的发展，神话昏暗的地平线被计算理性的阳光照亮了，而在这阴冷的光线背后，新的野蛮种子正在生根结果。"①

　　不同于霍克海默和阿多诺等人的隐晦论述，马尔库塞的研究视域由于聚焦大则更显直接。面对万物商品化和大众文化的统一性，马尔库塞提出科学技术是资产阶级的意识形态。在马尔库塞看来，科学技术在成为统治工具的同时就是统治本身。马尔库塞说："在技术的媒介作用中，文化、政治和经济都并入了一种无所不在的制度，这一制度吞没或拒斥所有历史替代性选择。这一制度的生产效率和增长潜力稳定了社会，并把技术进步包容在政治的框架内。技术的合理性已经变成政治的合理性。"② 在这里，目的理性已经转化为工具理性，人们是按照工具的思维方式来进行生产和生活，从而沦落为科学技术的奴隶。并且这种单向度的人在经济人的基础上发生了更为深刻的异化，促使被技术支配的人们在社会生活中彰显出强烈的个性，但是这种个性的实质仍然是技术本身。更为重要的是，随着资产阶级万物商品化这一过程的深入，合理性本身成为统治观念。于此，技术不仅是理性自我显现的机理，更成为统治的手段。

　　顺着马尔库塞的"科学技术是意识形态"这一论证思路，安德鲁·芬伯格（Andrew Feenberg）站在整个西方马克思主义的立场试图建立一个完整的技术批判理论，主要体现为由他所撰写的《技术批判理论》《可选择的现代性》和《质问技术》等著作中。在这些著作中，芬伯格提出了"技术代码"这一概念，以此阐释了技术与社会之间的关系。在芬伯格看来，技术代码是采用连贯一致的技术方式来解决一

①　［德］马克斯·霍克海默，［德］西奥多·阿多尔诺：《启蒙辩证法——哲学片段》，渠敬东、曹卫东译，上海：上海人民出版社 2006 年版，第 25 页。
②　［美］赫伯特·马尔库塞：《单向度的人——发达工业社会意识形态研究》，刘继译，上海：上海译文出版社 2008 年版，第 7 页。

般问题，并且针对不同技术问题预设了各种解决方案以获取需求或利益最大化。当这种技术代码被置于资本主义情境下时，技术需求和社会需求通过"技术合理性"或"真理的政权"被聚合在一起，由此，目的与手段的关系在这种规则的操纵下实现统一。借助布鲁诺·拉图尔（Bruno Latour）的"行动者—网络理论"，芬伯格提出"资本主义的技术代码现在可以定义为一种联系社会关系网图和技术关系网图的一般的规则"①。外在目的的实现只需通过中性的工具，但是特殊目的则是经由技术与其所在的社会环境的相互协调来展现的。这种技术代码类似于社会决策网络，它通过预先构造出一种带有利益或价值的社会活动领域，从而实现行动者之间的相互关联。进而芬伯格分析了技术的本质是通过它在社会各个发展阶段所表现出来的主要决定因素的集合，并且这种集合包含初级工具化和次级工具化之间的复杂转化。初级工具化和次级工具化是技术本质的两个方面，前者主要关注每个社会的技术关系，主要包括去除情景化、简化论、自动化和定位；后者主要涉及技术行动在具体实现过程中为初级工具化提供一些具体效果，涉及四个要素：系统化、中介、职业和主动性。②

上述从马克思对于机器的探讨，到法兰克福学派的技术理性剖析，最后到芬伯格提出的技术代码，这条思想史同时是考察和思考平台空间技术加速的内在逻辑。目前以物联网、人工智能、云计算和区块链等技术为代表的第四次科技革命和产业革命正以全新的态势生发出独特的结构样态和生存模式，这时数字技术成为信息智慧文明时代重点关注的对象。作为物质生产三大条件③之一，技术条件已经在当代生产中呈现出支配性地位。从工具论目标的角度出发，数字技术作为技术

---

① [美] 安德鲁·芬伯格：《技术批判理论》，韩连庆、曹观法译，北京：北京大学出版社2005年版，第95页。

② 具体参见 Andrew Feenberg, *Questioning Technology*, New York：Routledge, 1999, pp. 202 - 207。

③ 其他两种条件是自然条件和社会组织条件。

演化过程中出现的新形式，这种新形式在替代人体器官的同时生发出了一系列问题。可见作为一种新兴技术，数字技术呈现出来的可能性是多重的，但在实际运用过程中大部分情况是基于一种路径来展开。

平台空间的技术霸权

对一般数据的分析和处理技术主要被巨型平台公司所占有，这时平台空间的技术霸权地位开始凸显。在上述背景下传统企业被迫转型升级，因为如果它们没能融入这些大平台之中的话，就会面临随时被市场淘汰的危机。随着智能手机使用量的不断增长，用户之间主要通过各种应用程序来实现沟通交流。同时这为各种公司扩展和关闭数据提供了主要方式，一旦大量数据被大型平台所提取出来，其他小型平台则会遭遇威胁甚至被取代。在资本主义从区域扩张到全球的过程中，信息与通信技术产生了决定性的作用。而这些技术在全球网络领域所产生的各个层次的关联，构成了全球空间。后现代性的学者们习惯用制图学的方式来对全球空间进行再现式的想象，这就形成一种霸权的阐释路径。

首先，对于制图学的讨论，德勒兹和加塔利强调用图示的方式来展示精神分析的状态，从而试图阐发一种后现代政治，即从一种后结构主义的视角来阐发主体性和再现的批判。对此，德勒兹和加塔利探讨了平滑空间和纹理空间，指出国家这种权力机器会将它所统治的空间进行分层，并在外部建立起合法区域，使得各种人口流、贸易流和资本流等能够在平滑空间之上进行合理移动。而且国家和社会的出现，使得界域性成为主导性原则。实际上，在对空间进行划分的过程中，数字作为在空间之中运动的手段出现了。不同于层化空间里几何学意义上的数字，平滑空间里的数字可以自由运动。当数字占据了平滑空间，并在其中作为主体进行布展时，数字成了一种原则。国家与国家之间通过绘图构造出的全球空间，在权力的诸种对抗过程中形成了霸权。按照德勒兹和加塔利的说法，全球性组织包含着社会构型的异质性，它们自身具备强大的转换力量，并且形成了抵御和防御机制。跨国企业建立起一种被解域的平滑空间，其中加速的资本流通促使不变资本和可变资本、固定资本和流通资本之间的区别变得相对化。这种全球空间实则为纹理空间和平滑空间之间的相互转化，但是平滑空间并不意味着解放，而是在两种空间的斗争和变动中建构起挑战，只有超越了障碍，才能创造出新的可能性。其实这种空间制图学只是一种想象，但是德勒兹和加塔利试图在游牧之外找寻解放的力量，他们是在机器、技术所营造的平滑空间和纹理空间的相互滑动过程中寻求到底什么是真正的主体性，转向了一种异质性的、多变的对抗性。

其次，探讨这种空间制图学形成何种政治格局，前提是明确制图学式的全球空间模式的构造。为了阐释资本主义进入新的权力发展模式，麦克尔·哈特（Michael Hardt）和安东尼奥·奈格里（Antonio Negri）提出的"帝国"概念挥出了有力一击。在哈特和奈格里看来，构建新的超国家权力主要包含了全球空间、无法预测的时间以及生态政治世界。可以说，"帝国"概念的建立同时是全球空间霸权的展现。具体地说，这种新的政治构造是顶级跨国公司和金融公司开始通过生态政治的模式在全球占据自己的一席之地。这些跨国公司根据不同的市场需求来分配人力资源，并且使这些资源能够各司其职，最后在世界的生产性部门里划分等级。巨大的工业力量和金融力量一方面生产出商品，另一方面生产出生态政治环境里面的行动主体。这些行动主体继续产生需求、社会关系、肉体和心灵等，即生产者本身。在上述生态政治环境中，生命和生产相互作为彼此的目的。哈特和奈格里强调，尤其要关注的一处生态政治秩序场所是由通讯交往工业发展起来的语言、交往、象征的生产结成的非物质结点。这种通讯网络的发展同新的世界秩序之间的关系可以算作是产品和生产者之间的关系。通过网络繁殖、构建各种相互关联，通讯交往不断组织着全球化的运动。

并且它还控制着这些相互关联本身所具备的想象力和价值，换言之，借助于交往通讯的各种设备，想象力领域内的事物能转化为现实事物。社会空间的政治倾向逐渐在通讯交往的空间里面展现出来，内在于生产和社会关系之中。① 这时哈特和奈格里已经意识到在互联网和通讯工业中非物质劳动②的重要性，这种非物质劳动将语言、交往和象征等因素集合在网络空间里面，已然成为一种全球化的秩序。再者，通讯交往的发展与生态政治领域的发展使得帝国机器的运转具备合法化。这部机器依仗网络通讯技术，不仅对整个社会结构进行塑形，还创造出一种能够及时协调和平衡权重的境遇。站在后现代的视域下，这种机器主要强调差异性和主宰叙事，产生了语言生产和认证的相互性，同时它是理解帝国发挥政治效应的立足点。

全球空间霸权是否存在着对抗性的问题？首先需明确对抗的基本含义。马克思理解的对抗不是指个人的对抗，而是从个人的社会生活条件中生长出来的对抗。但是在资产阶级社会的胎胞里发展的生产力，同时又创造着解决这种对抗的物质条件。③ 可见，一般意义的对抗主要是由生产力的实际水平所决定的。但是后马克思主义者之所以提出霸权，主要是强调主体的对抗，这恰恰是马克思所反对的个人的对抗。欧内斯特·拉克劳（Ernesto Laclau）把"霸权"定义为一种领域，在这个领域里政治关系被真实地建构。④ 拉克劳指出霸权关系包含以下维度：一是它构成了权力的不平衡性。霸权行为的本质是将对外宣称的目标与实际共同体完成的目标结合，但是上述结合存在特殊情况。这

---

① 参见［美］麦克尔·哈特，［意］安东尼奥·奈格里《帝国——全球化的政治秩序》，杨建国、范一亭译，南京：江苏人民出版社 2008 年版，第 35—36 页。
② 关于非物质劳动理论的具体分析请参见本章第三节的探讨。
③ 参见《马克思恩格斯全集》第 13 卷，中文第一版，北京：人民出版社 1962 年版，第 9 页。
④ 参见［美］朱迪斯·巴特勒，［英］欧内斯特·拉克劳，［斯］斯拉沃热·齐泽克《偶然性、霸权和普遍性——关于左派的当代对话》，胡大平等译，南京：江苏人民出版社 2003 年版，第 38 页。

关涉霸权关系的第二个维度，即只有普遍性与特殊性不再二分对立，霸权才会产生。三是霸权倾向于空的能指的产物，这个产物是建立在普遍性基础上对于特殊性的再现。四是霸权在地形上显现的是再现关系，是构造社会秩序的条件。这解释了全球化趋向于一种霸权政治，在空间上的表现是无中心的和被多元决定的。① 而斯拉沃热·齐泽克（Slavoj Zizek）认为类似于海德格尔的存在论，拉克劳的霸权逻辑是从本质主义的马克思主义转向后现代偶然性政治学，这并非认识论的进步，而是资本主义社会全球变化的一部分。齐泽克明确区分了偶然性和排他性，围绕霸权而展开的政治斗争，其结果是偶然的，并且与非历史的障碍相关联。历史主义并非完全与形式主义相割裂，历史主义的变体依赖于非历史的形式来定义"地平"，而偶然性和排他性都会发生在其中。其实，关于历史偶然性的主张包括历史变化过程和非历史性的内核。齐泽克在此表达的意思是理解霸权不能完全依靠偶然性，最主要是将其纳入具备全球构造的历史发展过程之中。

新的制图学构成了全球空间网络的总体格局，其中全球空间霸权实质上是一种权力制图学。在多琳·马西（Doreen Massey）看来，全球化是空间的操作，是一种多元化的实践操作轨迹和关联达成之间的再次塑造，正是在这一过程中暗含着政治的因素。马西对于全球空间的描述倾向于一种意象，如同詹姆逊所说的再现。这种绘制方式是一种想象地理学，它并非以往那种被严格区分并且有着明确界限的空间，而是一种没有束缚和藩篱的想象空间。马西认为："空间——这里是全球空间——是有关同期性的（而不是时间融合的），是有关开放性的（而不是有关不可避免性的），它也是有关关系、断裂、非连续性、介入实践的。空间体的这种内在的关联性不只是一幅地图上的线条问题，

---

① 详细参见上书，第49—53页。

它是一种权力制图学"①。由信息网络连接起来的全球空间，虽然纵横交错、纷繁复杂、异质丛生，但其背后是由权力和资本所操控的制图学。其实，马西对于全球空间的分析彰显了空间的立体性、多样性和开放性特征。认可空间的多样性同时是对多样性本身的理论想象和认知，这形成了一种空间叙事。正是马西上述后现代性的叙事视野，为认识全球空间霸权提供了无尽的可能。

进入数字资本时代，有学者把是否拥有平台作为全球空间霸权的凭据之一，指出从平台霸权的批判性争论中折射出西方和东方之间显著的不平等关系。全世界在 21 世纪逐渐被分裂为拥有发达平台体系的西方国家和其他没有发达平台体系的非西方国家。② 正如凯尔纳和贝斯特所言："尽管后工业社会理论家和后现代社会理论家都提到了知识和信息的至关重要性，并将之视为新的社会组织原则，但是，不难看出，资本主义才是真正的决定因素，它完全依照其自身的逻辑和利益，决定着什么样的媒体、信息、计算机以及其他技术和商品将被生产和分配。"③ 在后工业社会中，资本主义从生产、分配、交换和消费等各个环节都受到信息通讯技术的影响。由于资本逻辑的支配，空间制图逐渐呈现出全球的空间霸权模式。

信息空间与地理空间的合并，意味着通过数据流来编码和绘制整个地球。"地球"一词不仅仅意味着世界，而且描述了一种把物质形式、概念结构与现实生活连接起来的社会空间。作为实践概念的制图学成了西方社会发展历程的一种字面映射。当代全球化进程很大程度上根植于作为社会空间的全球历史，同时根植于将它视为实践空间的

---

① ［英］多琳·马西：《保卫空间》，王爱松译，南京：江苏凤凰教育出版社 2017 年版，第 118 页。

② 参见 Dal Yong Jin, *Digital Platforms*, *Imperialism and Political Culture*, New York: Routeledge, 2015, p.41。

③ ［美］道格拉斯·凯尔纳，斯蒂文·贝斯特：《后现代理论：批判性的质疑》，张志斌译，北京：中央编译出版社 2011 年版，第 329—330 页。

全球技术。当人们把万维网（World Wide Web）作为一种具有普遍范围的空间媒介来使用时，实际形成了一种将地球绘制为流动网络的过程。如同地图提供了一种技术，帮助制定"全球"作为一个生活空间，网络提供了一种工具，将这些全球技术置于个体的控制之中。如果把网络空间作为一种控制空间的表现，那么明显存在悖论，即一种与地理学相脱离的经济、政治和社会结构，反过来依赖于作为概念的、物质的和现实结构的"全球"本身的理解。从字面意思来看，地球的地理学和互联网的物质形式之间的重叠，是理解网络社会中"全球"概念的第一步。在这种程度上，"网络空间的地图"突出了参与日常生活空间生产的物质过程。地图作为空间的变现形式体现了物质形态和生活实践的过程，所以当全球的地图以电子形式呈现时，就变成了权力流动的地图。"随着互联网的全球传播，新的殖民者不再需要离开他们的地理疆域来管理全球化经济。"① 所以，发达国家主导的全球"空间流动"提供了一种技术，它将整个世界映射为一个由建立统治的地理领域协调的空间。其实，推动着全球空间霸权无限域扩散的背后推动力是资本，而且资本作为网络发展的舵手，会从各个层面向"无国界辖区"之称的网络空间提供支持。② 正如前述所分析，全球空间霸权是一种权力制图学。这种绘制是伴随着网络和数字的移动以及形成的节点和平台所构造起来的全球性立体式网状结构。它不再是传统的中心式散布，而是依据平台和数据中心进行布展，其背后的权力和资本也会随着建构中心的转变进行转移。后现代背景下的各种社会运动、街头文化和生活乃至各种艺术和美学等方面的发展，因为反对资本主义霸权而产生了金钱的力量与时间、空间的理论化概念的力量之间的对抗。这种政治在强调区域抵抗和他者时可能会在一个场所里受到欢迎，

---

① Jerry Everard, *Virtual States: the Internet and the Boundaries of the Nation-state*, New York: Routledge, 1999, p. 50.
② 参见丹·希勒《数字资本主义》，杨立平译，南昌：江西人民出版社 2001 年版，第117页。

但是它们在资本主义全球化的历史时代的发展过程当中，依旧服从于资本的力量。[①]

平台空间的技术治理

在马克思生活的那个年代，技术是推动社会进步的客观力量。但是在资本主义的发展过程中，生产关系的多重复杂性导致了更加深刻的矛盾，即技术本身会产生破坏性的力量。所以，针对技术的探讨本身具备辩证法的意义，该问题是 20 世纪 70 年代之后的马克思主义者要回应的主题。新技术的出现，与之对应的是资本主义发展新趋势——数字资本主义。它探讨的并非传统主体与客体之间使用的作为工具的技术，而在某种意义上是基于福柯和海德格尔的思想所架构的一种数字化技术。海德格尔说，技术即世界观，作为框架的装置必然会"座驾"这个世界。而在福柯的意义上，技术就是权力。借助于边沁的圆形监狱，福柯认为它不仅仅是一种监狱管理模式，而且作为一种治理技术，能够促使异质性个体自动地向有序的和同质的行为发展。作为一种治理技术的象征，圆形监狱是"一种在空间中安置肉体、根据相互关系分布人员、按等级体系组织人员、安排权力的中心点和渠道、确定权力干预的手段与方式的样板。它可以运用于医院、工厂、学校和监狱中[②]。这种圆形监狱作为一种规训社会的图解，可以说等同于资本主义和殖民主义条件下的那种由主体所控制的本质流形。当治理技术发展至万物互联时代，可以说因特网就是权力。这种权力与现代性的资本主义、资本主义的数字化以及一般智力等问题相关。

万变不离其宗的是，经典论述只有在爆发出诸种矛盾和问题之后

[①] 参见［美］戴维·哈维《后现代的状况：对文化变迁之缘起的探究》，阎嘉译，北京：商务印书馆 2003 年版，第 298—299 页。

[②]［法］福柯：《规训与惩罚》，刘北成、杨远婴译，北京：生活·读书·新知三联书店 2012 年版，第 231 页。

才被证明其合理之处，或者是规则制定的过程中得以反思式的体现。在马克思分析从工场手工业到机器大工业的过渡过程中，彰显出一种对立：因机器促进的生产高效能而为资本主义辩护，和因机器排挤工人导致的反抗资本主义的暴力行为。马克思的论述指认了资本主义的内在矛盾，即以机器革命为代表的生产力发展延伸出了新的图景，但是在资本主义生产关系中，机器却成了资本奴役工人的工具。因为现代科学本身是资本的产物，所以机器自产生时被社会历史条件赋予目的。在马克思看来，问题的实质并非科学技术本身，而是科学技术的资本主义运用问题。针对工人捣毁机器的鲁德运动，马克思提示说："工人要学会把机器和机器的资本主义应用区别开来，从而学会把自己的攻击从物质生产资料本身转向物质生产资料的社会使用形式，是需要时间和经验的。"① 马克思主要结合机器的实际运用来谈论机器本身，并对工人阶级的自发反抗提出建议。再者，技术发挥作用主要受制于特定的历史条件，而不是通过它本身直接的潜能。马克思通过作为生产力标志的工具来区分社会形态，"随着新生产力的获得，人们改变自己的生产方式，随着生产方式即谋生的方式的改变，人们也就会改变自己的一切社会关系。手推磨产生的是封建主的社会，蒸汽磨产生的是工业资本家的社会"② 。马克思采用辩证法的视角来分析技术的资本主义运用问题，需要明确两个界限：一是资本运用条件本身发挥作用的界限；二是技术作为潜能的界限。任何技术所产生的后果或发挥的作用都是手段和目的的辩证关系的产物。而这种手段和目的相互作用是在特定历史条件下产生的，"同机器的资本主义应用不可分离的矛盾和对抗是不存在的，因为这些矛盾和对抗不是从机器本身产生的，而是从机器的资本主义应用产生的！"③这是技术的资本主义运用所带来的

---

①《资本论》第 1 卷，北京：人民出版社 2004 年版，第 493 页。
②《马克思恩格斯选集》第 1 卷，北京：人民出版社 2012 年版，第 222 页。
③《资本论》第 1 卷，北京：人民出版社 2004 年版，第 508 页。

必然后果，其中冲突和矛盾体现的是技术选择和技术物化之间合规律性和合目的性的对立统一关系。资本主义拜物教不断开发和创造出新的需求，这是消费社会的典型问题。当消费社会被数字技术所控制时，出现了新的媒介景观问题，它们的形成都是技术进步被资本逻辑所扭曲的后果。

在数字资本时代，被数字技术包裹的消费社会所引发的新的问题和冲突，以及在此基础上出现的新的媒介景观，成为技术批判逻辑亟待跨越的一道鸿沟。当技术发展到成熟阶段，整体社会发展的经济重心发生了转移。W. W. 罗斯托（W. W. Rostow）在《经济增长的阶段：非共产党宣言》一书中指出："从颇为技术性的意义上说，当社会达到成熟阶段时或者达到成熟阶段之后，社会的主要注意力就从供给转到需求，从生产问题转到消费问题和最广义的福利问题。"[①] 随着生产力的高度发展，当满足人类生存所需的物质资料从匮乏走向富裕时，作为现代化成熟阶段的消费社会将带来何种可能性和新危机？在罗斯托那里，大众高消费使得消费替代生产变成了社会的中心问题。这时消费的典型特征是通过营销和广告，不断培养和激发人的欲望。营销是以吸纳人们的享受和快乐为前提，尤其是以饥饿营销为代表的非理性消费，它的主要目的是在消费品市场通过造成商品的稀缺来刺激消费。如果社会再生产是通过消费来实现的，那么整个社会将会处于全民消费的浪潮之中。这种浪潮背后是商品生产者出于提升品牌的知名度、赚取更多的销售额以及调节供需关系的目的，有意识地减少产品数量的行为使然。但从目前的社会现实来看，由于电商、物流等数字技术的迅速发展，饥饿营销导致了负面化的社会现象，譬如消费者为争夺限量版商品而大打出手，以及哄抢联名款服饰的喧器场面等。

---

① ［美］罗斯托：《经济增长的阶段：非共产党宣言》，郭熙保、王松茂译，北京：中国社会科学出版社 2001 年版，第 76 页。

这种营销手段表面上给消费者带来了短暂的自由和拥有限量的快感，实则是由数字媒介或者数字代码所引发的一场幻想而已。此外，广告作为一种媒介主要是将消费者引向可以获取享受和快乐之物，按照鲍德里亚的说法，广告实际上伪造了一种消费总体性，它的产生来自"编码规则要素及媒介技术操作的赝象"①。在鲍德里亚看来，消费并没有带来享乐，在这种强制性的重复操作②和永不餍足的欲求的循环往复中，似乎这种享乐只是消费者个人的切身感受，但一切皆虚妄，它背后实为意识形态话语的操控。上述消费社会出现的各种非理性冲动，以及为了追求独特性而出现的不受控制的行为，成了被数字技术控制后的一种新的异化现象。

从更为广延的维度来看，"现代技术进步渗透进日常生活的方式，已经引入了日常生活这个落后部门，不平衡发展，我们时代的每一个方面都有不平衡发展的影子"③。在列斐伏尔把理论的关注点从生产领域转向由消费所环绕的日常生活领域之后，不仅引发了鲍德里亚在此基础上进行的消费社会分析，而且德波深化了这一理论动向，强调目前的商品社会是一种由大众传播媒介和文化设施所建构起来的景观社会。在德波看来，"在其种种独特的形式下，如新闻或宣传、广告或消遣的直接消费，景观构成了社会上占主导地位的生活的现有模式。它是对生产中已经做出的选择的全方位肯定，也是对生产的相应消费"④。在德波生活的那个年代，大众媒介乃至相关的技术支撑还没有得到充

① ［法］鲍德里亚：《消费社会》，刘成富、全志钢译，南京：南京大学出版社 2014 年版，第 117 页。
② 例如人们在各种购物 APP 里面进行消费的时候，难免会遭遇由于数字平台的操纵所带来的线上商品与实际商品的差异问题。虽然这种差异所带来的矛盾可以通过一些补偿机制被遮蔽，但是消费者在完整的消费过程中并没有得到任何享受，反而是商家为了赢取好评而让消费者作出违心评论等一系列虚假行为。
③ ［法］亨利·列斐伏尔：《日常生活批判》第 1 卷，叶齐茂、倪晓辉译，北京：社会科学文献出版社 2018 年版，第 6 页。
④ ［法］居伊·德波：《景观社会》，张新木译，南京：南京大学出版社 2017 年版，第 4 页。

分发展,而随着数字化技术和现代通讯技术的出现,凯尔纳所著《媒体奇观——当代美国社会文化透视》一书具深化了德波的"景观"概念。他对"媒体奇观"的定义是:"那些能体现当代社会基本价值观、引领个人适应现代生活方式、并将当代社会中的冲突和解决方式戏剧化的媒体文化现象,它包括媒体制造的各种豪华场面、体育比赛、政治事件。"① 从凯尔纳的定义中反观前述由于营销和广告所带来的各种消费狂热和失控场景,它们主要通过各种数字化媒介实现瞬时化记录。这种将真实世界简单视象化之后形成的景观,使得人们通过某种中介物来认识世界,最终被迫进入由景观所创造的新符号世界。在数字化时代,数字技术的广泛运用造成一种新的景观2.0。② 在由信息通讯技术等新技术所驱动的生产模式下,这种景观将特定语言,诸如物流、金融、新媒介乃至都市主义等多样性生产语境相联系起来,形成一个互动网络。并且这种景观2.0通过商品化、广告推销乃至物化等方式来将社会生活的方方面面囊入怀中。③ 每一次建立在冲动消费之上形成的景观,都是资本生产所拓展出的新的数字平台。数字传播技术逐渐渗透到日常生活的缝隙之中,尽管景观2.0所带来的负面效应会消散,但是更多新的景观依旧欲求不断,其背后的驱动力仍然在发挥着巨大作用。

传统技术治理一直遭受资本的掌控,而其未来发展趋势是人与人之间理想状态下的技术治理。福柯的监狱技术是空间治理技术,这种治理技术在数字化时代被称作"数字茧房"。人们长期沉浸在网络虚拟世界,如同被关在一个数字茧房之中。但人们是自主地选择这种空间,而且愿意一直停留在这个空间里。这时人们被禁锢起来,表面上是自

---

① [美]凯尔纳:《媒体奇观:当代美国社会文化透视》,史安斌译,北京:清华大学出版社2003年版,第2页。
② 第三章已经对景观2.0进行了详细分析,这里主要就技术的资本主义运用后果展开讨论。
③ 具体参见 *The Spectacle 2.0: Reading Debord in the Context of Digital Capitalism*, eds. Marco Briziarelli and Emiliana Armano, London: University of Westminster Press, p. 17.

由的，但其实是一种不自由。通过算法产生的愈加智能化的信息推算和数据关联推送，促使人们作茧自缚般陷入由信息堆积的泥潭，导致走入极端困境的危险倾向。

三、平台空间的资本批判

当一切事物都被数字化，平台空间遭受数字资本的垄断时，形成了数字拜物教。并且平台空间上所有用户劳动本应是共有的，但是这些由用户劳动所创造的数据被大平台公司私人占有，最终形成了数字资本的私人化拓扑空间。

数字资本的垄断

当前全球化的发展正面临新的境遇，新一轮科技革命和产业革命带来的激烈竞争和矛盾冲突前所未有，其中以数字技术为核心的发展逻辑逐渐外显于整个历史发展的脉络之中。比如安卓系统的应用场景问题，核心不在于安卓系统的技术本身，而在于安卓系统已经形成了一种数据环境，这种环境是一种数据垄断。在使用移动通信设备的过程中，系统逐渐控制人们的使用习惯，并且以数据—流量方式呈现在平台上，形成了数字资本的垄断。具体来讲，平台生态系统里面的巨型平台掌握着最核心部分，即全球连接、无处不在的可访问性和网络效应，而处于该生态系统里的其他平台可以享受系统本身所带来的便利。但是这一垄断所带来的后果是，那些脱离了这一系统的其他平台如果想从上述既定特征中获取利益的话，则会异常困难。换句话说，大型平台公司凭借其在行业平台上的主导地位，逐渐在基础设施领域占据垄断地位，从而改变了传统的组织形式，使得一些公司越来越具备流动性和非固定化。

第一，数字资本的垄断导致了新的异化扭曲和意识形态操控。马尔库塞说过："人类的理念虽然在资产阶级时代发展成了进步的引擎，但现在却已经被技术社会的成果所取代。"① 数字时代下高新技术的出现虽然体现了社会的进步发展，但是应意识到技术选择的无意识带来的新的消费欲望的循环滋生，以及人被数据和算法所操控的异化现象。前述消费社会出现的新异化现象，按照鲍德里亚的说法，在某种意义上是一种"消费意识形态"。鲍德里亚强调"消费是用某种编码及某种与此编码相适应的竞争性合作的无意识纪律来驯化人们；这不是通过取消便利，而是相反让人们进入游戏规则。这样消费才能只身替代一切意识形态，并同时只身担负起整个社会的一体化，就像原始社会的等级或宗教礼仪所做的那样"②。可以说，作为意识形态的消费在这里发挥了神话或宗教所产生的效应，一切都在编码的系统机制中走向无意识。

进入数字化时代，人们每时每刻都生活在一个由大数据架构的新的景观之中，一切消费动机和目的都受到大数据的推荐和支配。在这种数字技术无意识的支配之下，人们的各种消费行为就显得理所当然，但人们这种形式化的行为已然遭受到无形操控，不再是一种自主选择，而是如德波所说的"分离"。当技术的条件发生变化的时候，人们作为活劳动在进入剩余价值生产的时候就会产生重要的转变。无论是人们在网络上的点击行为，还是在手机上使用各种以供消遣的 APP，人们无意间的娱乐过程成了劳动过程，这在无形之中把他们的休闲时间转化为劳动时间。问题的关键在于，休闲时间不知不觉成为其他资本家攫取剩余价值的劳动时间，人们却对此浑然不觉。人们的自由时间在

① [美] 赫伯特·马尔库塞：《马尔库塞文集》第 5 卷，黄晓伟、高海清译，北京：人民出版社 2019 年版，第 203 页。
② [法] 鲍德里亚：《消费社会》，刘成富、全志钢译，南京：南京大学出版社 2014 年版，第 78 页。

某种意义上通过资本家以吸引眼球的方式给抹杀了，因为这个休闲时间被捆绑到商业范畴之上，也就是一个消费的过程。这个过程把人们剩余的时间用来消费，为其他产品的生产或者商业的扩大提供服务。

第二，数字资本的垄断在某种程度上带来情感关系的变异和生存状态的奴役。在第四次工业革命的技术化浪潮当中，当人类面对技术与伦理、技术与生存之间的矛盾对立时，如何从生命的视角审视自身的处境和价值，成为数字资本时代下平台空间的资本批判进一步思考的问题。在手机广泛流行和自媒体泛滥的时代，一方面人们可以与世界上任何一个素未谋面的人建立起联系，另一方面面临着家庭情感关系中出现的异位现象。人们更加倾向于使用数字技术来履行自己的情感义务，虽然表面上是一种现代社会情感表达的独特方式，但实则是人类本身的情感在不断地堕落和降格。马克思在《在〈人民报〉创刊纪念会上的演说》中对于技术进步与道德进步之间的关系有过一段论述："在我们这个时代，每一种事物好像都包含有自己的反面。我们看到，机器具有减少人类劳动和使劳动更有成效的神奇力量，然而却引起了饥饿和过度的疲劳。财富的新源泉，由于某种奇怪的、不可思议的魔力而变成贫困的源泉。技术的胜利，似乎是以道德的败坏为代价换来的。随着人类愈益控制自然，个人却似乎愈益成为别人的奴隶或自身的卑劣行为的奴隶。甚至科学的纯洁光辉仿佛也只能在愚昧无知的黑暗背景上闪耀。我们的一切发明和进步，似乎结果是使物质力量成为有智慧的生命，而人的生命则化为愚钝的物质力量。现代工业和科学为一方与现代贫困和衰颓为另一方的这种对抗，我们时代的生产力与社会关系之间的这种对抗，是显而易见的、不可避免的和毋庸争辩的事实。"① 马克思针对科技进步与道德败坏、物质繁荣与精神文明的落后之间的对立提出了批判，由此技术本身的辩证法意味得以显现。

---

① 《马克思恩格斯选集》第 1 卷，北京：人民出版社 2012 年版，第 776 页。

其实，人们把自己的情感承诺和寄托通过 AI 等一系列技术呈现出来，出发点原本是想通过技术更加便捷地履行自己的义务，但是出现了脱离人的逻辑的颠倒：一旦机器具备人性的话，那么试问真正的人类人性在何处？为何出现人本身的冷漠乃至人与人之间情感关系堕落？这些都是由技术进步所带来的人类生存挑战。

另一方面，从技术与生存的视角而言，世界已经被技术"座驾"化了。海德格尔提出："科学乃是现代的根本现象之一。按地位而论，同样重要的现象是机械技术。但我们不能把机械技术曲解为现代数学自然科学的纯粹的实践应用。机械技术本身就是一种独立的实践变换，唯这种变换才要求应用数学自然科学。机械技术始终是现代技术之本质的迄今为止最为显眼的后代余孽，而现代技术之本质是与现代形而上学之本质相同的。"[①] 人们在享受技术福利的同时，对技术产生了强烈的依赖感，此时技术成为宰治一切的力量。顺着海德格尔的思路，由于人们缺乏实际的体验，促使数字技术带来的生存体验是对存在者的存在变得麻木。具体地说，"数字技术可以对我们视觉上的图像、听觉上的声音，甚至触觉上的感觉进行编码，这样，传统意义上的身体的领域逐渐被数字编码所穿透"[②]。在数字化时代，身体与世界、与他人主要通过虚体这一中介进行交流，但是这种虚体不断地脱离出真实的身体与其他虚体产生互动，这时算法和大数据成为交往的最大规则，最终人沦落为数字技术的客体，成为冰冷的算计者和被算计者。"不仅如此，由于人从与世界的生成性和整体性的关联中脱落而来，人失去了根据自己的历史性生存背景去选择多样化的人生的可能性，这从根

---

① [德] 海德格尔：《世界图像的时代》，载《海德格尔选集》下卷，孙周兴选编，北京：生活·读书·新知上海三联书店 1996 年版，第 885 页。
② 蓝江：《生存的数字之影：数字资本主义的哲学批判》，载《国外理论动态》2019 年第 3 期。

本上斩断了人的生存的意义之根，人也死了。"①

第三，数字资本在权力操控下促使了整个社会的政治、经济和文化制度的庞杂耦合。数字化时代创造出来的消费至上、景观异化以及相应的逐利心态，背后是资本和权力操纵的必然结果。作为西方马克思主义中资本主义批判的最核心视角之一，技术一直与资本的发展高度联系在一起的。按照马克思的说法，技术在现代社会从来都不是无辜的。技术的演化是一种人类的选择和创造过程，当技术发展到诸如大数据技术、基因技术和生物技术等几大部类时，将会面临一种临界问题。技术逐渐显现出一种不受人类控制的趋势而变得越来越自主化，各种 APP 里的推送消息所提供的个性化服务，使用户不需要费脑就可以获取与自己的兴趣爱好相匹配的各种信息，这种对于数据的处理和算法被视为技术自主化的论证。在数字化时代，人们的每一次购物行为，或者聊天软件上的点赞互动都构成了一种数字劳动，由消费者所产生的数据成了商家生产的重要依据，这时资本的盲目性被大数据所取代。前述已论证过一般数据是由每个用户的数字劳动所生产出来，但被掌握在资本家的手中。正如兰登·温纳（Langdon Winner）所说的"技术本身就是一种政治现象"②。他并不认为技术是中立的和适用于一切的，而是强调技术是被建构的，它不仅能得到非专业人士的认可，还需具备一定的可塑性和可变性。再者，当凯尔纳表达自己对景观的看法时，他认为面对当今具体的社会现实，应该采用多元化和异质的概念来对各种相互矛盾的景观进行解析，并将景观视为一种话语冲突的场域。所以凯尔纳进一步提出当代媒介文化景观本身

---

① 黄其洪：《时间与实践——一种生存论的元实践学导论》，北京：人民出版社 2016 年，第285 页。
② ［美］兰登·温纳：《自主性技术——作为政治思想主题的失控技术》，杨海燕译，北京：北京大学出版社 2014 年版，第 277 页。

构成了一个推行霸权和抵抗霸权共存的话语场。① 从凯尔纳的论述中可以推论出，在数字时代下，新的景观 2.0 的形成与政治叙事是密切联系在一起的，但是凯尔纳的这种文化批判分析采用的是诊断式解读的方式，旨在将理论和实践相结合起来，通过媒介文化来分析和反思当前出现的社会状况和社会问题，并为社会变革提供理论准备。

第四次工业革命和平台经济等强调技术创造赋予了人的主体性和生产能力的意义，这涉及数字技术的应用能否给人类带来福祉等问题。从表面上来看，数字技术为每个个体介入社会历史提供了机会，并打开了新的图景，但是这种数字技术的创新向度和力度主要是由少数的垄断集团和权力所把握。所以福柯强调技术成为资本规训劳动的武器，"对生产过程的技术分析、'机械'解构，也投射到劳动力上。这种投射的结果便是建立了有下述特点的规训机器，即它们所聚拢的个人力量被结合成一个整体，而且得到了增强。"② 同福柯一样，利奥塔也对技术的本质进行了揭露，"与其说是求知欲望还不如说是求富的欲望在最初迫使技术改善性能并获得成效。技术与利润之间的'有机'结合早于技术与科学的结合。技术仅只通过一般化的操作精神这个媒介才在当代知识中变得重要。即使在今天，知识的进步也全然依从于科技资金的投入"③。没有财富就没有技术，同样没有技术就谈不上财富。现代资本主义制度下技术和技术理性的资本属性体现出技术受资本操控的实质。

---

① 具体参见 [美] 凯尔纳《媒体奇观：当代美国社会文化透视》，史安斌译，北京：清华大学出版社 2003 年版，第 14 页。注：个别词的翻译与原文有不一致之处。
② [法] 福柯：《规训与惩罚》，刘北成、杨远樱译，北京：生活·读书·新知三联书店 2012 年版，第 248 页。
③《后现代性的哲学话语：从福柯到赛义德》汪民安等编，杭州：浙江人民出版社 2000 年版，第 267 页。

数字资本的拜物教

平台空间中一切事物包括人与人之间的交往关系都被数字化，形成一种数字资本的拜物教。这是平台空间的资本批判必须回应的现象之一，并且借助于马克思对货币拜物教的相关批判，最后通过比较卢卡奇和马克思的物化理论来透视平台空间背后的数字资本操作问题。

前述马克思对于货币拜物教的发现批判了从空间消费到消费空间这一过程。在审视整个资本主义的过程中，马克思强调资本的神秘化是生产的基本特征。相较于那种把资本说成价值与价值独立源泉的庸俗经济学，当货币或商品独立于再生产之外时，具备了增值的能力，即从货币的增值能力来解释价值的源泉。价值被归结为资本本身的创造，成为一种价值增值。同时马克思论述了劳动一般，"最一般的抽象总只是产生在最丰富的具体发展的场合，在那里，一种东西为许多东西所共有，为一切所共有。这样一来，它就不再只是在特殊形式上才能加以思考了。另一方面，劳动一般这个抽象，不仅仅是各种劳动组成的一个具体总体的精神结果。对任何种类劳动的同样看待，适合于这样一种社会形式，在这种社会形式中，个人很容易从一种劳动转到另一种劳动，一定种类的劳动对他们说来是偶然的，因而是无差别的"①。其实马克思在这个时期分析的劳动是属于资本主义大工业的物质生产劳动，它是一种具备客观属性的劳动。马克思使用劳动一般来对劳动范畴进行抽象概括，以此透过这一范畴探讨它所适用的历史条件。进而马克思厘清了资本主义社会的历史现实，特别是在经济运行中特殊的生产关系，由此提出了"人体解剖对于猴体解剖是一把钥匙。反过来说，低等动物身上表露的高等动物的征兆，只有在高等动物本

---

① 《马克思恩格斯选集》第2卷，北京：人民出版社2012年版，第704页。

身已被认识之后才能理解"①。在这里，对照资本主义大工业的物质生产力，那么进入到信息化社会后，这种"人体"成了一种数字化生存。②

不同于马克思的"物化"概念，卢卡奇主要聚焦于人与人之间的关系被物的关系所替换，以至于人与人之间所有的交往方式都被一种"幽灵般的对象性"所遮盖。"商品结构的本质已经被多次强调指出过。它的基础是，人与人之间的关系获得物的性质，并从而获得一种'幽灵般的对象性'，这种对象性以其严格的、仿佛十全十美和合理的自律性掩盖着它的基本本质，即人与人之间关系的所有痕迹。"③ 在开宗明义地描述了物化问题之后，顺着马克思的技术分析思路，卢卡奇指出"如果我们纵观劳动过程从手工业经过协作、手工工场到机器工业的发展所走过的道路，那么就可以看出合理化不断增加，工人的质的特性，即人的一个体的特性越来越被消除"④。这是卢卡奇物化理论的表述之一，并且卢卡奇进一步提出从上述过程可以看出一个很重要的问题，即在合理化不断增强的同时，每个人的个性却越来越被压抑。不仅如此，这种隐藏在直接商品关系之中的人与人之间的关系，以及同满足现实需求的真正客体之间的关系无法得到真正的揭示，它们变成了物化意识的存在基础。随着资本主义的发展，这种物化在不断地加剧并且呈现出持久性趋势，使得人的意识长期遭遇物化结构的蚕食和入侵。

卢卡奇此处谈论的是泰罗制在机器大工业发展阶段所造成的影响。因为卢卡奇在写作《历史与阶级意识》一书时期没有读到马克思的《1844 年经济学哲学手稿》，所以他主要讨论商品生产的客观形式，以

---

① 《马克思恩格斯选集》第 2 卷，北京：人民出版社 2012 年版，第 705 页。

② 张一兵：《回到马克思——经济学语境中的哲学话语》，南京：江苏人民出版社 2009 年版，第 546 页。

③ [匈] 卢卡奇：《历史与阶级意识——关于马克思主义辩证法的研究》，杜章智、任立、燕宏远译，北京：商务印书馆 1999 年版，第 149 页。

④ 同上书，第 154 页。

及与它背后的主体性原型的对立。在此情形下，卢卡奇天才般地把异化劳动的相关方面描述出来。相较于马克思异化理论的第一条，即工人作为劳动主体与产品之间的颠倒关系，卢卡奇并未对此展开具体论述，因为他认为这种所有制关系是不言而喻的。但是这一条是马克思观察异化劳动的重要起点。其次，同马克思，卢卡奇讨论了人的本质的异化。但是马克思没有讨论过一个问题，即人的本质的异化是通过人的心理的异化表现出来。而卢卡奇认为合理化和机械化等物化表现不断被注入工人的灵魂深处，导致工人的心理同他的人格相分离，最终促使"无产阶级"成为一个可计算的概念。这时卢卡奇要解决的问题为：无产阶级为什么不进行革命？如何表述意识形态？卢卡奇指出，意识形态受到了资产阶级合理化过程的侵蚀，这点是马克思没有提出的。所以卢卡奇物化理论的第一个层次对应马克思的异化理论，但在对照过程中有两点不同：一是起点不同，卢卡奇主要提出意识问题；二是卢卡奇的物化理论是直接来源于政治经济学批判，因此是对马克思的对象化问题的一种解说。

卢卡奇秉承了马克思的解放旨趣，但是挖掘出与马克思不一样的问题。由此卢卡奇作出预见：合理化增加的同时是人遭受机器奴役。这一状况实际上在《资本论》当中已被提及，在资本主义不断发展的条件下，它朝向一个机械化的和自然的消失，其中包括人的个性的磨灭。因为在资本主义条件下，人会遭遇生产力的奴役问题。马克思讲现代科学本身就是资本主义的产物，它必然在现实的意义上为资本主义政治服务，成为资本家奴役工人的工具。而资本主义技术革命中所关涉的更重要的管理革命，带来了帝国主义垂而不死的问题。资本主义生产方式的生产与再生产，并且资本主义较长时间的繁荣，意味着工人物化的加深，而物化加深是工人遭遇到的直接问题。面对上述情形，卢卡奇站在无产阶级解放的角度，进而上升到人类文明的高度去探讨相应的解放路径。

韦伯是从正面的角度来描述现代性原型、文化原型或理性原型，即合理化。在韦伯看来，新的社会为了提高效率而不择手段，仅仅是目的使然。但是卢卡奇发现目的理性会导致韦伯自己所讲的现代社会的铁笼原型。尽管韦伯不对这个铁笼进行价值判断，但卢卡奇认为既然在科学上是对的，必须要表明价值立场。卢卡奇把韦伯的合理化颠倒过来，这样他所理解的黑格尔的辩证法开始发挥作用。因为马克思在政治经济学批判当中指认，随着社会的资本化，以及生产资料的机器化统治，带来的一个问题是整个劳动成为完全抽象的过程。具体地说，当人作为抽象的劳动力进入劳动过程时，形成了抽象的统治。尤其是高度自动化的生产线这一现象，促使卢卡奇深化了抽象的统治问题。卢卡奇一方面谈论了人的一般表现，另一方面剖析了整个环境的性质，即时间失去了它的质的、可变的性质，变成了精确划定界限的、在量上可测定的一些物，其内部充满了连续统一体，进而凝固成一个空间。在这些演化为物理空间的、抽象的和测定的时间里，劳动主体被合理地分割开来，成为孤立的原子，它们以机械运动中的抽象规律为中介来建立联系。这时人与人的关系变得生产线化，并且所有贯穿于个体之中的历史、经济、社会和文化属性，都在合理化过程中发生了物化。卢卡奇将这种物化称为"自我的客体化"，进而把人的功能称为"商品的事实"。

基于上述对比，一方面卢卡奇的物化概念是对马克思政治经济学物化概念的创造性发挥，因此不能将他的"物化"概念与马克思早期的"物化"概念混为一谈。另一方面，卢卡奇通过政治经济学批判抓住"物化"这一概念，指出了异化理论和物化理论的差别。正因为卢卡奇在此混淆了物化和异化，所以产生了独特的学术现象。马克思后期的"物化"概念是辩证的概念：首先，人之为主体必然是通过客体表达自身，即通过劳动来创造客体，这个基本事实是指客观的对象化。其次，马克思指认了在资本主义生产方式背景下，生产关系必然扭曲对象化的过程，使这个过程产生异化，这是"物化"的第二层含义。具体表现为工人成了劳动过程中被加工的对象，或者机器成了资本规训劳动的工具。资本规训劳动的过程是创造商品的过程，同时工人不断地在这个过程中被规训成资本所需要的劳动力，其中纪律、情感的属性都是适应于资本的需要。

不同于马克思所提出的货币拜物教和卢卡奇的物化分析，今天汇聚在平台空间中的一般数据塑造了人与人之间的关系，只不过它隐藏在物的外壳之下，这就形成了一种数字拜物教。数据的多样性种类对于大平台而言极为重要，因为许多公司在进行软件开发的时候，可以通过所持数据而保持着自己的主导地位。比如 Google 对于住宅供暖系统 Nest 的投资。亚马逊的新设备 Echo 是一款永远在线的设备，当用户在家里的时候，只要提及它的名字，Echo 会回答相应问题，并且还能随时记录周围的活动。类似的设备也出现在许多手机当中，例如苹果的 Siri 等。[①] 除此之外，这还体现在智能家居和自动驾驶等典型场景之中。上述各种平台通过将消费者引入由它们所打造的空间中，最终目的是提取海量数据。而当周遭的一切事物都被数字化时，平台空间的拜物教特质显露无遗。

数字资本的私人化拓扑空间

从技术层面来看，平台空间上的用户劳动本应是共有的，但事实是这些由用户劳动所创造的数据被大型平台公司私人占有。对上述现象的反思形成了一种所有权的批判，其前提是非物质劳动，这是探讨数字资本的私人化拓扑空间无法绕开的话题。关于"非物质劳动"的定义，最开始是由毛里齐奥·拉扎拉托（Maurizio Lazzarato）在《非

---

① 上述实例参见［加］尼克·斯尔尼塞克《平台资本主义》，吴水英译，广州：广东人民出版社 2018 年版，第 111 页。

物质劳动》一文中提出的。拉扎拉托把"非物质劳动"分别界定为"生产商品'信息内容'的活动"和"生产商品'文化内容'的活动".[①] 前者是指这种活动需要解决的是某种商品的功效、价值乃至合理性等问题,这些问题都需要借助于计算机通讯技术来解决。而后者要求的是跟文化领域密切相关的活动,比如制定艺术标准、确定时尚走向、规范消费者行为等。这些工作需通过广告代理、公共关系公司、大众媒介机构以及摄影师、工程师和技术人员等来完成。哈特和奈格里在《帝国》一书中扩展了"非物质劳动"这一概念,他们一方面延续了拉扎拉托的提法,即在计算机广泛运用的情形下,由服务型生产所导致的"一种服务,一个文化产品、知识或交流"[②] 的劳动,另一方面还新增了"人类交际和互动的情感性劳动"[③]。后者是人们在从事服务业工作时产生的一种满足感、幸福感,抑或挫败感,这些都属于情感性劳动。由于它们与人们的身体紧密联系,从而被划归为后现代化动力的劳动。可以说,"非物质劳动"是"后工业社会许多领域的核心,它的特点是作为新生力量的信息和符号的出现,以及文化的商品化"[④]。非物质劳动不仅体现在信息化、象征化和知识密集型的产品上,而且体现为娱乐、商标、电脑代码等。但是上述产品会不断勾起人们的购买欲望,从而刺激消费,带动新一轮的生产。最终非物质劳动导致生产与消费一体化,按照拉扎拉托的说法,非物质劳动产生的结果是"社会关系"[⑤]。

但在哈特和奈格里看来,"社会关系"并非"非物质劳动"所产生

---

① *Radical Thought in Italy:A Potential Politics*,eds. Paolo Virno and Michael Hardt,London:University of Minnesota Press,2009,p. 133.

② [美] 迈克尔·哈特,[意] 安东尼奥·奈格里:《帝国——全球化的政治秩序》,杨建国、范一亭译,南京:江苏人民出版社 2003 年版,第 277 页。

③ 同上书,第 278 页。

④ *Digital Labour and Prosumer Capitalism:The US Matrix*,eds. Olivier Fraysse and Mathieu O'Neil,UK:Palgrave Macmillan,2015,p. 139.

⑤ *Radical Thought in Italy:A Potential Politics*,eds. Paolo Virno and Michael Hardt,London:University of Minnesota Press,2009,p. 138.

的唯一结果。他们指出计算机技术和通讯网络已然融汇于生产体系之中，促使大工业的集中生产出现了边缘化的趋势。"电讯和信息技术的进展已使得生产的非区域化成为可能，后者有效地分散了大众工厂，撤走了工厂城市：通讯与控制可在相当距离内有效地实施，而且在某些情况下非物质生产在全球运输上可以用最少的延误和花费"。① 虽然哈特和奈格里没有明确指出上述内容是"非物质劳动"所产生的结果，但透露出信息通讯技术时代下，"非物质劳动"使得生产的地域性不再泾渭分明，生产的空间格局悄然发生变化，尤其是网络空间的日新月异更加凸显了数字化的虚拟构型。换言之，"非物质劳动"带来的另一结果是空间重组，"一种全新的生产空间布展状态，即资本支配劳动的超地域性网络生产"②。总之，拉扎拉托敏锐地发现了由生产变化而导致的劳动组织形式的变化，提出"非物质劳动"这一概念。伴随着后工业社会的到来，哈特和奈格里进一步延伸了"非物质劳动"的特征和作用。这时，生产不再局限于某一地域或某个国家，信息通讯的发展使得人们的劳动形式发生了变化，而且无论是人们的生存空间还是地域性的物理空间都随之发生相应变化。可以说，"非物质劳动"不仅生产出"社会关系"，更重要在于重构了空间的形式和功能等各要素。在数字资本时代视域下，空间重组是非物质劳动的结果。换句话说，非物质劳动是促使数字资本主义发生空间转向的主要缘由。主要体现为两个方面：一是非物质劳动产生的网络通讯乃至物联网致使城市空间的邻近化格局遭到转变；二是作为非物质劳动具体体现的数字劳动促使社会网络空间的虚拟流动。

　　首先，当今正进入以信息生产和服务业为主导的后工业经济时代，

---

① ［美］迈克尔·哈特，［意］安东尼奥·奈格里：《帝国——全球化的政治秩序》，杨建国，范一亭译，南京：江苏人民出版社 2003 年版，第 280 页。

② 张一兵：《非物质劳动与创造性剩余价值——奈格里和哈特的〈帝国〉解读》，载《国外理论动态》2017 年第 7 期。

随着大数据、云计算、VR 等信息技术的强势推动，世界的物理空间感被弱化，人们更多感知到的是非物质劳动所产生的知识和信息等所带来的新的城市空间格局。2018 年出台的实施乡村振兴战略指出打造数字乡村战略，主要涉及宽带和通讯网络、开发适合"三农"产品的电子商务和普及远程医疗和教育等，这些旨在弥补数字鸿沟。我们不禁会问：这种数字鸿沟是如何造成的呢？从前面的分析已经知晓，过去农村与城市之间由于交通等运输设施的限制，使得城市与农村之间似乎有着明显的"隔阂"，而现在伴随着对于城乡之间公路的打造，城乡交通运输建设日渐修复和完善。目前在农村，农民只需要在微信上建立属于自己农产品的相关公众号，就可以与相关的企业乃至个人取得联系，迅速将自己的农产品打包并通过方便快捷的交通方式就可以将货物运输到取订单的客户手中。这种通过微信平台实现产销合一的信息交流，就是一种非物质劳动，它产生的结果就是打破了城市与农村之间的邻近化格局。也许传统的购买模式是客户亲自前往农村，有些甚至因为交通设施的限制而无法亲自前往，这时也只是通过电话等通讯模式进行交涉。但随着道路交通的不断完善、物流网的迅速发展，城市空间的格局出现一种超空间的状态。数字鸿沟的弥补似乎只需要手指轻轻一动就可以实现，人们最终对于时空一致性变得不再敏感和在意。环绕着各种数字产品、各种快递包裹，人们在体验到它们所带来的便利和快捷的同时，他们的行为和交往等社会存在方式会发生相应的变化，城市的空间格局规划也会根据上述情况作出相应的转变，以此来适应数字资本时代下形成的这种新型模式。

其次，在原来的生产过程中，劳动者需要在工厂等地理空间中使用工具并且实现与对象的主体合作，而现在由于计算技术的迅速发展，传统的劳动模式被非物质劳动所取代，以前需要劳动者的经验进行判断的生产被人工智能所取代。而数字劳动作为非物质劳动在数字时代的具体展现，又是如何促使数字资本主义下的空间发生改变的呢？奥利维尔·弗雷斯（Olivier Fraysse）和马修·奥尼尔（Mathieu O'Neil）在共同编著的《数字劳动与生产消费者资本主义》中指出："数字劳动并不是指生产数字软件或硬件的技术人员的工作。而是指：信息通讯技术使得人们随时随地提供他们的劳动（无论是否在工作场所），而且使得人们在休闲、交流和消费时毫不知情地工作。"① 人们每一次浏览网页、每一次进行的鼠标点击，无形之中为数字资本家提供了一种数字劳动，这是蒂齐亚纳·泰拉诺瓦（Tiziana Terranova）所说的"免费劳动"。克里斯蒂安·福克斯（Christian Fuchs）在《数字劳动与卡尔·马克思》（*Digital Labour and Carl Marx*）一书中结合马克思的政治经济学批判来论述数字劳动，在福克斯看来，数字劳动类似于家务活，因为"它没有工资，主要是在业余时间进行的，并且没有工会的代表，很难被理解为劳动。"② 这种劳动与传统家庭妇女所进行的家务活十分类似，它在任何时候都是可以获得的，并且被视为一种创收活动，具有孤立性和无组织性。福克斯在这里想说明的是数字劳动从表面上看是一种类似于家务活那样的不被人们所在意的活动，但实则于无形之中将网络媒体中用户的每一次浏览、评论、点赞、转发等行为作为一般数据收集起来，形成了一般数据的流动空间。

卡斯特在《网络社会的崛起》里使用了"流动空间"这个概念。③ 他指出，空间的流动包含了全世界每个网络节点之间的联系，而在文化上连接流动空间的不同节点的呼吁也出现在不同的社会中。在网络信息通过各种媒介传输信息的过程中，每一次数字劳动下所形成的空间可以看做是信息之间的虚拟流动的结果。过去的人们已经形成如下认知：只有具备时空统一性的物体或事件才是真实的。而进入数字资

① *Digital Labour and Prosumer Capitalism：The US Matrix*，eds. Olivier Fraysse and Mathieu O'Neil，UK：Palgrave Macmillan，2015，p. 3.
② Christian Fuchs，*Digital labor and Karl Marx*，New York：Routledge，2013，p. 273.
③ 关于卡斯特流动空间概念的论述详见第二章。

本时代，伴随着无意识的数字劳动的弥散，时间与空间分离了，物体或事件便不再具有时空统一性，这时所给予人们的感受则是它们是虚拟的，或者说不真实的。[①] 支付宝、微信、Apple Pay 等第三方支付平台代替了纸币，物流网的四通八达，电子商务的勃勃发展，它们所形成的空间使得人们产生了一种不适应感，尤其是超空间的出现完全扭转了人们以往的空间认知，只是人们目前还无法意识到自己在网络媒介上的一个微不足道的举动已经促使了网络空间的流动和变化。

这里需要明晰的是，从今天管理学的角度来看，在泰勒制时期，人们把自己转换成螺丝钉去锁定生产力发展的位置，从而生产出最高的效率，这形成了严格的等级和组织模式。但是这一发展遇到了障碍，也就是技术组织条件，若要突破此障碍就需更好地利用人的智力，这同时是数字资本时代研究的前提条件。而今天的意大利自治主义马克思主义者仅仅从《1857—1858 年经济学手稿》中的一些结论出发去揭示现实和前沿问题，而没有认真研究马克思的哲学，这正是他们的思想里面缺失的部分，同时也为后续探索尤其是数字资本的研究提供了介入需求和理论空间。

基于技术史的视角，技术选择遵循的是自然规律、社会规律和技术规律。过去的死劳动在资本主义生产方式下形成了对活劳动的统治，因为剩余价值生产出的最大效率体现为，单位的资本与单位的活劳动的比率。简言之，一元的资本能够支配多少的劳动力。如果支配的劳动力越多，那么资本的效率越高。在马克思看来，同机器体系一起，死劳动对活劳动的管控不仅彰显了资本家和工人之间的社会关系，而且成为工艺学中的事实。换言之，技术的发展体现了资本效率的提高，因为单位的资本会推动越来越多的活劳动产生。机器对工人的排斥、

---

① 参见冯雷《理解空间：现代空间观念的批判与重构》，北京：中央编译出版社 2008 年，第14 页。

AI 的出现促使某些就业岗位的丧失，这些现象从表面上看似乎机器对于活劳动的支配变少了，但事实并非如此，因为需要从完整的资本生产过程进行剖析。这是一种经济发展的悖论，即技术进步的速率与技术转换成实际的经济增长的速度不匹配，实际情况是后者低于前者。但是马克思的《资本论》提出了一个社会的规律和规律实现的具体形式。原因在于从社会的角度来谈财富生产效率，用历史的数据证明单个资本家的收益率远远高于全社会的收益率。具体地说，技术进步的成果从理论上而言应由全社会共享，但是全社会享有的份额小于单个资本家享有的份额。也就是说，差额被多数资本家所垄断，这就是社会不平等背后的深层原因。从更完整的生产过程来看，使用机器所带动的生产力的提高，引发了人工的积怨。那么人工积怨中的人工作为现代生产过程当中的残余，在剩余社会中是如何被消化的？换言之，如何消化剩余的劳动力，成为每个国家所面临的问题。同时人口增长带来了劳动力的红利丧失这一问题。伴随着社会老龄化，将会出现劳动力的短缺。但如果从社会发展的角度来说，这种现象意味着劳动力并没有过剩。之所以出现短缺是因为现实的结构不合理，这与技术本身无关，而与社会组织关系有关。马克思要求的是生产关系跟上生产力的进步，从而通过物质财富的增长来推动全人类福利的增加。但是马克思强调，这一点取决于资本主义生产方式的根本规定性。所以在马克思看来，从技术角度出发去探索物化产生的原因。作为一个事实，技术实行的是资本主义生产概念。工人的劳动受资本支配，特别是在高技术企业中，资本吮吸工人的劳动能力这一现象不断加剧。进入到第四次工业革命，典型的一个事实是作为全球高技术企业的 Facebook，它本身并不生产信息。那么谁在生产信息，并且这个信息如何转化成商业？实际上，单个资本所推动的劳动如何计算，成为一个新话题。当工业的条件、技术的条件发生新变化时，进入整个剩余价值的生产过程中的作为活劳动的个体也随之发生变化。这个变化从表面上看是个体在 Facebook 上发布一条信息，它和人们的生产过程无关，但是人们在进行娱乐活动的过程中无意间形成了一种劳动，这种劳动过程就是为 Facebook 这个企业生产信息产品的过程。于无形之中把人们的休闲时间转化为劳动时间，其中广告的诡谲之处在于，它指认了人们的娱乐活动时间已经不知不觉转变为资本家攫取剩余价值的劳动时间，但是人们却并不知晓这一事实。

从某种程度上来说，产生于商业社交媒体上的数字劳动与产生于商业广播媒体的听众劳动不同。社交媒体使用基于大数据商品的定向广告，听众从广告内容中获取对本人有效的信息。社交媒体用户还可创建社交关系、内容和数据。用户在社交媒体上的数字劳动基于专业（生产性消费）、个人数据的不断监控、有针对性的个性化广告、预测算法和算法拍卖。Facebook 和 Google 是全球最大的广告公司，它们利用这种劳动力，并且从听众的各种信息当中获取大数据商品。①Facebook 的用户是高效工作者，这意味着他们有能力让企业社交媒体陷入停滞。如果用户罢工，Facebook 就会立即亏损。如果 Facebook 的员工罢工，该平台仍在运行，可以进一步利用用户。用户在经济上很强大，因为他们创造了经济价值。在 Facebook 上组织一场集体罢工，或者转向其他非商业平台，都是对数字劳动力的拒绝。为了加强保护用户不受资本主义剥削，除了组织工会和网络罢工外，还可以采取政策性措施。广告拦截软件是一种工具，可以使用户访问的网站上的广告失效。它可以作为 web 浏览器的附加组件使用，也可以自动集成到浏览器中。使用广告块软件是数字阶级斗争，即通过阻断目标广告，禁用 Facebook 和其他盈利的个人数据。法律要求把广告块标准的选项

---

① 参见 Christian Fuchs, "Karl Marx in the Age of Big Data Capitalism", in *Digital Objects*, *Digital Subjects：Interdisciplinary Perspectives on Capitalism*, *Labour and Politics in the Age of Big Data*, David Chandler & Christian Fuchs（eds.）, London：University of Westminster Press, 2019, p. 61。

放在所有 web 浏览器中，即用户授权。因为商品化的数据并不标准，所以他们关闭用户确认选择的广告拦截器。如果这些平台想启用这类机制，有效的补救法律措施是要求所有互联网平台停止定向广告和其他形式的广告，并让用户自主选择加入。

所以，从上述实例可以看出，所有的用户成为数字全景敞视主义的产销者，在理解这种数字资本的私人化拓扑空间时，可以借鉴德勒兹的相关论述。德勒兹认为福柯的系谱是一种理论拓扑学，也就是对于虚拟物以及处于不断演变状态的、具备内在作用力和潜力多样性的位相学研究。它不是一种外部作用力的映射，因为这种外部作用力只能对孤立的和单一的物体之间的互动产生影响。① 德勒兹在此不是强调福柯著作中的拓扑学，而是把其中线和面的主要拓扑形变这一意向定义为折叠。折叠会导致平面产生一系列变化："……整个构造（区分和融合）都以绝对的外部和内部的最初拓扑学结构为前提，这个结构对一些相对的中间的外在性和内在性进行归纳：整个内部空间在拓扑学上与外部空间有关，除了距离之外并且处于'活着'的极限；肉体或生命拓扑学远不通过空间得到解释，解放压缩内部的过去的实践，使外部的将来偶然发生，并且把过去、将来与活生生的现时的限度相对照。……在它们之间存在着一种拓扑学关系：自我关系与外部关系是对等物，两者通过积层的中间状态发声联系，积层是相对外在的（因而相对内在）环境。"② 在这种数字资本的私人化拓扑空间中，人们的生活方式被一览无遗，其背后是由掌握数字资本的数字权力所主导的。那么，在对平台空间进行批判反思的过程中，需要清晰地看到上述所分析的一切垄断、控制和占据所导致的一系列后果和暴露出的本质。

① 参见［加］罗伯·希尔兹《空间问题：文化拓扑学和社会空间化》，谢文娟、张顺生译，南京：江苏凤凰教育出版社 2017 年版，第 170 页。
② ［法］吉尔·德勒兹：《福柯 褶子》，于其志、杨洁译，长沙：湖南文艺出版社 2001 年版，第 125—126 页。

第五章

数字资本时代平台空间的未来发展展望

相反，治理的关键现在应当被视为在公众努力（或至少感觉到）控制、公共行动者试图保持其命令能力，以及在不与私人行动者达成混合安排的情况下逐渐无法做到这一点，而私人主体在以下方面的作用日益增强：公共和私人生活规制、个人的数据化和分类、嵌入算法建构环境中基于数据的助推能力不断增长，以及算法自身的自治性不断增强。

　　——伊格纳斯·卡尔波卡斯：《算法治理：后人类时代的政治与法律》

占领互联网需要共享运动，将互联网政治化并利用其自己的网络活动家平台和现有的商业平台为接触用户服务，并作为阶级斗争战略准备离开企业平台。其总体目标是否定在线异化，即数字劳动者的自我决定以及在线平台、在线体验和在线互动的共同控制。我们需要将数字劳动转化为数字工作，我们需要一场真正的社交媒体革命。

　　——克里斯蒂安·福克斯：《数字劳动与卡尔·马克思》

当前对于数字资本时代平台空间的分析，旨在借助这种新空间形式的知识建构对于国外马克思主义的研究尤其是涉及到历史唯物主义的部分提供可供反思借鉴的理论路径，同时能够为世界新文明的建立贡献一份微薄理论力量。具言之，当对数字资本时代的空间理论进行未来展望时，明确平台空间的治理模式，探索平台空间的局限和解放议程。尤其面对平台空间被数字资本所占有，甚至走向强制捆绑的局面，试图提出共享空间和数字共产主义的可行性路径。

一、数字资本的空间治理模式

"马克思主义对空间问题的介入，一方面是其对现代性政治经济分析的强大能力的充分发挥，另一方面则是改造世界旨趣的当代落脚。"[①] 可见数字资本的空间治理模式是突破新世界的一种尝试，主要包含算法治理、数字平台和空间控制，它们是对空间出现的差异化和不平衡化这一趋势而形成的可能性探索。

算法治理

前述第一章已经探讨过空间在福柯那里具有隐喻的意义，它是一种权力话语模式的转变。福柯认为把话语的变换用时间性的词汇来作比喻，就会成为本质上是短暂性的个体意识的模式。但是反过来使用空间性、战略性的比较来解释话语，能够使人们在权力关系的基础上更加精确地把握话语转变的地点。[②] 而权力话语的展现是通过治理技术来完成的，福柯在后来的讲座集里提及了空间对于主权、规训和安全

---

① 胡大平：《马克思主义与空间理论》，载《哲学动态》2011 年第 11 期。
② 参见包亚明主编《权力的眼睛——福柯访谈录》，上海：上海人民出版社 1997 年版，第 205—206 页。

来说是共同的。福柯以 18 世纪的城市为例，说明了如果从主权的角度来对城市进行界定，就能够表现出城市在经济、政治乃至伦理等方面所展现的功能。主权的政治功效在城市这一空间中的观念流通、意志流通、命令流通以及商业流通中得以实现。而每个城市之间存在着各种多样性，如何对这些多样性空间进行组织，福柯认为需通过规训来进行等级和功能分配。并且在规训过程中还需要考虑到各种不确定因素出现的情况，这就涉及安全机制的问题。不仅要把当前城市发展过程中可能出现的积极或者消极因素纳入规划之中，还要考虑到未来可能发生的情况，做到未雨绸缪。所以福柯最后总结说"主权为领土确定首都，提出了政府所在地这一主要问题；规训建构起一个空间，并提出要素的等级和功能分配这一基本问题；安全则试图规划一个环境（milieu），根据事件、系列事件或可能的要素，这些系列必须在一个多价的和可变的框架内来调节"[1]。依据上述分析，福柯更多的是从结构的角度讨论治理技术，而在这个讨论中结合他所生活的 18 世纪的城市发展和规划状况提出了安全机制与空间之间的关系，最后以此提出处理环境的整治技术。"应当与规训机制进行比较，我们不仅可以在 18世纪以前的时代找到规训体制，同样在安全配置开始建立的时代也能找到。我认为我们确实可以这样说。规训主要是向心的。我想说，规训在运作的时候划定了一个空间，确定了一个部分。规训集中于一点，包围和封闭。规训的第一个动作就是划定一个空间，在这个空间中，其权力和权力机制充分运转，没有限制。"[2] 福柯在此提出了空间的政治向度，即在 18 世纪的治理模式中，规训是自己划定一个空间，权力都在这个空间中运转。

---

① [法] 米歇尔·福柯：《什么是批判：福柯文选 II》，汪明安编，北京：北京大学出版社 2016 年版，第 228 页。

② [法] 米歇尔·福柯：《安全、领土与人口》，钱翰、陈晓径译，上海：上海人民出版社 2010 年版，第 35 页。

当面临以数字所架构的空间时，治理模式将因信息和交通加速得以改造升级。这时治理模式的空间向度是由各种大数据所搭建，与之相应的安全配置环境或者场域也会发生转变。在数字资本时代，算法和数据成为支配城市规划以及治理的主要依托平台。作为一种新型治理模式，算法治理（algorithmic governmentality）面临的环境不再局限于城市实体，更多的是由各种数字平台所构成的数字生态。例如，实施健康码的意义在于，一方面它反映了人的健康状态，另一方面从更为政治治理的层面，每一个作为人口的生命体的健康信息被联合成一个网络，这些个体的健康状态可被随时监控。凭借智能手机等相关平台，健康码能够观测的布局更多地包含了人口的分布区域。① 可见，算法治理可以借助于各种数字平台，实现各种场域之间的流动，最终形成良性互动的安全防控。

但是数字资本时代的治理模式依旧建立在实体空间的基础上，比如公共空间领域内相关防护工作是属于实体空间的治理，它在某种程度上能确保数字空间的治理和监管过程中的公开化、透明化和合理化。从另一个层面而言，数字平台凭借算法治理能够有效处理特殊时期的物质生产、教育、日常消费和交往等事宜，与此同时，针对治理过程中出现的投机行为或者损人利己的行为，大数据能够提前规避一些由此导致的问题。以疫情防控为例，新型数字治理模式并非局限在单一国家这种空间之内，而是向全世界各个国家乃至世卫组织公开相关的防疫情况以及疫苗研究进展，这种积极的治理模式能够在全球性空间实现信息共享，尤其通过大数据建模在对各地疫情的防疫效果进行评价的同时，还能对各地疫情结束时间进行相关预测，继而为后续的复工复产乃至复学提供可借鉴式的政策建议。而且大数据对于谣言的传

---

① 详细参见蓝江、王鸿宇《疾病、事件与治理——从康吉莱姆到福柯的生命政治学》，载《上海大学学报（社会科学版）》2020年第4期，第94—95页。

播还具有一定的识别作用，虽然谣言是通过数据网络传播，从这一角度看是数字技术所带来的负面结果。但是针对谣言产生的各种危害性社会效应，正是通过这些技术才能进行更好的防护，这一点对于数字治理又具备重要意义。

大数据这一技术模式成了现代性治理的有益之举，进而大数据技术还能够增强有效的市场监管。"高效率的数据收集和智能分析，已经成为今天治理的典型手段，生命政治的确进入到一个高度依赖于数据和智能分析的阶段，即数字—生命政治的阶段，在这个阶段上，体现为算法治理的高度应用。"① 可以看到，当下是数据的数量爆发式增长的时代，当每个人把数据汇集到互联网上时，一方面算法的推送能够为人们提供便捷的生活方式，但另一方面新的问题接踵而至。比如国内最大的公民信息泄露案"9·27案件"，通过掌握受害人的姓名、身份证号、电话和消费记录等情况，诈骗分子深入到支付、网购以及网络社交等各个生活场景，衍生出各种精准诈骗。这一切都源于公民个人信息的泄露，之所以会产生公民信息泄露问题，从另一个角度来看，其实是网民个人对于保护信息数据安全的意识缺乏，为了一点蝇头小利，盲目点击一些钓鱼网站或者不明链接，这都为犯罪分子提供了可趁之机。在以数字为主导的时代，人们生活在平台空间里面的时间比待在物理空间里面更长，那么发生在物理空间的一些极端现象，平台空间也难以幸免。而且随着技术的进步，平台空间里出现的违法手段具有隐蔽性，其中高智商犯罪层出不穷。由于数据作为隐私的载体，所以在数字资本时代维护隐私就意味着保护数据。

当今世界的网络空间是一种数字空间，它成为暨陆地、海洋、天空和外太空之外的第五空间。在某种程度上，网络空间成了无硝烟的战场，而它的武器是键盘和鼠标。其中，网络安全关乎着个人、社会

---

① 蓝江：《智能时代的数字—生命政治》，载《江海学刊》2020年第1期。

乃至国家的安全，没有网络安全就没有国家安全。随着政务信息的互联互通，政府服务、城市管理以及便民服务等诸多领域的运用，皆因算法而初见成效。凭借对于数据个体的感知，并通过平台提供的针对性服务，促使数字治理真正做到惠及群众。所以规划数据的采集和使用显得尤为重要。但是需进一步反思的是运营商对于数据的利用问题，也就是数据的确权。即数据到底归谁所有？在什么情况下可以使用，在什么范围内可以使用？又在什么范围内应该被销毁？这是数据的全生命周期过程中涉及的一种安全和隐私问题，同时是为算法治理寻求可行性道路的借鉴与思考。如同贝克在《风险社会》一书里面所探讨的，"因此，即便在风险穿着数字和公式的外衣无声无息地接近我们的地方，它仍旧在根本上是局部化的，是值得去过的生活的受伤形象的数字浓缩。"①

数字平台

海德格尔和麦克卢汉的共同点在于都发现了信息技术与思维方式之间的联系，如果把海德格尔视为信息忧虑之父，那么麦克卢汉则为60年代电视传媒之子。② 迈克尔·海姆（Michael Heim）提出"虚拟实在"这一概念，它是由电子领域的实在和符号化的实在所构成的第三种实体。但是海姆并未对此概念进行精确阐释，只是将二者各自的意义组合在一起，即虚拟实在并非实际情况下真实的事件或实体。网络空间作为感官超文本的环境，似乎是在无摩擦、无时间的媒体里面进行构造。那么，在考量数字资本时代的空间治理模式时，如何管理好平台成为非常重要一环。尼克·斯尔尼塞克（Nick Srnicek）之所以提出平台资本主义，主要是基于他的加速主义立场。因为加速主义的

---

① [德] 乌尔里希·贝克：《风险社会》，何博闻译，南京：译林出版社 2004 年版，第 27 页。
② [美] 迈克尔·海姆：《从界面到网络空间——虚拟实在的形而上学》，金吾伦、刘钢译，上海：上海科技教育出版社 2000 年版，第 66 页。

主要目的是尽可能激发生产力的潜能，以推动资本主义内部机制的崩溃瓦解。斯尔尼塞克看到在计算机基础设施领域中各种软件的开发把包括购物习惯、浏览历史以及旅游方式等在内的大量个人数据与数学分析相结合起来，以便为市场营销人员提供预测。最新出现的无人机送货和自动驾驶，都预示着一个日益自动化和算法化的未来。斯尔尼塞克认为这种新兴的计算机基础设施是当今经济的物质基础。尽管这种建构中的计算机基础设施将会遭遇资本积累的循环，但它同时内嵌着被重新改造的潜力。由此，加速主义者主张掌控社会技术的领导权，不仅包含意识形态领域的领导权，而且包括物质平台的领导权，他们自然地便把目光投射到平台上。在斯尔尼塞克看来，作为一种新的商业模式，平台能够分离和控制大量的数据，并且随之而来的变化是大型垄断企业的出现。这种平台超越了社会的物质性，从而使得诸多特殊的行动、关系和权力成为可能。由于全球平台受到资本主义关系的操控，所以这些生产、金融、物流和消费的物质平台可按照后资本主义的目标进行重组。

斯尔尼塞克十分重视"平台"这一概念，并且分析了平台具备以下特征：第一，平台为不同的用户群体提供基础设施。数据是平台的核心，而全球数据主要集中在全世界的技术垄断企业的手中，这是相比较于传统商业模式最大的区别之一。因为平台不仅将自己定位在用户之间，而且被给予特权来访问和记录用户活动，所以平台发挥出来的优势超过了以往的网络公司和技术公司。同时由于数字平台的灵活性，使得数字互动可以随时随地产生。第二，平台依赖并且能够产生网络效应。就一个平台而言，如果它拥有的用户越多，那么它本身的价值就越大。通过动态地访问更多数据，并且依靠原有的基础设施和低廉的边际成本，平台可以不受任何外部限制，从而不断扩展自己的业务。第三，平台采用交叉补贴来吸引不同用户群体。由于平台必须保持提供给用户免费服务与获取收益之间的平衡，所以平台经常使用交叉补贴，即公司用一个部门来降低服务或产品的价格，甚至是免费的，但是需要用另一个部门来提高价格以弥补这些损失。可以说，一个平台的价格结构直接关涉参与其中的用户数量和使用平台的频率。第四，平台拥有可以控制交互可能性的核心结构。平台长期存在的前提是有吸引不同用户参与其中的能力。平台设计者主要制定产品、服务发展以及市场互动的规则。这些平台通过数据分析，并预测出消费者的偏好、需求以及消费水平等基本情况之后，提供针对性的产品和相关服务。[①] 作为一种中介，平台一方面可以访问更多数据，另一方面能控制和管理游戏规则。由于规则的核心结构是生成性的，所以在规则制定过程中具备更多的可行性。最后，斯尔尼塞克总结上述特征体现了"平台成了提取和控制数据的关键商业模式"[②]。作为数据交互的数字空间，平台可以从自然过程、生产过程以及其他企业和用户中提取数据，这时平台成了提取数据的装置。由此，斯尔尼塞克认为平台包含广告平台、云平台、工业平台、共享平台和精益平台五种类型。这五种平台都符合上述四点特征，并且意味着对于平台而言最重要的是数据、用户和节点。平台的核心组成部分是数据，并且平台的运行离不开用户的参与和占据有利节点，从而使平台这一数字空间能够得以建构。同时各种平台带来的结果是上述积极响应带来的社会效应和经济收益，这是数字资本再分配必然面临的基本趋势之一。但是一方面须警惕陷入平台至上主义，另一方面需审视平台所带来的网络安全隐患（包括诈骗事件、信息泄露等一系列事件）以及随之产生的不公正现象。

在《平台社会：互联世界中的公共价值》一书中，平台不会引发革命；相反，它们正在逐渐渗入、融合于组织民主社会的机构和实践

---

① 具体论述请参见［加］尼克·斯尔尼塞克《平台资本主义》，吴水英译，广州：广东人民出版社 2018 年版，第 50—55 页。
② 同上书，第 55 页。

之中。平台社会强调在线平台和社会结构之间不可分割的关系。平台
并非反映社会本身，而是生产日常生活的社会结构。平台社会不仅将
焦点从经济转移到社会，并且在由互联网的互动所组建的背景下，平
台社会包含了关于私人利益和公共利益的深刻争论。尽管平台提高了
个人收益和经济利益，但平台给集体经营和公共服务带来了压力。[①] 受
宣传引导，通常认为平台提供了一种与既有社会和法律结构截然不同
的全新的社会组织。而平台社会强调，作为社会不可分割的一部分，
平台的不同层面会呈现出相应的利益和冲突。本书强调平台在社会中
的实施如何引发了一场关于私人利益与企业利润、公共利益和集体收
益的激烈讨论。"平台社会"（platform society）这个术语是指社会和
经济流量日益为由算法和数据驱动的全球在线平台生态系统所主导。
"平台生态系统"是网络平台的集合，它不仅有一套管理机制，而且不
断塑造着日常实践活动。西方的生态系统主要由几家科技公司巨头
（谷歌、苹果、脸书、亚马逊和微软）所运营，它们的基础设施服务是
生态系统总体设计和数据流分配的中心。此外，另外一种平台类型即
行业平台通常是与基础设施的核心平台无缝集成。这种行业不仅包
括交通运输和旅游等市场行业，而且包括教育和卫生等公共部门。
虽然上述巨头科技公司主导着平台生态系统，但它们并不是唯一的
竞争者。政府、现有（小型和大型）企业、个体企业家、非政府组
织、合作社、消费者和公民都参与到平台社会的经济和社会实践的
塑造之中。"平台生态系统处于多重悖论之中：它看似平等，却等
级森严；它几乎完全是企业运作，却似乎服务于公共价值；它看似中
立且不可知，但它的架构自带一套具体意识形态价值观；它的影响看
似地方性的，但其范围和影响却是全球性的；它看似用'自下而上'

---

① 参见 José van Dijck, Thomas Poell, and Martijn de Waal, *The Platform Society：Public
Values in a Connective World*, New York：Oxford University Press, 2018, p. 2。

的'客户授权'取代了'自上而下'的'大政府',却是通过高度集中且对用户不透明的结构来实现的。"① 原则上,平台生态系统允许各种新来者进入;在实践中,由于五大基础设施平台的无节制增长,所以几乎没有给竞争对手留下能渗透进入美国的平台生态系统核心的空间。事实上,五大平台之外的所有平台都依赖于平台生态系统的基础信息服务。

尼克·库尔德利(Nick Couldry)主要是从数字化的超级平台入手来分析数据是如何殖民人们的日常生活。与其他数据的批判性探讨不同,库尔德利认为数据已经成为资本主义和殖民主义交织的力量。在他看来,通过精心设计各种 APP 软件,平台可以被视为提供诸种服务的结构化的线上空间,包括销售空间、聊天空间、信息共享空间、寻找专业资源的空间等等。但这些平台都是数据析取的基本空间,而且平台为资本主义锻造社会的一个关键方式是通过新型的本地社会关系来巩固人们的联系习惯。库尔德利称其为"数据关系"(data relations),这种数据关系是指"一种新型的社会形式,通过这种形式,数字殖民主义作为一种析取过程在个体、团体和公司之间得以稳定,从而为资本主义新兴的社会秩序做出了可靠的贡献"②。这种数据关系意味着资本主义社会新秩序的出现,它的核心在于普通的社会互动不再作为劳动要素,而是作为生产要素来贡献剩余价值。库尔德利认为问题不在于为平台支付了多少钱,而在于人们在平台上的数据痕迹带有明显的商品化。这才是需要进行变革之处,它并不是来自通过数字平台实现的劳动转变,而是来自更深层次的变化,即资本主义整个生产过程的扩张和导致资本主义生产的因素。从长远来看,这种生产扩张会发展

---

① José van Dijck, Thomas Poell, and Martijn de Waal, *The Platform Society: Public Values in a Connective World*, New York: Oxford University Press, 2018, p. 12.

② Nick Couldry, *The Costs of Connection: How Data is Colonizing Human Life and Appropriating it for Capitalism*, California: Stanford University Press, 2019, p. 27.

成一种全新的"生产方式"（按照马克思的说法），但是库尔德利强调上述说法还不能完全适用于仅仅十年间内所朝向数字化发展的这种生产过程。

至此，笔者的目的不在于例举对于平台资本主义的基本探讨，而是借助于上述观点去透析当代资本主义发展的新状况，进而反思这些新状况背后的实质。其实平台资本主义透露的是技术与资本的关系问题，即新技术的出现给资本主义的发展带来了哪些变化，或者说资本主义的新发展状况反过来促使对于技术本质的思考。正如斯尔尼塞克所言："到了21世纪，在数字技术变革的基础上，数据越来越成为企业及其员工、客户和其他资本家关系的核心。平台已经成为一种新的商业模式，能够提取和控制大量数据。随着这一转变发生，我们看到了大型垄断企业的兴起。"[①] 在互联网时代，或者网页时代，人们通过输入网址就可以搜索到自己所需求的事物。而进入到平台时代，人们的行为主要是在各种 APP 里运行，而这些 APP 所构成的就是平台。平台将用户使用 APP 产生的数据进行收集，并借助于算法对数据进行分析处理，再次向用户进行精准推送，最终平台成为各种巨型网络公司收割数据并控制用户的场所。平台构成了垄断，由此平台是一种数据垄断化的空间。不仅如此，平台已经在全球形成了一种垄断，谁掌握了核心平台谁就拥有了对抗一切的力量。也正是在这个意义上，韩炳哲说："如果有足够的数据，意识形态就会显得多余。"[②] 大数据、智能算法等数字技术成为了资本主义社会精神政治的有效工具，它们不仅把资本主义社会变成"透明社会"，还把资本主义政治变成"智能政治"，今天数字时代的西方资本主义社会的代议民主制，完全已经沦为

① ［加］尼克·斯尔尼塞克：《平台资本主义》，吴水英译，广州：广东人民出版社 2018 年版，第 7 页。
② ［韩］韩炳哲：《精神政治学》，关玉红译，北京：中信出版社 2019 年版，第 79 页。

了各种数字寡头力量博弈的数据政治。①

空间控制

　　针对资本主义生产活动在空间布局上的调整以及新的城市模式的出现，虽然上述理论家们进行了一些创造性的思想输出，但在一定程度上缺乏经验层面的运用。而马西的《保卫空间》弥补了这一缺陷，即在面对诸多空间观念的挑战中去保卫空间的多元性、开放性和建构性。马西对于空间提出三个命题：首先，空间是由一切事物（大到地球小到苍蝇）相互作用构成的，是相互关系的结果。其次，空间可被理解为多重异质轨迹同时存在的领域。马西强调这种空间的多重性是相辅相成的，并且它构成了相互联系的前提。最后，空间总是处在构建之中。空间是两者关系的产物，而这种关系处在物质实践过程中，永远保持着开放性和敞开性想象。② 马西的空间思维方式对于主流政治思维方式提出了重要挑战，这对于理解不同社会关系和不同形式政治机构的建构方式至关重要。马西基于上述三个层面逐步对各个学者和学派的空间理论进行分析批判，其目的在于将空间从封闭、静态或科学、写作和再现的意义链中解放出来，这些意义链会让空间窒息而亡，我们可以将空间安置到其他的诸如开放性、异质性和活力的意义链中，在那里，空间可以获得新的、更具创造性的生命。马西坚持认为空间是在建构中并且从未完成，这就意味着采取不同的、潜在对抗的方式来表达和生成空间关系是具备可行性的。受阿尔都塞理论的影响，马西认为阿尔都塞使用的是结构主义中的共识性来理解空间，在此，空间被理解为再现。"空间同样富有生机，同样充满挑战，空间绝不是死的、固定不变的；空间挑战的无边无际，意味着驯服空间策略也多种

---

① 蓝江：《数字时代西方代议民主制危机》，载《红旗文稿》2019 年第 2 期。
② 具体参见［英］多琳·马西《保卫空间》，王爱松译，南京：江苏凤凰教育出版社 2017 年版，第 11 页。

多样，变化多端，持续不断。"① 马西不同意把空间视为时间流淌过程当中的一个片段，一个封闭的系统，因为这无法看到空间的真正本质。所以马西强调通向空间的道路是有着多重轨道的，是向未来敞开的。由此"空间"被马西定义为开放的、多样的和关联的、未完成的以及总是在生成的，是敞开历史的先决条件，也是政治可能性的先决条件。② 在马西那里，空间不是固定不变的，而是具备差异性和多样性，所以在对政治诉求的敞开过程中具备更加丰富的开拓性。再者，马西在回应全球性意义上的问题时发现空间权力在流动过程中呈现出一种客观规律，她称之为"权力几何学"。在空间格局中蔓延着如同蜘蛛网状般的权力关系，而这种纷繁交错的格局网会形成新的社会群落分布。这种权力几何学为人们带来了另一种观念，即全球地方感。而这种全球地方感对于处理地方与全球之间的关系具有方法论的意义，促使人们重新认识既往的空间理论。

在空间的实践性方面，主要是指空间的关系建构，它是通过有物质参与的实践而产生的空间生产。空间的展开是通过相互作用来完成的，于此可以说空间即社会维度。这种社会维度囊括多样性的内容，但是在多样性里存在着形式上的差异、分歧以及利益冲突等等，就异质性方面而言，它是社会生活领域的持续和重塑。所以，马西提出保卫空间以及与之对应的政治模式。这一观点受到拉克劳和墨菲对于政治空间论述的影响，即"任何民主斗争都出现在立场的合集之中，出现在由实践多样性所构成的相对缝合的政治空间中，这些实践的多样性没有耗尽作为它们一部分的代表的经验现实和它们所涉及到的"③。在此，拉克劳和墨菲谈论的是带有政治空间多样性的民主斗争，以及

---

① [英]多琳·马西：《保卫空间》，王爱松译，南京：江苏凤凰教育出版社 2017 年版，第 17 页。
② 参见上书，第 80 页。
③ [英]恩斯特·拉克劳，查特尔·墨菲：《领导权与社会主义的策略》，尹树广、鉴传今译，哈尔滨：黑龙江人民出版社 2003 年版，第 149 页。

把政治空间划分为两个对立领域的大众斗争。所以拉克劳和墨菲对于多样性的强调影响了马西对于空间的理解，他们指出空间的增殖和与之相应的制度多样化之间形成了一种对立，这种对立丧失了合理的原则和功能支撑。政治形式的建立基础是社会分化和对抗，是偶然性和不明确性。[①] 现代性意义上对于空间的理解漠视了它本身持续性和开放性的多种可能，没有看到它背后的潜在可塑性。

从列斐伏尔开启的对于空间的社会化解释，经由卡斯特、哈维、索亚，直至马西，他们都是把空间放在社会学这一维度之内，使空间被打上结构的烙印。在马西生活的时代，通讯技术和互联网技术的发展形成了对于空间的重新考量，这体现在她所言空间多样性的时刻。在此，马西强调了赛博空间的虚拟性，它的存在离不开物理空间。并且马西力图构建开放性的权力地图，这涉及打造一种地方的关系政治学问题。关系的政治学需要具备关联性的空间，而这种空间由于政治的介入而获得了新的形式。马西承认社会和政治过程中的偶然性和开放性，这被视为道德和政治进步的根本。所以，针对数字资本时代的空间治理模式问题，空间控制可借助于马西的空间构建模式，即通过政治空间的多样性和开放性，能够促使在对平台空间的治理过程中充分认识到平台空间将出现的一些异质性和偶然性问题，进而推动空间权力地图在地方、社会和国家层面真正落地生根。

二、数字技术加速的空间解放潜能

素有"加速主义之父"之称的尼克·兰德（Nick Land）在《关于"加速"的笔记》一文中首先就指出了作为资本共同成分的技术和经济

---

① 详细参见［英］恩斯特·拉克劳、查特尔·墨菲《领导权与社会主义的策略》，尹树广、鉴传今译，哈尔滨：黑龙江人民出版社 2003 年版，第 214—217 页。

在资本增长爆发的历史条件下，成为一对坚不可摧的双生动力（twin-dynamics）。在大工业时代，资本主义对于技术的使用最典型的表现是机器，但随着福特制社会逐渐向后福特制社会的转变，技术的资本主义运用面临着新的境遇——加速与技术的碰撞。出于对技术和生产力的强烈推崇，加速主义肇始于资本主义经济增长最基本的新陈代谢、资本主义实体之间的竞争以及技术的快速发展之中。在飞速进展的过程中，科技加速这一加速主义形式所暴露的问题和挑战主要涉及空间异化、自我异化和物界异化。最终，面对各种高新技术对于人们日常生活乃至生存方式的渗透，加速主义是否具备空间解放的潜能，需对技术理性进行反思之后才能进行判断。

加速主义肇始：对技术和生产力的推崇

发表《加速主义宣言》的阿列克斯·威廉姆斯（Alex Williams）和斯尔尼塞克宣称马克思和兰德一样是加速主义者。所以，对于加速主义的肇始问题，首先需回溯马克思对于技术的论述。在马克思生活的时代，欧洲社会正发生着翻天覆地的变化，机器作为工业革命的起点，代替了只使用一个工具的工人。随着发明的增加以及满足新发明需求的机器的增加，一方面机器制造业分离出各种各样的部门，另一方面工厂手工业内部也存在着分工。马克思指出在工厂手工业中产生了直接的技术基础。虽然是由工厂手工业生产了机器，但是大工业借助机器反过来超越了工厂手工业。因此，马克思总结说机器的生产发展并不与它的物质基础相匹配。"机器生产发展到一定程度，就必定推翻这个最初是现成地遇到的、后来又在其旧形式中进一步发展了的基础本身，建立起与它自身的生产方式相适应的新基础。"[①] 由机器所推动的大工业的发展表明了技术的进步，同时，机器的资本主义运用对工人产生了直接影响。马克思分析了机器的资本主义使用不仅使得劳

---

① 《资本论》第1卷，北京：人民出版社2004年版，第439页。

动方式本身和社会劳动体的性质发生了质的改变，而且使得工人遭受到机器的排挤，出现了过剩的劳动人口。可见，技术进步一方面有着积极的作用，另一方面也暗含着反叛的因素。

加速主义者正是抓住"技术"这根稻草，并且寄希望于加快技术发展的速度，去实现自己的政治诉求。但他们并不主张技术乌托邦，也不相信技术救世论。在加速主义者看来，技术和社会史是紧密联系在一起的，一方的变动势必会引起另一方的改变。与主张技术会自动克服社会矛盾的技术乌托邦所不同的是，加速主义的目的是要争取社会斗争的胜利，所以必须要加速。正是出于上述目的，加速主义左派强调需尽快利用资本主义社会发展起来的科学技术，并且希望通过行为人建机的模型（agent-based model）这一认知中介，能够更好地剖析复杂的现代社会体系。可以说，加速主义的政治追求是通过后资本主义的技术释放所表达出来的，他们对于技术的资本主义运用主要是借助智能技术、信息技术等高新技术所产生的全球平台，进而充分发挥全球平台的最大化价值。

在马克思那里，技术不是一个独立问题，它是从属于劳动和生产力的相关问题。马克思在《共产党宣言》中对生产力进行描述："资产阶级在它的不到一百年的统治阶级中所创造的生产力，比过去一切世代创造的全部生产力还要多，还要大。自然力的征服，机器的采用，化学在工业和农业中的应用，轮船的行驶，铁路的通行，电报的使用，整个大陆的开垦，河川的通航，仿佛用法术从地下呼唤出来的大量人口——过去哪一个世纪料想到在社会劳动里蕴藏有这样的生产力呢？"[①]马克思在惊异于生产力所产生的巨大能量同时，也挖掘出代表着人类社会之自然必然性基础的生产力，它的扩大和发展是人类进步的标

---

① 《马克思恩格斯选集》第 1 卷，北京：人民出版社 2012 年版，第 405 页。

志。① 那么生产力是如何产生的呢？马克思从劳动过程的角度来说明劳动力是世代积累的过程，但马克思又从劳动过程的历史形式出发说明了现代社会的劳动同时是价值增值的过程，因此，生产力在今天表现为在价值增值过程中新的价值。并且马克思规定了价值增值过程中生产力的运用及其后果，在此意义上说明了作为生产力的表象，科学技术是在价值增值过程中对劳动过程的开发，所以生产力在一般意义上意味着人类利用的自然力，但它的提高是人类创造自身潜能的结果。所以马克思说："随着新生产力的获得，人们改变自己的生产方式，随着生产方式即谋生的方式的改变，人们也就会改变自己的一切社会关系。手推磨产生的是封建主的社会，蒸汽磨产生的是工业资本家的社会"。②

作为生产力的具体表现形式，技术在多数情况下被视为生产力。可以说，技术的进步离不开高度发达的生产力水平。马克思在《1857—1858 年经济学手稿》中"固定资本和社会生产力的发展"这一部分主要是讲自动机器体系的作用。首先，马克思谈到劳动资料在加入资本的生产过程后所形成的最后形态是机器，或者是自动的机器体系。这种机器体系只是机器流水线，而不是延长手臂的那种机器。作为手臂延长的机器并没有改变劳动的性质，它只是一种能辅助手臂更容易工作的工具。加速主义者直接把马克思对于生产力的分析视为他们理论的起点，并且把"机器论片段"看成是最直接的加速主义作品。并且加速主义者把关注点放在机器这一技术的具体表现形式上，力图通过生产力的绝对发展，使得生产力加速到一定转变的节点，进而从内部也就是从经济上摧毁资本主义的政治体制。因为在加速主义者看来，资本主义的政治体制从未独立于资本主义的经济体制，他们不会

---

① 参见胡大平《解放政治学·生命政治学·无为政治学——现代性批判技术视角的旨趣和逻辑转换》，载《学术月刊》2018 年第 1 期。
②《马克思恩格斯选集》第 1 卷，北京：人民出版社 2012 年版，第 222 页。

把政治体制看成是一个单纯的客体，而将其视为服从于经济体制的。这同时解释了加速主义对技术和生产力如此推崇的缘由。可以说，加速主义的选择彰显了另外一条与资本主义斗争的策略。

新技术加速对空间的重新构型

技术加速的前提是经济模式、社会结构和文化构型的发展，并且它对于主体所产生的巨大影响并不意味着技术决定论。技术加速带来了对于时间和空间的感知体验以及相关概念的变化，而技术本身的变化带来了操作方式以及相互作用方式的改变，它们之间是互为影响的。与韦伯的现代工业社会相对应的机器大工业技术所不同的是，随着 20 世纪 70 年代信息技术革命的发展，卡斯特的网络社会所对应的流动空间转变了以往对实体空间的一贯认知，这是技术加速带来的变化。而现在进入到工业 4.0 时期，大数据技术、云计算、区块链等技术的加速发展，再一次转变了对于流动空间的认知，这种新技术加速是如何对空间进行构型的？它与以往的技术对空间的构型有什么区别？

在弄清楚上述问题之前，需了解信息技术是如何促进网络社会的空间转型。首先，微电子、电脑和电子通信技术在 20 世纪 70 年代取得的重大突破，促使由网络连接起来的普及性和互动性空间成为可能。卡斯特所分析的经济社会的新表现是一种信息化经济，它的独特之处"是由于它转变为以信息科技为基础的技术范式，使得成熟工业经济所潜藏的生产力得以彻底发挥"[1]。这说明工业经济需要信息化和全球化，随着信息化技术的创新和扩展，这种需求也由于追求外在的进步性而显得尤为迫切。资本的运动不断地超越时空限制，尤其是信息技术的发展使得含有地理位置意味的经济发展（即机器大工业生产时期工厂

---

[1] ［美］曼纽尔·卡斯特：《网络社会的崛起》，夏铸九等译，北京：社会科学文献出版社 2001 年，第 117 页。

里的生产活动）转变为信息化经济，这种信息化经济是一种全球性的。但是这种全球性具体到每个国家时，则会产生区段化。掌握了网络核心技术资源的地区就会形成创造价值或财富的中心，而其他依附于这种技术或者无法掌握该项技术的区域则会被边缘化甚至被淘汰。这是一种差异性的、不对称的空间结构。这种空间型构所对应的现实表现形式是一种信息化城市。它主要建立在信息知识的基础之上，并且以网络组织形式来构造信息的流动化。其中，最突出的表现是巨型城市，一是因为巨型城市是推动经济和社会发展的重要引擎，二是因为巨型城市是文化与政治创新的汇集处，三是因为巨型城市是全球网络的连接点。[1] 所以，巨型城市成为流动空间的焦点和权力中心。19世纪工业革命之后的加速主要集中在交通运输和通讯技术等方面，它们已经暗示了空间和时间意识的转变。这种转变主要是空间感知与位置之间的分离，时间感知与空间的不断分离。在这种语境下，以地图和机械时钟等为代表的技术科学创新显得尤为必要。对于地图的使用把空间那种自然的、受地域限制的观念，即以群落为中心的、以一种同心圆格式所构成的、人们的生活视域越往外扩展熟悉度越低的观念，转变成了某种程度上的具有可变中心的抽象空间感知的"无地方"形式。这种观点提供了把空间概念化为可控制的和可操控的新的可能性，因为它把人们与空间置于一种可转变的关系之中。罗萨参照了哈维的"时空压缩"的说法，认为电子信息技术的出现使得空间失去在物理运输过程中所具备的导向功能。而且在因特网中，全球活动的同步化使得可以在同一时间知晓不同地点所发生的事情，这就使得全球化时代变成了"无地方"的。全球化成为麦克卢汉意义上的"地球村"，这些都是由于信息技术加速所带来的。从中可以看到，运输、通讯等技术

---

[1] 参见［美］曼纽尔·卡斯特《网络社会的崛起》，夏铸九等译，北京：社会科学文献出版社2001年，第503页。

加速在某种程度上改变了人们对于空间的感知意识，不仅局限在地理学意义上空间位置的缩减，更主要在于形成了一种类似于"无时间的时间性"的"无地方的空间性"。

进入到数字资本时代，以人工智能、物联网、云计算等为代表的新技术的高速发展，使得空间的重塑问题逐渐凸显出来。人与人之间的远距离问题不再变得棘手，而且这种面对面的空间距离正在逐渐被淡化甚至被遗忘。虽然人与人之间隔着一定距离，但是"在一起"这一概念已经发生了变化，它成了一种空间的同时在场。而梅洛-庞蒂提出的身体在场发挥了颠覆性的作用，"身体是我们拥有一个世界的一般方式，有时，身体仅局限于保存生命所必需的行为，反过来说，它在我们周围规定了一个生物世界；有时，身体利用这些最初的行为，经过行为的本义到达行为的转义，并通过行为来表示新的意义的核心：这就是诸如舞蹈运动习惯的情况。最后，被指向的意义可能不是通过身体的自然手段联系起来的；所以，应该制作一件工具，在工具的周围投射一个文化世界"[①]。梅洛-庞蒂强调只有意识到身体本身所赋予的意义，即身体是感知世界的一般方式，这样人们才能够理解他们的身体，从而获得习惯。身体的空间性不是一种位置意义上的空间性，而是一种处境的空间性。可以说，个人身体在世界上存在的方式是通过身体图式来表示，进而身体成了使人们在世界上具备意义的主要构造方式。

但是这并不意味着存在主义者们论述的身体概念没有意义了，而是当下的交往方式并不只有直接的身体在场这一种方式，还包括智能设备中各种 APP 平台上的交往。这种数字平台交往的表征是借助于一种汇集了与自身相关的数据而形成的数据包，个体实体转换成"虚体"

---

① [法] 莫里斯·梅洛-庞蒂：《知觉现象学》，蒋志辉译，北京：商务印书馆2001年版，第194页。

来进行交流。"虚体"并非是对身体的直接仿效或者替代，它是根据算法规则而得出来的各种数据的集成。虚体具备以下三个特征：一是作为数字化网络的基础性组成部分，虚体与虚体的互动成为平台空间里主要的交往形式。二是虚体与实体之间的关系并非一一对应，实体在平台空间里可以拥有多重数字化身份，而与之互动的虚体，其背后并不一定是实体。就人们使用网络平台进行购物这一场景而言，当人们想要了解一个商品的具体信息时，点击客服的瞬间会自动弹出与该商品密切相关的普遍性问题链，而每次点击其中一个问题，除了得到相应的答案，还继续有其他信息自动推送。但是如果自动回复依旧没有解决人们的问题的话，那么系统一般会让人们回复"人工客服"，这时才是由真正的实体所操作的"人工客服"来与人们进行针对性的交流，以此解决各种复杂问题。在平台空间里，人与非人之间纯粹的界限变得不再泾渭分明，同时传统交往模式获得了新的形式。最后，虚体的核心是一般数据。虚体之间的交往主要是借助于数据与数据之间的相互交换，并且产生出新的数据。这种一般数据成为数字资本时代下最具价值性和参照性的本质要素。①

　　对于存在的认识转变成了一种数字在场（digital present）。前述分析的远程在场只是局限在智能设备（比如手机和平板电脑等）里面，而 5G 技术可以冲破这一限制。经过 B→V－V'→B'（身体→虚体—虚体'→身体'）的转化，形成了"我思—数据传输—行为"的同一性。比如 5G 会诊可以跨越两地之间的物理空间隔阂，专家通过移动式远程会诊系统对病人进行"面对面"会诊，制定相关医疗救治方案，实现了医生的数字在场。相较于之前的网络信息技术所实现的对于文字、图像、音频和视频信息的传送，由 5G 技术带来的数字在场，"可

---

① 关于虚体特点的详细分析，参见蓝江《一般数据、虚体、数字资本——数字资本主义的三重逻辑》，载《哲学研究》2018 年第 3 期。

以实现在另一个空间中的行为的可能性，让处在一个固定空间中的我的存在，通过高速度和大容量的传递，实现我在多重空间的数字在场"①。如果说 4G 技术引领的是视觉时代的话，那么 5G 时代里面所有的东西都会有一个智能接收器，它传导的不仅是视觉和听觉，带来的更多是触觉和嗅觉。面向 2030 年会实现全息全感业务，全息通讯是对现实视觉的完整重构，能够实现真人与虚拟人之间跨越空间的联系。而全感通信能够将视、听、触、味、嗅等多种感觉进行融合，例如韩国一位母亲可以通过 VR 技术见到因病逝世的女儿，并且能够陪虚拟的"复活"女儿进行对话、抚摸自己的女儿，并且与女儿一起玩耍和过生日等。再如沉浸式购物，消费者不仅可以远程买花，而且能够闻到花香；玩家在玩虚拟沉浸式的游戏时，可以感受到拳击和撞击的痛感，从而体验与真实现场相同的在场感。上述全息全感通信将会呈现出一种沉浸式的交互体验，让人们在虚实相生的场景中实现数字在场。

假设一种场景，生活在大都市的人们于某天出门，不小心把手机遗忘在家里，当他们乘地铁并看到其他人都在低头默默地看手机时，瞬间有一种与世隔绝的感觉，或者说一种疏离感油然而生。更严重的是，一旦人们与智能手机或者其他智能设备分离时间过长，会自然地产生一种焦虑感。这种焦虑感并非一种心理疾病，而是数字资本时代下的人们所特有的一种症候。于是下列行为很容易解释，即为什么当某天忘记带手机出门的人们，一旦他们回到家里，做的第一件事情就是打开手机，看是否有人在聊天软件中给自己留言，这时上述焦虑感瞬间烟消云散。整个世界又重新展现在人们面前，一切又恢复了正常。在数字资本时代，焦虑感是如何产生的？随着以智能手机为代表的数字化交往日渐深入，各种 APP 诸如 Facebook 等在给人们带来新的交

① 蓝江：《5G、数字在场与万物互联——通信技术变革的哲学效应》，载《探索与争鸣》2019年第 9 期。

往的同时，也使得人与人之间的面对面交往变得边缘化。越来越多的人看重在这个数字界面所创造出来的交往形态，随着智能设备中各种APP的广泛应用，这种交往形式将变得愈加普及，并形成一种让人欲罢不能的数字化网络。沉浸其中的人们不可避免地会被中介，进而不断扩大数字化网络的交往范围。前述场景中忘记带手机的人和盯着手机屏幕牢牢不放的人之间的区别并不在于他们手上是否有一个手机，这是因为智能手机本身就代表着一个存在的界面，有了这个设备，就意味着被这种界面所容纳，反之就会被排斥。这也正是未带手机出门的人们感受到孤独和焦虑的原因。

加速主义是否具备解放的潜能

技术与加速的碰撞成为技术的资本主义运用所遭遇的新境遇。在提出加速主义理论之前，自然、社会和技术三者之间相互作用。现代技术不仅在物质生产中起着重要作用，而且现代技术的发展见证了技术一方面是人类自然生产水平的提高，另一方面是人类有意识地开发的结果。科学活动逐渐变得系统化和专业化，成为生产过程中具有相对独立性的一个部分。在马克思那里，这种独立性是指生产基础的独立化。而现代实验科学是适应于现代化生产的，换言之，科学的独立化成为推动生产力发展的强大力量，恰恰构成了生产本身的显著标志。现代科学技术的诞生、技术的广泛运用，这些都是大工业的产物，同时也改变了人类物质生产的基础。

以马尔库塞为代表的法兰克福学派总体上的立场是：资本主义工业发展的合理性实际上打着技术理性的幌子，成为新的统治形式，从而使得资产阶级的剥削和压迫被罩上了一层合理的、非人为的技术理性的错觉。在霍克海默和阿多诺那里，资产阶级中的每个个体的社会劳动都是以自我原则作为中介。受到资产阶级分工的影响，自我持存的过程被迫按照技术装置来塑造自己的肉体和灵魂，从而导致异化。

而且这种自我客体化的技术过程，彻底摆脱了神话思想所带来的意义，因为理性成了万能经济机器的辅助工具。"理性成了用于制造一切其他工具的工具一般，它目标专一，与可精确计算的物质生产活动一样后果严重。"① 当代资本主义社会以合理解释的形式理解一切事物的行动，使合理性成为万物的尺度。人的理性成了统治工具，出现了一种工具合理性。这种技术式的工具合理性从生产出发开始支配人们的一切社会活动，而科学和技术在这里成了资本控制整个社会的实用工具。所以马尔库塞论述了技术理性的辩证特质，"技术理性这个概念本身可能是意识形态的。不仅是技术的应用，而且技术本身，就是（对自然和人的）统治——有计划的、科学的、可靠的、慎重的控制。统治的特殊目的和利益并不是'随后'或外在地强加于技术的；它们进入了技术机构的建构本身。技术总是一种历史——社会工程：一个社会和它的统治利益打算对人和物所做的事情都在它里面设计着。这样一个统治'目的'是'实质的'，并且在这个范围内它属于技术理性的形式"②。可见，马尔库塞强调由于技术理性一开始就被限制在统治的特殊利益之内，所以技术理性更多被理解为政治理性。就概念而言，技术理性是意识形态的，因为机器作为"凝固的精神"，不可能是中性的。最后，技术理性是具备历史性的。作为统治着一个特定社会的社会理性，技术理性的结构是在变化发展的。从这个层面来看，这种技术理性可以成为解放的技术。

在早期的法兰克福学派那里，人被工具理性所腐蚀，成为技术加速所带来的最直观的结果。具体表现为人完全丧失掉了健全性，逐渐陷入异化的泥潭无法动弹。不同于法兰克福学派的批判思路，罗萨的

---

① ［德］马克斯·霍克海默，［德］西奥多·阿多尔诺：《启蒙辩证法——哲学片段》，渠敬东、曹卫东译，上海：上海人民出版社 2006 年版，第 23 页。

② 《现代文明与人的困境——马尔库塞文集》，李小兵等译，上海：上海三联书店 1989 年版，第 106 页。

加速理论提出："人们已经体验到加速的力量不再是一种解放的力量，而是成为一种奴役人们的压力。"[①] 在大工业时期，技术的资本主义运用主要是通过机器所展现出来的；而到了后福特制时代，通讯技术和互联网技术的资本主义运用主要是借助于具体的媒介，比如说电脑、手机、电视等多媒体，还有 Apple Pay 等各种支付工具。尽管加速主义所暴露出来的问题成为新的异化现象，其中都难逃技术的踪影。技术理性对于资本主义统治现实的颠倒和掩盖，成了否定人类进步的工具，进而演变为科学技术意识形态。由加速机器不断鼓动出的加速逻辑，产生了庞大的个体能量和社会能量，但最后由于速度过快遭到反噬。从逻辑的角度出发，加速机器的个体能量和竞争能量，最终成为社会经济竞争的献祭品，使得个体的自主性完全丧失，与现代性的承诺背道而驰。

与罗萨的略微悲观相反，威廉姆斯和斯尔尼塞克对加速主义的解放潜能做出了一定的展望，他们希望通过上述技术设备来带动社会这台加速器的飞速运转，直至最高上限，使得装有这台加速器的资本主义走向分崩离析。并且他们"希望解放潜在的生产力，在这个过程中不需要摧毁新自由主义的物质平台，只需要重新把它导向公共目的，现在的基础设施并不属于需要摧毁的资本主义阶段而是走向了后资本主义的跳板"[②]。他们认为正如资本主义解放了技术一样，技术的发展自然会受到资本主义的压制。加速主义的基本信念是超越资本主义社会所强加的限制，充分释放技术的内在力量。最终加速主义者们希冀通过在后资本主义社会中，兑现 20 世纪中叶空间计划的支票。通过技术升级，超越世界，走向全方位的巨变。

---

① ［德］哈特穆特·罗萨：《新异化的诞生：社会加速批判理论大纲》，郑作彧译，上海：上海人民出版社 2018 年版，第 110 页。
② Robin Mackay, Armen Avanessian, "Introduction", *in Accelarate：The Accelerationist Reader*, Falmouth：Urbanomic Media LTD, 2014, p. 355.

面对以大数据、人工智能、智慧城市、基因等词语所描绘的新技术，它们的表现形式暗示着技术法则开始直接渗透到存在层面。在对技术理性进行批判反思，尤其是对技术进行思考时，芬伯格在《可选择的现代性》结尾部分探讨了科技创新是和世界、人的存在方式相互作用、相互交织在一起的，必须意识到："技术不是一种人们必须选择赞同或反对的特殊价值，而是一种没有止境的使世界得以发展和多样化的挑战。"①

威廉姆斯和斯尔尼塞克对于技术的展望也是满怀积极态度的，他们跟芬伯格一样把技术视为一种挑战，将其看作建设未来可以利用的工具，他们希望推进的是更加现代的未来，一种新自由主义在本质上无法创造出来的另一种现代性。"未来必须再一次起航，打开我们的视野，走向大外部（Outside）的普世可能性。"② 至于加速主义是否具备解放的可能，上述思想家们奠基的理论地平线上已经透露出希望的光芒。

三、走向数字共产主义与共享空间

面对第四次工业革命所带来的数字化浪潮，以云计算、大数据和人工智能等为代表的高新技术无时无刻不在改变人们的生产方式和生活方式。而"分享精神是众多互联网平台的隐含前提，互联网平台提供工具解放人的分享精神；互联网平台将人们分享的变成社会价值或经济价值，又促进进一步的分享。"③ 可以说，数字资本时代的空间理论最终走向除了要维持基本的网络空间秩序以外，更为重要和长远的

---

① ［美］芬伯格：《可选择的现代性》，陆俊等译，北京：中国社会科学出版社 2003 年版，第 280 页。
② Robin Mackay, Armen Avanessian, "*Introduction*" in *Accelarate*：*The Accelerationist Reader*, Falmouth：Urbanomic Media LTD, 2014, p. 362.
③ 方军、程明霞、徐思彦：《平台时代》，北京：机械工业出版社 2018 年版，第 27 页。

道路指向了构成平台空间的数据的一体化和以各种大型平台公司等基础性平台为代表的网络基础设施共享。

网络空间秩序

作为现代人类多样文明的一部分，数字时代所形成的网络文化不断推进了全世界的文化交流。但是前文所分析包括网络暴力和网络欺诈等在内的违法行径，使得网络空间面临信任基础崩塌的危险局面，从而破坏了网络空间里面文化传播的正常秩序。针对这些问题和影响，需打造网络环境下不同国家之间的网络文化相互交融的生态系统，并且进一步加强各国之间的交流沟通和各方协作，规范网络空间并形成有序秩序，助力世界文明的进步和谐。同时也要看到在维护网络空间秩序的过程中所面对的挑战，网络空间里面所爆发的碎片化问题和对抗性威胁。由此，网络空间治理过程中出现了诸多不确定和不稳定因素。

数字城市所遭遇的风险和失序，促成了对空间治理体系的正义诉求。城市的发展经历了从简单到复杂、从低级到高级的过程，伴随的是人类自身发展的过程。在这个过程中，城市不仅是人类居住、工作和购物的地方，而且必然夹杂着矛盾和冲突，从而出现了各种失序、失调现象。正如福柯指出："城市再也不被当成一个特权地点，不再被当成田野、森林、道路范围中的一个例外。城市再也不是在共同法律之外的孤岛。反而，城市有许多它们自己造成的问题，它们所采取的特殊形式，成为统治理性的模型而施之于整个国家。"① 马克思所处的时代是现代工业城市大量崛起的时代，机器大工业"建立了现代的大工业城市——它们的出现如雨后春笋——来代替从前自然形成的城市。凡是它渗入的地方，它就破坏手工业和工业的一切旧阶段。它使城市

---

① 包亚明主编：《后现代性与地理学的政治》，上海：上海教育出版社2001年版，第3页。

最终战胜了乡村"①。传统工业城市的发展尤其是工业革命带来了城市的环境污染和城市住宅等问题，而资本增值与劳动自由之间的斗争成为工业城市矛盾的重点。对此，马克思恩格斯希望用一种新的社会形态即共产主义社会来消除无产阶级与资产阶级之间的矛盾。

马克思在《资本论》里面谈及："生产当事人之间进行的交易的正义性在于：这种交易是从生产关系中作为自然结果产生出来的。这种经济交易作为当事人的意志行为，作为他们的共同意志的表示，作为可以由国家强加给立约双方的契约，表现在法律形式上，这些法律形式作为单纯的形式，是不能决定这个内容本身的。这些形式只是表示这个内容。这个内容，只要与生产方式相适应，相一致，就是正义的；只要与生产方式相矛盾，就是非正义的。在资本主义生产方式的基础上，奴隶制是非正义的；在商品质量上弄虚作假也是非正义的。"② 索亚的正义理论主要针对空间资源分配不平衡的现象而提出，具体落实在城市居民对于空间的掌控权，以及拥有城市生活和参与城市管理的权利。在索亚看来，包括学生、失地农民、失业工人、被无产阶级化了的小资产阶级和流浪汉等这些被剥夺空间权益的主体成为新的反抗力量，他们的目标是争夺空间的控制权。索亚的正义理论与马克思的正义理论有两点共同之处：一是强调参与城市空间治理的每个人都有平等的权利，最终目的是寻求解放，共建人类命运共同体。二是反对空间异化，前述索亚分析的后大都市的六种话语以及形成的批判理论，主要内容是空间异化，尤其是城市空间中人们居住的活动乃至各种意识所产生的异化。但是二人的阐释路径不同，索亚是在肯定私有制的基础上进行改良的诉求，而不是从根本上推翻资本主义，因为他只考虑到了弱势群体的多维性。而马克思强调的是从公有制的彻底变革上实现正义。也就是说，索亚只是与马克思的低阶正义理论进行对话，

① 《马克思恩格斯选集》第 1 卷，北京：人民出版社 2012 年版，第 194 页。
② 《马克思恩格斯全集》第 46 卷，中文第二版，北京：人民出版社 2003 年版，第 379 页。

还达不到马克思所强调的高阶正义的层面。

对于城市的研究从列斐伏尔的城市革命开始，一直顺延至后现代领域中的唐·米切尔（Don Mitchell）等人对于社会正义的探索，他们在对当时资本主义的矛盾集中处——都市化进行分析的时候，都在城市治理方面提出了相应的城市权的诉求。而当城市进入到数字化时代，伴随着城市所呈现出来的智能化趋势，在某种程度上也暴露了新型风险威胁。数字城市所建立的各种平台和数据库，在此基础上所使用的技术包括不同的调查、传感器、文本提示和布局等都会产生数据的差异和偏差，这就会带来隐私泄露和数据安全等问题。再者，这种按照语义网逻辑所形成的组织化和链接数据，在某种程度上不可能反映传统边缘化群体的观点和信仰。这种地点和变现方式之间的分歧不再仅仅局限在国家内部，而是被提取出来，并以越来越复杂的形式联系起来。也就是说，结构化数据不利于少数群体意见的表达。这将在数字城市的空间治理之中得到关注，具体地说，在大数据对城市的发声和权力产生重要影响的前提下，需要注意的是特定情况下所描述的意义的内在异质性，这样才能避免被诱使去进行篡改、分类和结构化。这时，数字城市的正义诉求更多集中在由数据所搭建起来的平台之上，但是这种发声是在数字空间层面引发的一种威胁和压抑。而这种数据所构造出来的空间背后，实质是经济利益的操纵，那么这需要更深一步的反思。

不仅如此，维护空间秩序还需透视控制型社会所具备的特征，即作为一个抽象的原则，控制社会弥漫于整个社会场域，形成了无缝的、持续的全景敞视主义。表面上看，人们在网络空间中可以畅谈自如，分享日常生活，实则仍旧是被电子标签、电子手铐等控制之下的自由。数字媒介成为控制型社会的技术基础，随着数字技术的不断进步和发展，《黑客帝国》系列电影里面所透露出来的侵吞人类的情绪操控等情况，使得人类对于控制型社会的焦虑不断突显出来。① 但是控制型社会

① 具体参见张先广《对数字技术的间性论思考》，杜丹、张先广译，载《哲学分析》2019年第3期。

在不断开发主体，使得现代主体是不断生成的。目前数字资本时代正在生成一个数字化主体，而这一过程也是不断生成的。如果外部被全部侵蚀的话，内部则会永远消耗不完，这就是实质从属。而每个主体主动成为资本主义开发的对象，这其实是由数字技术所引发的新状况。在实质吸纳过程中，就是生产主体。诸众的主体更新比资本和权力更快，而这种不受资本和权力控制的主体，连成了网络的主体。中心权力控制了核心技术、武装力量和国家机器，也只有此，才能发现网络空间失序威胁的原因和空间秩序维护的主体。

数据一体化

面对全球经济的转型趋势和结构调整这一宏观背景，数字产业化和产业数字化之间交互作用，不断向前推进。跟石油和电力一样，数据成了战略性基础资源，数字经济也成为推动全球经济发展的最具潜力、辐射最广以及速度最快的新动力之一。其实，如同技术，数据自身是中立的。但是目前数据被掌握在少数集团的手中，如果数据得到合理使用，则会产生巨大的效应；如果数据的使用偏向了资本化的趋势，那么人们就会受到数据的奴役。实现数据一体化的载体是各种平台，这个平台可以囊括交通、教育、金融、零售、劳动力乃至各个领域，促使政府的有效治理。对于数据的运用能力成为人类社会进步的崭新标志，其中智慧城市作为这一数据应用的实际结果，具备了核心竞争能力。随着智慧城市的不断普及和升级，从智慧城市项目里面所收集到的数据是属于被收集者本人。公民可以选择保留、移除数据，或者将他们在智慧城市里面活动的数据放置在由公民所掌管的公益信托之中。公民可以授权同意让私人机构和公共机构使用他们的数据，但前提是在各方都充分知情和充分保证的情况下。大型技术公司通过掌握数据，将权力建构在都市基础设施之上。它们从数据之中获取大量收益，进而管控日常生活，最终发展出对于公共空间的管理模式。

智慧城市中发生的每一件事都被记录和编码，它们相互作用并且相互覆盖，由此形成了一个连接所有人与事物的电子网络。由于大数据技术的发展，金融机构从传统意义上对于资金的管理者转变为数据的管理者，从而实现了跨领域的如金融与教育、出行和医疗等诸多行业的数据互通，实现了数据的一体化。

　　传统城市的布局特点是由中心向四周辐射，但是由于节点是分散开来的，节点的变化形成了扁平化的城市。传统城市的规划考量主要集中在煤炭业和钢铁业发达的区域，或者集中在河流或者交通发达的区域。比如工业时代的曼彻斯特是城市中心，棉纺织厂、钢铁厂包括煤炭冶炼厂成为城市的中心区域。而金融时代则是以曼哈顿和华尔街等为代表的热钱滚动之处成为城市的中心地带。而现代城市的布局主要是以数字通信基础设施为中心地段，比如我国的贵州省已经成为新基建的主要集中地区，其中智慧城市规划的主要依据是数字基础设施，它是由 5G 基建站等电子硬件设备和传统的建筑部件所共同构成的。可以说，核心问题在于数据流向何处，或者数字交换站的选址，那么围绕此处将会延伸出周边区域的一体化趋势。新兴的空间节点主要考虑的是信息通讯网络技术和数据等因素，比如把这个节点放在贵州的主要缘由是因为贵州地区修建了众多水电站，使得电价较之其他地区比较便宜，而这一点是云计算中最重要的基础设施保障。由此，高度数据流的节点使得二线城市得以崛起，贵州成为这种新的格局方式的典型。不仅如此，新建的数据中心包括大型和超大型数据中心的布局倾向主要集中在西部及北上广深的周边城市，例如北京周边的张家口、廊坊、乌兰察布、天津等，上海周边的昆山、南通、宿迁、杭州等，深圳周边的深汕合作区、东莞、中山、惠州等，都建立起了新基建中心的落地建设或投产，以此来缓解一线城市的数据中心紧张问题。① 可

---

① 参见《中国互联网发展报告 2019》，北京：电子工业出版社 2019 年版，第 42 页。

见，各种数字化信息技术的加速推进，导致了新型的资本布局，这个布局会出现新的变化，即原先重要的空间节点可能在数字时代就变得不那么重要了，但是传统的比如港口等实体空间还是非常必要的，因为实体贸易的地位是不能动摇的。不同于工业时代和金融时代资本主义那种城市格局，这种新都市主义是按照数字化的技术格局来进行布局的。在数字资本时代，城市的形成主要是由新兴资本力量来主导，这是一种新的都市主义，其规格跟传统城市有着明显的差别，不仅它的布局和规格产生了众多变化，而且城市重心进行了相应的转变。

前述分析了一般数据占主导所带来的数字异化现象，这是在对数字资本时代的空间进行批判反思的过程中必须直面的结果。要消除这种异化，还需要不断探索数据一体化的基本理路，实现数字共享。"数字共享，或共享的共产主义才是我们未来的希望。在高度数字化的今天，我们发现，我们离马克思所冀望的共产主义不是越来越远，而是越来越近了，因为我们拥有了武器，即共享数据，也正是因为可以被普遍共享的数据的存在，才让我们可以看到解放的可能性，让未来的共产主义的曙光再一次浮现出来。"①

网络基础设施共享

如图 7 所展示，新基建主要是以数字基建为主，包括数字技术基础设施、数字平台基础设施和物理基础社会智能化。数字基础设施包括云计算、物联网、人工智能、5G、区块链等，以云计算为基础并且将其他技术聚合在一起，产生相关聚变效应和辐射效应。而数字平台则是运用于出行、购物、家政、娱乐和政务等方面，物理基础设施的智能化针对的是传统铁路、公路、机场和水利等重大基础设施建设的

---

① 蓝江：《生存的数字之影：数字资本主义的哲学批判》，载《国外理论动态》2019 年第 3 期。

数字基础设施架构体系

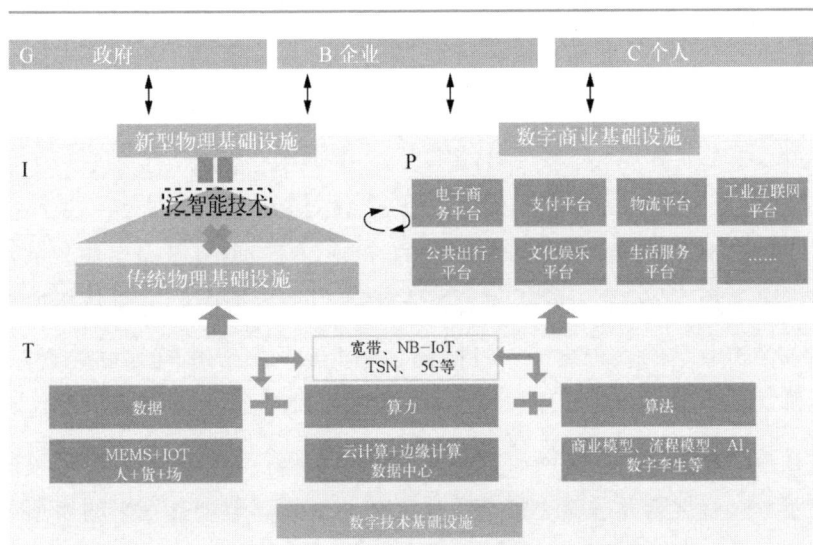

图7　数字基础设施架构体系①

智能化改造升级。上述这些数字基建主要依靠的是打造数据来树立自身的中长期价值以及对于社会治理和经济发展等方面所带来的推动作用。② 而作为新基建的一部分，网络基础社会也就是数字基础设施，不仅是数字经济的典型特征，而且为经济增长和未来社会的发展走向等方面提供坚固支撑。尤其在打造平台空间的基础设施的过程中，依然会出现资源分配不均所带来的结构失衡问题，进而导致数字暴力和网络危机等一系列技术与伦理问题。总之，这些问题背后普遍都涉及网络基础设施的共享问题。

共享网络基础设施建设是打破空间隔离、实现资源互动的可行性路径之一。目前我们国家的信息基础设施的主要现状如下：移动互联

---

① 参见《安筱鹏、吕本富、刘松对话新基建：新基建，到底新在哪里?》，2020 年 5 月 1 日，https：//www. sohu. com/a/392551294_384789。

② 详细参见张勇《新型基础设施建设拓展创新发展空间》，2020 年 3 月 20 日，见 http：// finance. people. com. cn /n1/2020/0320/c1004 - 31640955. html。

网快速发展，移动通信基站总数达 732 万个，其中 4G 基站总数为 445 万个，占比为 60.8％。2019 年 6 月 6 日，5G 商用牌照发放，中国正式进入 5G 商用元年。互联网关键资源拥有量大幅增长，IPv6 规模部署工作加快推进，国家域名保障体系更加完善……IPv6 用户活跃数达 1.3 亿户，基础电信运营商已分配 IPv6 地址用户数 12.07 亿户，丰富的 IP 地址资源为互联网快速发展提供了良好支撑……新型基础设施部署进展加速，全球最大窄带物联网的（NB-IoT）网络已经建成，增强机器类通信（eMTC）网络部署正在推进。① 5G 的实施可以算作信息基础设施共享的表现之一，各国都力图开放塔杆、建筑等设施资源，推进基础设施的共建共享。比如英国电信与政府、地区和地方开展合作，希望在灯柱和其他高层建筑安装基站天线。美国联邦通讯委员会改革了一些规则以适应小蜂窝移动通信的发展，至今有一半的州通过了新的基站选址改革方案，降低运营商的网络部署成本，为 5G 提供便利。巴西将审查电杆共享协议，在公平、合理和非歧视性条件下接入配电柱，支持高容量网络安装和支持 5G 天线部署。② 5G 网络所带来的时空体验和新的空间感知能力，已经超越了前加速时期乃至加速时期对于时空概念的认识。相比于之前的移动网络，5G 网络所具备的实时可靠性、连接速率和网络容量等特性得到了质性的提升。这种网络传输能力（包括峰值速率、传输能力和传输延时等各方面）都将全空间连接起来，形成了"信息随心至，万物触手及"的新时代。③

作为数字化时代的新型基础设施，物联网构成了数字空间多重纬度的技术要素之一。具体到智慧城市这一类应用场景，尤其是对应到数字孪生城市这一未来发展趋势，物联网所发挥的作用一方面使得城

---

① 具体参见《中国互联网发展报告 2019》，北京：电子工业出版社 2019 年版，第 9 页。

② 以上事例均参见《中国互联网发展报告 2019》，北京：电子工业出版社 2019 年版，第 60 页。

③ 参见高艳丽《数字孪生城市：虚实融合开启智慧之门》，北京：人民邮电出版社 2019 年版，第 16—17 页。

市运行状态（包括城乡空间的连接，主要包括以信息化技术为指向的高速公路交通网络的畅通状态）得到显著增强，另一方面加快了移动网络设备和物流服务网点在空间和时间上的延伸，进而推动数字世界和物理世界的互动和映射。与实体城市过渡到城市群的走向一样，数字孪生城市的发展是从局部走向世界，最终倾向于建立以区域协调为特征的数字孪生城市群，从而实现城市资源的高效调度和分配互补。再者，数字孪生城市的未来发展路径是走向数字孪生国家，当国家与国家之间在经济、政治、社会、文化和生态等方面建构网络空间命运共同体时，人类在认识世界和改造世界方面的能力将会得到进一步提升。

　　从数字孪生城市到数字孪生世界，是新基建创造的新世界。数字孪生世界的本质是在比特的汪洋中重构原子的运行轨道，它的意义在于通过物理世界和数字孪生世界的相互映射、实时交互、高效协同，能搭建比特世界的运行框架，进而构建人类社会大规模的协作新体系。而且数字基础设施建设在比特世界里面创造了一个数字空间，其中数据成为关键性要素。数字基础设施的运行主体是多元的，有助于新的生命体不断出现。可见，数字基础设施的社会价值是实现物理空间与数字空间之间的随时切换，不断给人类的工作、教育和生活等领域带来诸多便利。福克斯通过将马克思的资本积累和阶级概念与当下社交网络环境相结合来探讨，力图提出一种"共产主义的互联网"，这种网络是"自由生产者的联合，具有批判性、自我管理、不受监控、使所有人受益、所有人自由访问、为所有人创造财富、合作、无阶级、全体等特点"①，以此来取代当今资本主义的剥削制度。

---

① ［英］克里斯蒂安·福克斯：《社会媒体批判导言》，赵文丹译，北京：中国传媒大学出版社 2018 年版，第 235 页。

结　语

　　本书主要研究数字资本时代下空间所出现的新变化或者新的城市格局，以及其背后贯穿的一条空间哲学视野的变化逻辑。从学理层面对现代社会进行批判，同时秉持历史唯物主义的方法论，从而对于西方马克思主义的研究提出了新要求。西方马克思主义的研究不仅要注重马克思主义发展的脉络梳理，马克思主义哲学在当代的理论状态和相关意识形态研究，而且要关注西方的社会科学中被遮蔽住的现实状况。本书一方面对数字资本时代的平台空间的探讨以及现实问题的回应，有助于批判理论的继承性发展和反思，同时丰富了国内对数字资本主义的相关研究，扩充了马克思主义政治经济学批判的新领域；另一方面对空间理论展开思想史梳理，不仅是研究马克思主义中国化的题中应有之义，而且延伸了国外马克思主义对于空间的社会性效应等问题的研究视域，加深学界对于空间本质尤其是平台空间的本质问题的理解。"借鉴'空间转向'的相关理论成果来推动哲学发展，既非简单地增加诸如城市化、空间正义等论题，亦非简单地提出某种体系化的空间哲学，而是在于我们能立足当代生存经验来阐明有别于既有现代性的新文明探索的中国经验和中国智慧，从而为民族发展提供知识学支撑，进而为世界文明作出更大贡献。"①

　　理解资本主义在当代所出现的新变化，需从问题意识和方法论两个维度着手去研究和探索，这样才能对数字资本时代下的平台空间的独特之处进行正确评估。首先，空间的生产成为当前资本主义生产与再生产的主要方式。当前资本主义的生产已经从马克思所处时代的物的生产转向空间的生产，但是并非是后者取代了前者。这里强调的是资本主义社会生产关系的生产与再生产本身就是空间的，是不断地突破地理空间限制而实现的空间的自我生产过程，而非空间中的物的生产。空间的扩展不仅局限于地缘意义上的地理空间的外部延伸，而且在日常生活和微观身体等领域进行抽象和内部控制。这是对于空间的生产最为重要的理解。其次，资本主义得以延续和发展的核心在于资本在空间领域的扩张。面对资本主义社会出现空间化的倾向，探讨资本主义之所以垂而不死、腐而不朽，是因为一方面资本主义在应对危机的过程中所做出的自我调整，另一方面在空间领域资本所进行的扩张和殖民。可以说，资本扩张的核心领域发生在实体空间中，而资本扩张的工具是空间扩张。最后，资本主义的发展由于工业、资本乃至技术等加速形成了整个社会的政治、经济和文化制度的多元地理景观。金融资本在全球化的流动导致了核心国家与边缘性国家之间区域性结构发生变化，并且各国区域内的劳动分工也相应地发生剧变。从而使得技术工人之间的差距越来越大，引发更多的竞争和矛盾。区域性或地方性问题愈来愈显著，其中涉及的民族、职业、收入、生活方式等诸种因素也因此产生结构重组。探讨数字资本时代下平台空间这一新趋势，需建立在对全球性空间重组和随之形成的全新地理景观基础之上。

　　同时，在对空间理论的思想史梳理过程中发现的诸多问题和局限

---

① 胡大平：《哲学与"空间转向"》，载《哲学研究》2018 年第 10 期。

都为本书进一步深化空间理论提供了警示性的借鉴意义。首先，在以往对于空间理论的论述过程中，一部分出现了直接把理论苗头从时间向度转向空间向度等问题。另一部分未彻底厘清历史唯物主义出现空间转向的理论地平，从而无法对空间资本的理论内蕴和政治取向形成客观判断。在当下的研究过程中，大部分理论家更加偏重于空间转向所带来的理论逻辑变化，而没有从历史的角度提出这种转向所带来的诸种问题。如果想要清楚认识空间转向本身的目标和深度，需要将上述两个方面的问题综合起来考察。可以说空间转向或者空间资本主义对于空间问题的提出，为马克思主义提供了新的理论生长点。但是如果从纯理论的角度去弥补空间维度，进而把马克思主义改造成为空间理论的话，那么问题的关键不在于简单地在历史唯物主义术语之中加入"地理"这一个词语，而是要弄清楚在全球化的资本积累过程中，为什么会出现这一空间转向，或者思考为什么以往的研究长期存在着时间优于空间的情况？面对此，马克思主义会做出何种政治反映？只有在弄清楚上述基本问题之后，才能真正理解空间转向的本质所在。

其次，上述理论家们在探索空间问题产生的根源这个问题时，主要是从个体的主观性或者人性出发来进行论证和阐述的，体现出一种矛盾性和模糊性。这导致当代空间生产理论带有强烈的主观主义色彩，缺乏批判性，使得这一理论的社会性根源遭到弱化甚至遮蔽。列斐伏尔最初指出空间生产不仅在概念上而且在实际上都是新近的产物，它的现实实践基础表现为城市的急剧扩张、社会都市化想象的出现乃至空间性组织问题等各方面。但是列斐伏尔把空间看作是人的愿望的自发表现，是人的属性之创造性自由。空间生产及其发展过程表现出人的主体性，但是不能把这种主体性理解为人的主观愿望和主观性，更不能归结为普遍的人性。列斐伏尔在提及空间生产是人的主观愿望的体现时，走向了相反的道路。马克·戈特迪纳（Mark Gottdiener）认为传统城市社会学尽管片面地指出技术在城市发展中的推动作用，但是这门学科强调在对空间进行创造和改变时，将把人们的主观需求和欲望作为重要参考因素。需要注意的是，对于空间生产和城市发展的合理解释并非只靠纯粹的主观需求和欲望就能实现。①

最后，在对数字资本时代下的平台空间进行批判反思时，分流出来的社会空间批判的理论家们对于认识论和经验方面的理论批判是较为全面的，但是不具备从整体视角改造社会的能力。他们只能以边缘和差异作为路径进行探索，这在某种程度上体现出他们没有挖掘出当代资本主义真正的内在机制所出现的危机，也缺乏改变制度的实践能力。出于自身的无奈处境，社会空间批判理论家们把自己的研究视野从时间转向空间，似乎旨在引起理论表述上的昙花一现，仅仅停留在提出可行性建议的层面。但他们能否将这种建议付诸实践，还有待商榷。以哈维、梅西等为代表的主张空间政治学的地理学家们更多关注的是元理论而非经验分析，更多展现的是人道主义关切或道德立场而非社会历史条件阐述或者道路改造。并且他们所追求的政治立场并不是马克思主义对于规律和社会主义解放的规划，而是不同于主流生活政治立场的一种多元主义的政治退缩。如果远离人的社会活动而去追寻空间乃至城市的定义，这是一种错误的趋势。为了避免这种错误的发生，就需要深入了解人类社会实践过程中所处的客观世界乃至环境的变换，而且在此基础上体悟人类创造自己生活的能动性，进一步感受空间所带来的不同变化。

"空间不再是单纯的场所或容器，其本身是影响社会生活状况的结构性因素。各种空间形式的形成与特定的社会结构、生活方式以及思想观念息息相关。空间的建构不单纯是技术问题，同时也是一个社会问题，空间产品不仅具有功能性的使用价值，也会带来相应的社会关

---

① [美] 马克·戈特迪纳，雷·哈奇森：《新城市社会学》，黄怡译，上海：上海译文出版社2011年版，第18—19页。

系后果。"① 空间理论自古以来就是被轻易提及却无法说清楚的问题，可以说是最熟悉的陌生人。数字资本时代的空间建构或者说空间重组，不仅仅涉及数字信息技术加速的问题，也关涉社会政治、经济乃至文化等各方面的问题。它所生产出来的产品，所囊括的范围不仅局限于城市的中心发生偏移，而且随之产生的生产关系也会出现新的变化。

关于空间或城市的研究已经成为今天人文社会研究的核心要素，而历史唯物主义在此研究过程中所形成的社会空间批判话语中占据着重要位置。要真正理解资本主义的新变化，需要取得方法论上的突破。以列斐伏尔的"空间生产"、哈维的"历史地理唯物主义"等为代表的带有马克思主义立场的理论话语，不仅是建立在历史唯物主义的理论地平之上，而且建立在分析资本主义新的时代条件和问题之上试图改造历史唯物主义。那么数字资本时代下所涉及的城市批判理论对于理解中国的城市化问题、乡村振兴战略、智慧城市建设、新基建乃至人类命运共同体理念等有着重要意义，另一方面对于当代中国现代性建设尤其是数字经济发展具有启示意义。

首先，对于东西方来说，在理论发展的过程中出现空间转向这一趋势是相对一致的。但是针对东西方不同的实际情况来看，不能够直接将西方既有成果套用中国的实际问题。尤其是在数字资本时代对于平台空间的研究过程中，不仅需要掌握经济史、政治史和社会史等研究，而且要对研究本身以及出现的问题作出明确判断，努力做到理论原因、现实回应和政治学对策之间的逻辑统一。站在全新的时代背景下来重新解释历史唯物主义，需要着手分析马克思"生产"概念、"社会关系"概念乃至"历史"概念的空间性视域。从理论的视角来建构马克思主义的社会空间批判哲学，一是要在西方哲学、经济学、政治

---

① 庄友刚：《空间生产的历史唯物主义阐释》，苏州：苏州大学出版社 2017 年版，引言第 2 页。

学、地理学和社会学等相关理论交流中去透视当代社会发展的基本情况乃至矛盾冲突。二是将关注焦点放在全球化与国家区域化发展、城市化问题乃至空间正义等问题之上，寻找新的理论生长点。

其次，基于历史唯物主义的视角来看待空间性问题，能够促进中国道路问题的深度研究。一方面，中国的新发展空间由于中国的发展道路而迎来了新的历史机遇；另一方面，网络空间命运共同体的打造为"一带一路"建设提供数字化的技术的跨区域支撑。"世界各国虽然国情不同、互联网发展阶段不同、面临的现实挑战不同，但推动数字经济发展的愿望相同、应对网络安全挑战的利益相同、加强网络空间治理的需求相同。各国应该深化务实合作，以共进为动力、以共赢为目标，走出一条互信共治之路，让网络空间命运共同体更具生机活力。"① 作为实现人类命运共同体理念而开展的"一带一路"建设可以算作是历史唯物主义空间化视野下应对全球空间性问题的基本方略。在这一过程中，对于资本主义的批判是哲学方法论历史观过程的不断更新，同时也是适应资本主义全球化现实，实现社会主义，克服资本主义历史局限性的超越和自我超越。

最后，数字资本时代的空间理论研究对于我国现代化建设的启示是，我们需走新型城镇化道路，城市空间布局需要将与人们密切相关的医疗、教育、娱乐等要素考虑进去，并且注重各种类型的空间场所之间的均衡，使得城市的新型发展具备多元性，尽可能维护弱势群体的空间权利。尤其是对棚户区的改造，在有效改善人们的居住条件的同时，从城市批判的角度来看，对于智慧城市的研究为提升居住环境、缩小城乡差距、促进社会和谐稳定等方面具有重要意义。在对资本主义所出现的数字化倾向的阐释过程中纯粹的资本主义体制无法真正解

---

① 《习近平向第五届世界互联网大会致贺信》，2018 年 11 月 7 日，见 http://www.xinhuanet.com/politics/leaders/2018-11/07/c_1123677227.htm。

决城市权的公正问题，不可能做到区域的绝对正义。在某种程度上，我国现代化建设可能要吸收资本主义和市场经济中的有益成分，并且在经济层面坚持公有制的主体地位，坚持按劳分配的主体性地位，坚持宏观调控的积极作用，这样才能解决好国内的空间正义问题①，进而实现在国际空间布局中的提升。

数字资本时代下的平台空间面对的宏观背景是整个社会出现了数字化转向，它打破了传统现代主义的二元论划分，包括主体/客体、国家/社会、政治/经济、公共/私人、消费/生产、时间/空间、心灵/身体、劳动/休闲、文化/自然、人类/后人类等。这种转向和重组一方面转化了政治的可能性，另一方面历经了如下阶段：控制论、自动化技术、主机、数据库、人工智能、个人电脑、万维网、智能手机、地理信息系统、社交媒介、定向数字广告、自我量化、大数据分析、云计算和万物互联。这也同时带来了两极化的说法：数字乐观主义强调数字技术已经从根本上改变了世界，提出新的社区形式、认识和感知世界的新方式、开创性创新、参与性文化、网络行动主义和分布式民主。数字悲观主义则指出数字技术通过新的控制形式深化和扩大了新的统治形式。比如说网络独裁主义、数字非人化、异化2.0、网络剥削以及监控社会等出现。② 本书并非这两种立场的极端化展现，而是一方面通过直面和反思数字资本主义带来的各种矛盾和问题，更加明确我国迫切需要推动数字经济发展，推动全球空间治理体系向着更加公正合理的方向迈进。另一方面借助于分析智慧城市这一新型城市形态在数字资本时代彰显的特征和发挥的作用，能够为我国城市治理的智能化和高精细化提供实践观照。之所以将此呈现，是想要形成对于数字资本

① 参见黄其洪《爱德华·索亚：空间本体论的正义追寻》，载《马克思主义与现实》2014年第3期。
② 参见 Digital Objects, *Digital Subjects：Interdisciplinary Perspectives on Capitalism，Labour and Politics in the Age of Big Data*，edited by David Chandler and Christian Fuchs, London：University of Westminster Press，2019，p. 2.

时代下平台空间这种新的空间重组的客观认识，同时体现出西方马克思主义的研究目的，即并非只专注于国外学者所言所论，而是要结合马克思主义的方法论来对其进行辨别式甄选，抛弃以往的学徒式心态，将国外马克思主义研究作为借鉴和参考，发展当代中国马克思主义，强调中国话语。

主要参考资料

一、中文资料

中文著作

1. 马克思恩格斯选集. 第 1 卷. 3 版. 北京:人民出版社,2012
2. 马克思恩格斯文集. 第 2 卷. 1 版. 北京:人民出版社,2009
3. 马克思恩格斯文集. 第 3 卷. 1 版. 北京:人民出版社,2009
4. 马克思恩格斯全集. 第 4 卷. 1 版. 北京:人民出版社,1958
5. 马克思恩格斯全集. 第 13 卷. 1 版. 北京:人民出版社,1962
6. 马克思恩格斯全集. 第 30 卷. 2 版. 北京:人民出版社,1995
7. 马克思恩格斯全集. 第 31 卷. 2 版. 北京:人民出版社,1998
8. 马克思恩格斯全集. 第 32 卷. 2 版. 北京:人民出版社,1998
9. 马克思恩格斯全集. 第 44 卷. 2 版. 北京:人民出版社,2001
10. 马克思恩格斯全集. 第 46 卷. 2 版. 北京:人民出版社,2003
11. 资本论. 第 1 卷. 2 版. 北京:人民出版社,2004
12. 列宁选集. 第 2 卷. 3 版. 北京:人民出版社,2012
13. 卢森堡. 资本积累论. 彭尘舜,吴纪先译. 北京:生活·读书·新知三联书店出版,1959
14. 笛卡尔. 哲学原理. 关文运译. 北京:商务印书馆,1958
15. 黑格尔. 哲学史讲演录. 第 4 卷. 贺麟,王太庆等译. 北京:商务印书馆,1978
16. 黑格尔. 自然哲学. 梁志学,薛华,钱广华等译. 北京:商务印书馆,1986
17. 莱布尼茨与克拉克论战书信集. 陈修斋译. 北京:商务印书馆,1996
18. 海德格尔. 演讲与论文集. 孙周兴译. 北京:生活·读书·新知三联书店,2005
19. 海德格尔. 海德格尔选集. 下卷. 孙周兴选编. 上海:生活·读书·新知上海三联书店,1996
20. 海德格尔. 存在与时间. 陈嘉映,王庆节译. 北京:生活·读书·新知三联书店,2014

21. 马歇尔·伯曼. 一切坚固的东西都烟消云散了. 徐大建,张辑译. 北京:商务印书馆,2013

22. 安东尼·吉登斯. 现代性的后果. 田禾译. 南京:译林出版社,2011

23. 安东尼·吉登斯. 历史唯物主义的当代批判:权力、财产与国家. 郭忠华译. 上海:上海译文出版社,2010

24. 包亚明主编. 后现代性与地理学的政治. 上海:上海教育出版社,2001

25. 包亚明主编. 权力的眼睛——福柯访谈录. 上海:上海人民出版社,1997

26. 汪明安等主编. 现代性基本读本:下. 开封:河南大学出版社,2005

27. 戴维·哈维. 后现代的状况:对文化变迁之缘起的探究. 阎嘉译. 北京:商务印书馆,2013

28. 大卫·哈维. 马克思与《资本论》. 周大昕译. 北京:中信出版社,2018

29. 戴维·哈维. 叛逆的城市——从城市权利到城市革命. 叶齐茂,倪晓辉译. 北京:商务印书馆,2014

30. 大卫·哈维. 希望的空间. 胡大平译. 南京:南京大学出版社,2005

31. 戴维·哈维. 正义、自然和差异地理学. 胡大平译. 上海:上海人民出版社,2015

32. 爱德华·W.索亚. 后现代地理学:重申批判社会理论中的空间. 王文斌译. 北京:商务印书馆,2004

33. 索亚. 第三空间:去往洛杉矶和其他真实和想象地方的旅程. 陆扬等译. 上海:上海教育出版社,2005

34. 阎嘉主编. 文学理论精粹读本. 北京:中国人民大学出版社,2006

35. 詹明信. 晚期资本主义的文化逻辑. 2版. 张旭东编,陈清侨等译. 北京:生活·读书·新知三联书店,2013

36. 詹姆逊. 文化转向:后现代论文选. 北京:中国社会科学出版社,2000

37. 弗里德里克·詹姆逊. 未来考古学:乌托邦欲望与其他科幻小说. 吴静译. 南京:译林出版社,2014

38. 迈克·迪尔. 后现代都市状况. 李小科等译. 上海:上海教育出版社,2004

39. 付清松. 不平衡发展——从马克思到尼尔·史密斯. 北京:人民出版社,2015

40. 刘怀玉. 历史的解构与空间的想象. 南京:江苏人民出版社,2013

41. 刘怀玉. 现代性的平庸与神奇:列斐伏尔日常生活批判哲学的文本学解读. 北京:北京师范大学出版社,2018

42. 麦克尔·哈特,安东尼奥·奈格里. 帝国——全球化的政治秩序. 杨建国,范一亭译. 南京:江苏人民出版社,2003

43. 格利高里,厄里编. 社会关系与空间结构. 北京:北京师范大学出版社,2011

44. 曼纽尔·卡斯特. 网络社会的崛起. 夏铸九,王志宏译. 北京:社会科学文献出版社,2001

45. 曼纽尔·卡斯泰尔. 信息化城市. 崔保国等译. 南京:江苏人民出版社,2001

46. 曼纽尔·卡斯特. 千年终结. 夏铸九,黄慧琦译. 北京:社会科学文献出版社,2003

47. 贝尔纳·斯蒂格勒. 技术与时间:2. 迷失方向. 赵和平,印螺译. 译林出版社 2010

48. 保罗·维利里奥. 解放的速度. 陆元昶译. 南京:江苏人民出版社,2003

49. 保罗·维利里奥. 视觉机器. 张新木,魏舒译. 南京:南京大学出版社,2014

50. 保罗·维利里奥. 无边的艺术. 张新木译. 南京:南京大学出版社,2014

51. 瓦尔特·本雅明. 机械复制时代的艺术作品. 王才勇译. 北京:中国城市出版社,2001

52. 文森特·莫斯可. 数字化崇拜:迷思、权力与赛博空间. 黄典林译. 北京:北京大学出版社 2010

53. 费利克斯·加塔利,吉尔·德勒兹. 资本主义与精神分裂:千高原:第2卷. 姜宇辉译. 上海:上海书店出版社,2010

54. 张一兵. 回到福柯:暴力性构序与生命治安的话语构境. 上海:上海人民出版社,2016

55. 张一兵. 回到马克思——经济学语境中的哲学话语. 南京:江苏人民出版社,2009

56. 张一兵主编. 资本主义理解史. 第1卷. 南京:江苏人民出版社,2009

57. 高艳丽等. 数字孪生城市:虚实融合开启智慧之门. 北京:人民邮电出版社,2019

58. 安德鲁·芬博格. 技术批判理论. 韩连庆,曹观法译. 北京:北京大学出版社,2005

59. 芬伯格. 可选择的现代性. 陆俊等译. 北京:中国社会科学出版社,2003

60. 尼古拉·尼葛洛庞帝. 数字化生存. 胡泳,范海燕译. 北京:电子工业出版社,2017

61. 威廉·J·米切尔. 比特之城:空间·场所·信息高速公路. 范海燕,胡泳译. 北京:生活·读书·新知三联书店,1999

62. 亨利·列斐伏尔. 日常生活批判. 第1卷. 叶齐茂,倪晓辉译. 北京:社会科学文献出版社,2018

63. 亨利·列斐伏尔. 日常生活批判. 第3卷. 叶齐茂,倪晓辉译. 北京:社会科学文献出版社,2018

64. 列斐伏尔. 空间与政治. 李春译. 上海:上海人民出版社,2015

65. 亨利·列斐伏尔. 都市革命. 刘怀玉,张笑夷,郑劲超译. 北京:首都师范大学出版社,2018

66. 约翰·伦尼·肖特. 城市秩序:城市、文化与权力导论. 郑娟,梁捷译. 上海:上海人民出版社,2015

67. 包亚明主编. 现代性与空间的生产. 上海:上海教育出版社,2002

68. 路易·阿尔都塞. 论再生产. 吴子枫译. 西安：西北大学出版社，2019

69. 胡大平. 城市与人. 南京：南京大学出版社，2015

70. 让·鲍德里亚. 消费社会. 刘成富，全志刚译. 南京：南京大学出版社，2014

71. 让·鲍德里亚. 符号政治经济学批判. 夏莹译. 南京：南京大学出版社，2009

72. 居伊·德波. 景观社会. 王昭风译. 南京：南京大学出版社，2006

73. 斯蒂芬·迈尔斯. 消费空间. 孙民乐译. 南京：江苏教育出版社，2013

74. 哈尔特穆特·罗萨. 加速：现代社会中时间结构的变化. 北京：北京大学出版社，2015

75. 哈特穆特·罗萨. 新异化的诞生——社会加速批判理论大纲. 郑作彧译，上海：上海人民出版社，2018

76. 罗杰·奥斯本. 钢铁、蒸汽与资本：工业革命的起源. 曹磊译. 北京：电子工业出版社，2016

77. 沃尔夫冈·希弗尔布施. 铁道之旅：19 世纪空间和时间的工业化. 金毅译. 上海：上海人民出版社，2018

78. 世界互联网发展报告（2019）. 北京：电子工业出版社，2019

79. 穆尔. 赛博空间的奥德赛：走向虚拟本体论与人类学. 麦永雄译. 桂林：广西师范大学出版社，2007

80. 可姆尼诺思. 智慧城市：智能环境与全方位创新策略. 夏天译. 北京：机械工业出版社，2015

81. 拉康. 拉康选集. 褚孝泉译. 上海：上海三联书店，2001

82. 雷蒙·威廉斯. 乡村与城市. 韩子满，刘戈，徐珊珊译. 北京：商务印书馆，2013

83. 刘易斯·芒福德. 城市发展史——起源、演变和前景. 宋俊岭，倪文彦译. 北京：中国建筑工业出版社，2004

84. 霍克海默集. 曹卫东编. 上海：上海远东出版社，2004

85. 马克斯·霍克海默，西奥多·阿多尔诺. 启蒙辩证法——哲学片段. 渠敬东，曹卫东译. 上海：上海人民出版社，2006

86. 赫伯特·马尔库塞. 单向度的人——发达工业社会意识形态研究. 刘继译，上海：上海译文出版社，2008

87. 罗斯托. 经济增长的阶段：非共产党宣言. 郭熙保、王松茂译. 北京：中国社会科学出版社，2001

88. 凯尔纳. 媒体奇观：当代美国社会文化透视. 史安斌译. 北京：清华大学出版社，2003

89. 赫伯特·马尔库塞. 马尔库塞文集. 第 5 卷. 黄晓伟，高海清译. 北京：人民出版社，2019

90. 现代文明与人的困境——马尔库塞文集. 李小兵等译. 上海：上海三联书店，1989

91. 黄其洪. 时间与实践——一种生存论的元实践学导论. 北京:人民出版社,2016

92. 兰登·温纳. 自主性技术——作为政治思想主题的失控技术. 杨海燕译. 北京:北京大学出版社,2014

93. 福柯. 规训与惩罚. 刘北成,杨远樱译. 北京:生活·读书·新知三联书店,2012

94. 米歇尔·福柯. 什么是批判:福柯文选 II. 汪明安编. 北京:北京大学出版社,2016

95. 米歇尔·福柯. 安全、领土与人口. 钱翰,陈晓径译. 上海:上海人民出版社,2010

96. 汪民安等编. 后现代性的哲学话语:从福柯到赛义德. 杭州:浙江人民出版社,2000

97. 汪明安等编. 城市文化读本. 北京:北京大学出版社,2008

98. 多琳·梅西. 保卫空间. 王爱松译. 南京:江苏凤凰教育出版社,2017

99. 琳达·麦道威尔. 性别、认同与地方. 徐苔玲,王志弘译. 台北:群学出版有限公司,2006

100. 乔治·里茨尔. 社会的麦当劳化——对变化中的当代社会生活特征的研究. 顾建光译. 上海:上海译文出版社,1999

101. 乔治·里茨尔. 虚无的全球化. 王云桥,宋兴无译. 上海:上海译文出版社,2006

102. 朱迪斯·巴特勒,欧内斯特·拉克劳,斯拉沃热·齐泽克. 偶然性、霸权和普遍性——关于左派的当代对话. 胡大平等译. 南京:江苏人民出版社,2003

103. 道格拉斯·凯尔纳,斯蒂文·贝斯特. 后现代理论:批判性的质疑. 张志斌译. 北京:中央编译出版社,2011

104. 丹·希勒. 数字资本主义. 杨立平译. 南昌:江西人民出版社,2001

105. 冯雷. 理解空间:现代空间观念的批判与重构. 北京:中央编译出版社,2008

106. 许煜. 论数码物的存在. 李婉楠译. 上海:上海人民出版社,2019

107. 乌尔里希·贝克. 风险社会. 何博闻译. 南京:译林出版社,2004

108. 迈克尔·海姆. 从界面到网络空间——虚拟实在的形而上学. 金吾伦,刘钢译. 上海:上海科技教育出版社,2000

109. 尼克·斯尔尼塞克. 平台资本主义. 吴水英译. 广州:广东人民出版社,2018

110. 尹才祥,袁久红. 西方马克思主义空间政治理论. 南京:江苏人民出版社,2016

111. 恩斯特·拉克劳,查特尔·墨菲. 领导权与社会主义的策略. 尹树广,鉴传今译. 哈尔滨:黑龙江人民出版社,2003

112. 莫里斯·梅洛-庞蒂. 知觉现象学. 蒋志辉译. 北京:商务印书馆,2001

113. 庄友刚. 空间生产的历史唯物主义阐释. 苏州:苏州大学出版社,2017

114. 马克斯·韦伯. 经济与社会:第2卷. 阎克文译. 上海:上海人民出版社,2010

115. 方军,程明霞,徐思彦. 平台时代. 北京:机械工业出版社,2018

116. 肖莎娜·祖博夫. 监控资本主义时代(上卷):基础与演进. 温泽元,林怡婷,陈思颖译. 台北:时代文报,2020

117. 乔纳森·克拉里. 焦土故事:全球资本主义最后的旅程. 马小龙译. 北京:中国民主法制出版社,2022

118. 亨利·列斐伏尔. 空间的生产. 刘怀玉等译. 北京:商务印书馆,2021

119. 爱德华·W.索亚. 我的洛杉矶:从都市重组到区域城市化. 强乃社译. 上海:上海人民出版社,2021

期刊论文

1. 张一兵. 社会空间的关系性与历史性——列斐伏尔《空间的生产》解读.《山东社会科学》2019 年第 10 期

2. 张一兵. 败坏的去远性之形而上学灾难——维利里奥的《解放的速度》解读.《哲学研究》2018 年第 5 期

3. 张一兵. 非物质劳动与创造性剩余价值——奈格里和哈特的《帝国》解读.《国外理论动态》2017 年第 7 期

4. 张一兵. 远程登录中的新地缘政治——维利里奥的《解放的速度》解读.《求是学刊》2018 年第 3 期

5. 张一兵. 远托邦:远程登录杀死了在场——维利里奥的《解放的速度》解读.《学术月刊》2018 年第 6 期

6. 唐正东. 深化历史唯物主义研究需要解决的三个问题.《四川大学学报(哲学社会科学版)》2017 年第 5 期

7. 唐正东. 政治经济学批判的唯物史观基础.《哲学研究》2019 年第 7 期

8. 胡大平. 测绘现代性权力的基础——福柯空间分析视角及其对激进社会理论的贡献.《学海》2012 年第 5 期

9. 胡大平. 都市马克思主义导论.《东南大学学报(哲学社会科学版)》2016 年第 3 期

10. 胡大平. 地理学想象力和空间生产的知识——空间转向之理论和政治意味.《天津社会科学》2014 年第 4 期

11. 胡大平. 解放政治学·生命政治学·无为政治学——现代性批判技术视角的旨趣和逻辑转换.《学术月刊》2018 年第 1 期

12. 胡大平. 生活在别处——地点的褪色与城市文化焦虑.《华中科技大学学报》2018 年第 1 期

13. 胡大平. 城市在马克思的历史叙事中的地位.《东岳论丛》2016 年第 5 期

14. 胡大平. 社会空间元理论与解放政治学前提重建.《社会科学家》2017 年第 9 期

15. 张亮,孙乐强. 新时代的历史方位与当代国外马克思主义哲学研究的初心使命.《山东社会科学》2020 年第 5 期

16. 刘怀玉. 不平衡发展的"现在"历史空间辩证法.《学习与探索》2011 年第 6 期

17. 刘怀玉. 社会主义如何让人栖居于现代都市？——列斐伏尔〈都市革命〉一书再读.《马克思主义与现实》2017 年第 1 期

18. 刘怀玉. 政治文化哲学"转向"之图绘与作为"图绘"的政治文化哲学：一种空间化反思视角.《河北学刊》2018 年第 3 期

19. 胡大平. 哲学与"空间转向"——通往地方生产的知识.《哲学研究》2018 年第 10 期

20. 蓝江. 生存的数字之影：数字资本主义的哲学批判.《国外理论动态》2019 年第 3 期

21. 蓝江. 数字资本、一般数据与数字异化——数字资本的政治经济学批判导引.《华中科技大学学报》2018 年第 4 期

22. 蓝江. 数字异化与一般数据：数字资本主义批判序曲.《山东社会科学》2017 年第 8 期

23. 蓝江. 从自然物到思辨实在论——当代欧洲对象理论的演进.《社会科学家》2018 年第 10 期

24. 蓝江. 从物化到数字化：数字资本主义时代的异化理论.《社会科学》2018 年第 11 期

25. 蓝江. 一般数据、虚体、数字资本——数字资本主义的三重逻辑.《哲学研究》2018 年第 3 期

26. 蓝江. 可能超越社会加速吗？——读哈特穆特·罗萨的《新异化的诞生》.《中国图书评论》2018 年第 7 期

27. 蓝江. 交往资本主义、数字资本主义、加速主义——数字时代对资本主义的新思考.《贵州师范大学学报(社会科学版)》2019 年第 4 期

28. 蓝江. 人工智能与未来社会主义的可能性.《当代世界与社会主义》2019 年第 6 期

29. 蓝江. 数字时代下的社会存在本体论.《人民论坛·学术前沿》2019 年第 14 期

30. 蓝江. 5G、数字在场与万物互联——通信技术变革的哲学效应.《探索与争鸣》2019 年第 9 期

31. 蓝江. 智能时代的数字—生命政治.《江海学刊》2020 年第 1 期

32. 蓝江. 数字焦土和剩余数据——数字资本主义社会中现代的人生存.《求索》2023 年第 1 期

33. 黄其洪. 爱德华·索亚：空间本体论的正义追寻.《马克思主义与现实》2014 年第 3 期

34. 温权. 发达资本主义社会的网络信息体系与二元城市结构——曼纽尔·卡斯特的马克思主义城市社会学批判.《自然辩证法通讯》2019 年第 9 期

35. 卓承芳. 历史唯物主义中的速度问题.《哲学动态》2014 年第 2 期

36. 卓承芳. 维希留"速度—空间"观刍议.《社会科学辑刊》2017 年第 6 期

37. 卓承芳. 维希留速度政治学视野中的身体、空间.《中外文化与文论》2016 年第 3 期

38. 卓承芳. 21 世纪为什么是维希留的时代而不是鲍德里亚的时代?.《现代哲学》2014 年第 6 期

39. 卓承芳. 空间视角与后马克思社会批判理论的建构.《社会科学家》2017 年第 9 期

40. 董金平. 加速主义与数字平台:斯尼尔塞克的平台资本主义批判.《上海大学学报(社会科学版)》2018 年第 6 期

41. 林密. "中心—外围"的传播论还是不平衡发展的历史辩证法? ——兼评哈维对《共产党宣言》的空间化阐释.《世界哲学》2019 年第 1 期

42. 马克思主义的发展与社会转型——内格里访谈. 肖辉译.《国外理论动态》2008 年第 12 期

43. 大卫·哈维. 作为关键词的空间. 付清松译,胡大平校.《文化研究》2010 年第 10 期

44. 龙瀛,张恩嘉. 数据增强设计框架下的智慧规划研究展望.《城市规划》2019 年第 8 期

45. 武廷海. 中国城市规划的历史与未来.《学术前沿》2020 年第 2 期

46. 张先广. 对数字技术的间性论思考. 杜丹,张先广译.《哲学分析》2019 年第 3 期

47. 杜丹. 空间重组:数字资本主义的新转向.《社会科学》2018 年第 11 期

二、外文资料

英文著作

1. Barney Warf, Santa Arias. *The Spatial Turn: Interdisciplinary Perspectives*. London: Routledge, 2009

2. Edward W. Soja. *My Los Angeles: From Urban Restructuring to Regional Urbanization*. California: University of California Press, 2014

3. Henry Lefebre. *The Production of Space*, trans. Donald Nicholson-Smith. Oxoford: Blackwell Ltd, 1991

4. Henry Lefebvre. *The Survival of Capitalism: Reproduction of the Relations of Production*. trans. Frank Bryant. New York: St. Martin's Press, 1976

5. Henri Lefebvre. *Writings on Cities*. UK: Blackwell Publishers Ltd, 1996

6. Henri Lefebvre. *State, Space, World*. eds. Neil Brenner and Stuart Elden and trans. Gerals Moore, Neil Brenner, and Stuart Elden. London: University of Minnesota Press, 2009

7. Henri Lefebvre. *Marxist Thought and the City*, trans. Robert Bononno.

Minneapolis: University of Minnesota Press, 2016

8. Neil Smith. *Uneven development: Nature, Capital, and the Production of Space*. Athens and London: The University of Georgia Press, 2008

9. David Harvey. *Social Justice and the City*. Athens: The University of Georgia Press, 2009

10. David Harvey. *Spaces of Global Capitalism: A Theory of Uneven Geographical Development*. London: Verso, 2006

11. David Harvey. *Spaces of Capital: Towards a Critical Geography*. New York: Routledge, 2001

12. Manuel Castells. *The Urban Question: A Marxist Approach*. trans. Alan Sheridan. London: Edward Arnold Ltd, 1977

13. Ida Susser (ed.). *The Castells Reader on Cities and Social Theory*. Massachusetts: Blakwell Publishers Inc, 2002

14. Manuel Castells, Martin Ince. *Conversations with Manuel Castells*. Cambridge: Polity, 2003

15. Paul Virilio. *Open Sky*. London: Verso, 2008

16. Ian James. *Paul Virilio*. New York: Routledge, 2007

17. Steve Rehead. *The Paul Virilio Reader*. Columbia University Press, 2004

18. John Armitage. *Virilio Live: Selected Interviews*. London: SAGE Publications, 2001

19. Paul Virilio. *The Lost Dimension*. New York: Semiotext(e), 1991

20. Harald Bauder and Salvatore Engel-Di Mauro(eds.). *Critical Geographies: A Collection of Readings*. British Columbia: Praxis(e) Press, 2008

21. Zhenjiang Shen & Miaoyi Li (eds.). *Big Data Support of Urban Planning and Management: The Experience in China*. Switzerland: Springer International Publishing AG, 2018

22. Stephen Graham(ed.). *Disrupted Cities: When Infrastructure Fails*. New York and London: Routledge, 2010

23. Andrew Feenberg. *Questioning Technology*. New York: Routledge, 1999

24. Marco Briziarelli and Emiliana Armano(eds.). *The Spectacle 2. 0: Reading Debord in the Context of Digital Capitalism*. London: University of Westminster Press, 2017

25. Marc Augé. *Non-Place: Introduction to an Anthropology of Supermodernity*. trans. John Howe. London: Verso, 1995

26. Edward S. Casey. *The Fate of Place: A Philosophical History*. California: University of California Press, 1998

27. Edward C. Relph. *Place and Placelessness: Research in Planning & Design*.

Routledge Kegan & Paul, 1976

28. Dal Yong Jin. *Digital Platforms, Imperialism and Political Culture*. New York: Routeledge, 2015

29. Jerry Everard. *Virtual States: The Internet and the Boundaries of the Nation-state*. New York: Routledge, 1999

30. Paolo Virno and Michael Hardt(eds.). *Radical Thought in Italy: A Potential Politics*, London:University of Minnesota Press, 2009

31. Paolo Virno. *A Grammar of the Multitude*. trans. Isabella Bertoletti, James Cascito, Andrea Casson. South Pasadena: Semiotext(e), 2004

32. Olivier Frayssé and Mathieu O'Neil (eds.). *Digital Labour and Prosumer Capitalism: The US Matrix*. UK: Palgrave Macmillan, 2015

33. Christian Fuchs. *Digital labor and Karl Marx*. New York: Routledge , 2013

34. Christian Fuchs. *Reading Marx in the Information Age: A Media and Communication Studies Perspective on Capital*, volume 1. New York: Routledge, 2016

35. Eran Fisher & Christian Fuchs. *Reconsidering Value and Labour in the Digital Age*. New York: Palgrave Macmillan, 2015

36. Christian Fuchs and Vincent Mosco (eds.). *Marx in the Age of Digital Capitalism*. Leiden: Brill, 2016

37. Gilbert Simondon. *On the Mode of Existence of Technical Objects*. trans. Cécile Malaspina and John Rogove. Minneapolis : Univocal University, 2017

38. Nick Srnicek. *Platform Capitalism*. Cambridge: Polity, 2016

39. José van Dijck, Thomas Poell, and Martijn de Waal. *The Platform Society: Public Values in a Connective World*. New York: Oxford University Press, 2018

40. Nick Couldry. *The Costs of Connection: How Data is Colonizing Human Life and Appropriating it for Capitalism*. California: Stanford University Press, 2019

41. Klaus Dörre, Stephan Lessenich, Hartmut Rosa. *Sociology, Capitalism, Critique*, trans. Jan-Peter Herrmann and Loren Balhorn. London: Verso, 2015

42. Hartmut Rosa and William E. Scheuerman (eds.). *High-speed Society: Social Acceleration, Power, and Modernity*. University Park: The Pennsylvania State University Press, 2009

43. Robin Mackay, Armen Avanessian. "Introduction", in *Accelarate: The Accelerationist Reader*. Falmouth: Urbanomic Media LTD, 2014

44. Rahel Jaeggi. *Alienation*. trans. Frederick Neuhouser & Alan E. Smith. New York: Columbia University Press, 2014

45. R. Mackey, A. Avanessian. *Accelerate: The Accelerationist Readers*. Windsor

Quarry: Urbanomic Media Ltd, 2014

46. David Chandler and Christian Fuchs (eds.). *Digital Objects*, *Digital Subjects*: *Interdisciplinary Perspectives on Capitalism*, *Labour and Politics in the Age of Big Data*. London: University of Westminster Press, 2019

47. Steve Redhead and Paul Virilio. *Theorist for an Accelerated Culture*. Edinburgh: Edinburgh University Press, 2004

48. Simon Glezos. *The Politics of Speed*: *Capitalism*, *the State and War in an Accelerating World*. London: Routledge, 2012

49. John Tomlinson. *The Culture of Speed*: *The Coming of Immediacy*. London: SAGE Publications Ltd, 2007

50. Jean Baudrillard. *The Transparency of Evil*: *Essays on Extreme Phenomena*. London: Verso, 1993

51. Michel Foucault. *The Order of Things*: *An Archaeology of the Human Sciences*. Routledge, 1989

52. Michel Foucault. *Power/Knowledge*: *Selected Interviews and Other Writings* (1972—1977). London: Harvester Wheat-sheaf, 1980

53. Jeremy W. Crampton. III. *Space*, *Knowledge and Power*: *Foucault and Geography*. Ashgate Publishing Limited, 1988

54. Jean-François Lyotard. *Libidinal Economy*. trans. Hamilton Grant. Bloomington and Indianapolis: Indiana University Press, 1993

55. Bernard Stiegler. *Symbolic Misery*. vol. 1 *The Hyperindustrial Epoch*, trans. Barnaby Norman. Cambridge: Polity, 2014

56. Graham Harman. *The Quadruple Object*. Hants: Zero Books, 2011

57. Michel S. Laguerre. *The Digital City*: *The American Metropolis and Information Technology*. New York: Palgrave Macmillan, 2005

58. Michael Benedikt. *Cyberspace*: *First Steps*. Cambridge: MIT Press, 1991

59. Michael Hardt, Antonio Negri. *Assembly*. New York: Oxford University Press, 2017

60. Antonio Negri. *From the Factory to the Metropolis*: *Essays Volume* 2. trans. Ed Emery. UK: Polity, 2018

61. Alessandro Aurigi and Fiorella De Cindio (eds.). *Augmented Urban Spaces*: *Articulating the Physical and Electronic City*. Italy: University of Milan, 2008

62. Gerhard Goos, Juris Hartmanis, and Jan van Leeuwen(eds.). *Digital Nations - Smart Cities*, *Innovation*, *and Sustainability*. Switzerland: Springer, 2017

63. Linda Krause and Patrice Petro (eds.). *Global Cities*: *Cinema*, *Architecture*, *and Urbanism in a Digital Age*. New Brunswick, New Jersey, and London:

Rutgers University Press, 2003

64. Claude Rochet. *Smart Cities: Reality or Fiction*. London: Wiley, 2018

65. Marcus Foth, Martin Brynskov, Timo Ojala. *Citizen's Right to the Digital City: Urban Interfaces, Activism, and Placemaking*. New York: Springer, 2015

66. Andrea Vesco and Francesco Ferrero(eds.). *Handbook of Research on Social, Economic, and Environmental Sustainability in the Development of Smart Cities*. US: Information Science Reference (an imprint of IGI Global), 2015

67. Katharine S. Willis. *Netspaces: Space and Place in a Networked World*. New York: Routledge, 2016

68. Jay David Bolter. *The Digital Plenitude: The Decline of Elite Culture and the Rise of Digital Media*. Massachusetts: The MIT Press, 2019

69. Stamatina Th. Rassia and Panos M. Pardalos (eds.). *Smart City Networks: Trough the Internet of Things*. Switzerland: Springer, 2017

70. Andy Merrifield. *The New Urban Question*. London: Pluto Press, 2014

71. David Harvey. *Consciousness and the Urban Experience: Studies in the History and Theory of Capitalist Urbanization* 1. Baltimore: Johns Hopkins University Press, 1985

英文论文

1. Michel Foucault. Of other Spaces. *Diacritics*. Baltimore: Johns Hopkins University Press, 1986

2. David Harvey. The Urban Process under Capitalism. Hoboken: *International Journal of Urban and Regional Research*, 1978

3. Rob Bartram. Visuality, Dromology and Time Compression: Paul Virilio's New Ocularcentrism. London: *Time & Society*, 2004

4. Eric Wilson. Criminogenic Cyber-Capitalism: Paul Virilio, Simulation, and the Global Financial Crisis. Switzerland: *Critical Criminology*, 2012

5. Paul Virilio, Juan Carlos Sánchez Tappan and Tilemachos Andrianopoulos. Paul Virilio in Conversation. London: *AA Files*, 2008

6. G. Fazion. Estelle Ferrarese and Stefano Petrucciani Discuss Hartmut Rosa's Alienation and Acceleration. *Iride*, 2017

7. Paul J D'Ambrosio. From Present to Presentation: A philosophical Critique of Hartmut Rosa's "situational identity". London: *Time and Society*, 2018

8. Bart Zantvoort. Political Inertia and Social Acceleration. Tallahassee: *Philosophy and Social Criticism*, 2017

9. Michael R. Laurence. Speed the Collapse: Using Marx to Rethink the Politics of Accelerationism. Maryland: *Theory & Event*, 2017

10. Christian Fuchs. Capitalism, Patriarchy, Slavery, and Racism in the Age of Digital Capitalism and Digital Labour. Maryland: *Critical Sociology*, 2018

11. Jonathan Pace. The Concept of Digital Capitalism. Oxford: *Communication Theory*, 2018

12. Neil Brenner. Global, Fragmented, Hierarchical: Henri Lefebvre's Geographies of Globalization. New York: *Public Culture*, 1997